Hardware
Bild für Bild

Hardware Bild für Bild

Olivier Pavie
Übersetzung: Peter Riedlberger

Markt+Technik

Bibliografische Information Der Deutschen Bibliothek
Die Deutsche Bibliothek verzeichnet diese Publikation in der
Deutschen Nationalbibliografie; detaillierte bibliografische Daten
sind im Internet über http://dnb.ddb.de abrufbar.

Original title: »Assembler et optimiser son PC« – ISBN 2-7440-1626-8

Umwelthinweis:
Dieses Buch wurde auf chlorfrei gebleichtem Papier gedruckt.

10 9 8 7 6 5 4 3 2 1

06 05 04

ISBN 3-8272-6727-7

Umschlaggestaltung: WEBWO Graphics, Parsdorf
Lektorat: Jürgen Bergmoser, jbergmoser@pearson.de
Übersetzung: Peter Riedlberger, München
Korrektorat: Hans Frey, München
Herstellung: Claudia Bäurle, cbaeurle@pearson.de
Satz: Ulrich Borstelmann, Dortmund
Druck und Verarbeitung: MediaPrint, Paderborn
Printed in Germany

Inhaltsverzeichnis

Teil 5
Windows für Multimedia-Hobbys

Einleitung

Dieses Buch vermittelt Ihnen das Wissen, um einen Multimedia-PC selbst zu bauen. Ferner wird Ihnen erklärt, wie Sie Software korrekt installieren. Sie lernen, die Fähigkeiten Ihres Computers in den Bereichen Audio, Musik, Video und Videotelefonie zu nutzen.

Die Hardware, aus der ein PC zusammengebaut wird, ist zwar weitgehend standardisiert, aber es gibt heute eine gewaltige Auswahl an verschiedenen Komponenten. Sie werden erfahren, wie Sie die für Sie richtigen Komponenten wählen, ohne dass Sie mit Details der Rechnerarchitektur gelangweilt würden. Ohne ein paar technische Ausführungen kommen wir zwar nicht aus, doch habe ich mich auf das Wesentliche beschränkt: Ihre Erwartungen an einen Multimedia-PC und welche Komponenten dafür notwendig sind. Das ist das Ziel des ersten Teils.

Der zweite Teil ist eine detaillierte, bebilderte Schrittanleitung für den Zusammenbau des PCs. Unser Rechner besteht aus Mainboard, Prozessor, Kühler, RAM, Grafikkarte, optischem Laufwerk, Floppylaufwerk, Festplatte und Monitor.

Der dritte Teil behandelt den ersten Start des PCs und die Installation von Windows. Sie finden hier auch allgemeine Information zur Installation von Programmen und zur Software-Optimierung Ihres Rechners. Zahlreiche Anmerkungen erklären die verschiedenen Optionen, helfen bei Problemen und nehmen Ihre Fragen hoffentlich vorweg.

Hinweis

Aus verschiedenen Gründen verwende ich in diesem Werk eine Installation von Windows XP Home oder Professional. Ein solcher PC ist vielseitiger als ein PC mit der Windows Media Center Edition.

Im vierten Teil geht es um den Einbau von Erweiterungskarten bzw. externen USB-Geräten. Bislang haben wir gemeinsam einen einfachen PC gebaut. Auf einem solchen Rechner läuft die Windows-Installation am einfachsten ab. Erweiterungen können Schwierigkeiten verursachen, und diese Schwierigkeiten lassen sich am einfachsten lösen, wenn die Erweiterungen einzeln in einen bereits funktionierenden PC installiert werden. Wenn es dann ein Problem gibt, dann wissen Sie sofort, dass die gerade eingebaute Steckkarte schuld sein muss.

Im fünften und letzten Teil kommen wir dann auf Multimedia-Anwendungen für Ihren PC zu sprechen: MP3, CD-Musik, Videos, Spiele (auch Netzwerkspiele), Videotelefonie u. a.

Das notwendige Werkzeug

Um Ihren PC zusammenzubauen, brauchen Sie etwas Werkzeug. Keine Sorge, ein Lötkolben ist nicht notwendig – beim PC-Bau wird vor allem geschraubt.

Sie brauchen folgende Werkzeuge, um sauber arbeiten zu können und die Schraubengewinde nicht zu beschädigen:

- **Mittlerer Kreuzschlitz-Schraubenzieher.** Notwendig für praktisch alle Schrauben eines Standard-PCs.
- **Kleiner Flach-Schraubenzieher.** Nützlich, um Stellschrauben zu verändern, Gehäuseblenden zu entfernen oder Kühler zu montieren.
- **Mittlerer Flach-Schraubenzieher.** Kann bei manchen Schrauben hilfreich sein.
- **5-mm-Steckschlüssel.** Für die Muttern von parallelem und seriellem Port und für metallene Motherboard-Abstandhalter.
- **6-mm-Steckschlüssel.** Praktisch für Schrauben mit hexagonalem Kopf, wie sie die meisten PCs haben. Wenn der Kreuzschlitz nicht mehr greift, kann man sie mit einem solchen **Steckschlüssel** noch entfernen.
- **Pinzette.** Extrem praktisch, um Jumper zu versetzen.

Info

Abstandhalter sorgen dafür, dass das Motherboard nicht auf dem Gehäuse aufliegt, was natürlich zu einem Kurzschluss aller Leiterbahnen führen würde. Abstandhalter sind lange, hexagonale Muttern, in die sich oben eine Schraube einschrauben lässt. Es gibt sie auch aus Plastik. Dann werden keine Schrauben benutzt, sondern das Motherboard wird aufgesteckt.

- **Permanenter Folienstift.** Hilfreich, um Plastikteile zu beschriften.

- **Zange mit langem Kopf.** Damit können Sie einen verbogenen Pin wieder zurechtbiegen.

TEIL 1

Wahl der Komponenten

Wenn Sie selbst Ihren Multimedia-PC bauen wollen, dann ist die Auswahl der Komponenten von zentraler Bedeutung. In diesem Teil erfahren Sie, auf was Sie bei der Komponentenwahl – von der CPU bis zum Joystick, vom WLAN bis zum DVD-Brenner – zu achten haben. Besonders wichtig ist das Motherboard, das sehr oft viele Zusatzfunktionen bietet. Heute wird die Power eines PCs mehr durch das Motherboard als durch die CPU definiert.

Ich bespreche hier nur aktuelle Komponenten, nicht aber veraltete Typen, die Ihnen im Gebrauchthandel vielleicht noch unterkommen.

KAPITEL 1

Schnellüberblick

Dieses Kapitel verschafft Ihnen einen Schnellüberblick über den Aufbau eines PCs. Ich stellen Ihnen ganz konkret die verschiedenen Bestandteile eines PCs vor, sodass sich ein klares Bild des Gesamtaufbaus ergibt.

Die Hauptbestandteile eines PCs

Die Komponenten eines PCs (mit Ausnahme der CPU) sind nicht etwa einzelne Elektronikbausteine. Es handelt sich um vorgefertigte Module, aus denen wiederum der Rechner zusammengesetzt wird. Folgende Komponenten ergeben in Summe einen PC:

- **Prozessor.** Die CPU, der „Motor" des PCs, ist die einzige Komponente, die als einzelner Chip verkauft wird. Er wird in einen Sockel auf dem Motherboard eingesetzt. Seine Arbeitsgeschwindigkeit wird in Gigahertz (GHz) angegeben, sie entspricht weitgehend seiner Rechenleistung. Wichtig ist auch der Front Side Bus (FSB), d. h. die Geschwindigkeit, mit der die CPU mit dem Chipsatz des Motherboards kommunizieren kann: 266 MHz, 400 MHz, 533 MHz, 800 MHz oder mehr. Je höher die Frequenz, desto mehr Power. Ein hoher FSB kann viel zusätzliche Performance bedeuten.

- **Motherboard.** Kümmert sich um den Datentransfer zwischen Prozessor und Peripherie des PCs. Motherboards müssen stets dem Typ der CPU entsprechen. Die Performance des Motherboards hängt vom Chipsatz ab, der zudem unterschiedliche Funktionen beinhalten kann. Ebenfalls oft im Chipsatz integriert ist die Unterstützung für USB 2.0, Serial ATA, AGP 8x usw. Das Motherboard bietet zudem die Anschlüsse für die Peripherie (Modem, Drucker, Tastatur usw.).

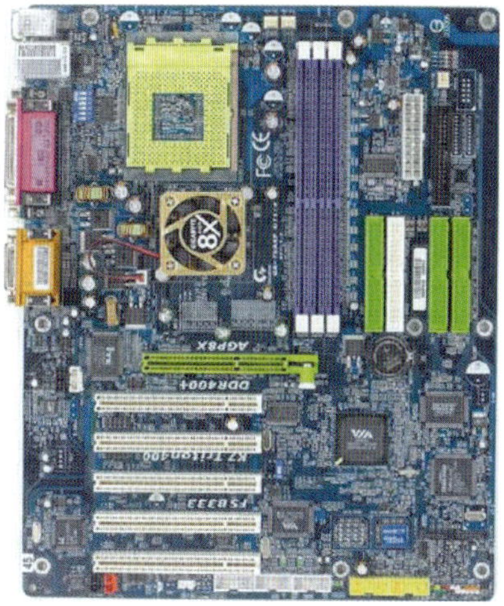

- **Grafikkarte.** An ihr wird der Monitor angeschlossen. Sie stellt eine Schnittstelle zwischen Motherboard, Prozessor und Bildschirm dar. Der Grafikchip kann Teil des Motherboards sein, doch meist handelt es sich um eine AGP-Steckkarte. Der Hauptchip einer Grafikkarte heißt Grafikprozessor. Je mächtiger der Grafikprozessor, desto schneller die Grafikanzeige. Grafikkarten haben unterschiedlich viel Videospeicher. Viel Videospeicher bedeutet, dass der Bildschirm zahlreiche unterschiedliche Grafiken darstellen kann und dass in 3D-Spielen flüssiger und schneller gespielt werden kann.

- **Festplatte.** Dient als Informationsspeicher. Die Festplatte ist ein Magnetspeicher, auf dem die Daten erhalten bleiben, auch wenn der PC ausgeschaltet wird. Festplattenspeicher wird in Gigabyte (GB) angegeben: 1 GB = 1024 Megabyte. 1 Megabyte (MB) = 1024 Kilobyte. 1 Kilobyte (KB) = 1024 Byte. Eine Seite Schreibenmaschinentext entspricht ca. 1500 Byte. Eine 100-GB-Festplatte kann also ungefähr 100 Millionen Schreibmaschinenseiten speichern. Festplatten werden entweder via IDE (Flachbandkabel) oder Serial ATA (dünnes Kabel) mit dem Motherboard verbunden.

- **RAM.** RAM ist flüchtiger Speicher, der beim Ausschalten des PCs gelöscht wird. Der Prozessor kann auf die Daten in diesem Speicher rund 1000 Mal schneller zugreifen als auf die Daten auf der Festplatte. Je nach Verwendung des PCs kann sich viel RAM lohnen. Das gilt ganz besonders für Multimedia-Anwendungen: Fotos, Spiele, Videos, MP3-Musik usw.

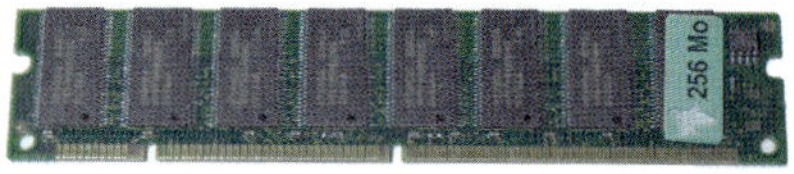

- **Erweiterungssteckplätze.** In sie werden die Steckkarten gesteckt. Die wichtigste Steckkarte ist die Grafikkarte, die in einen 2x, 4x oder 8x AGP-Steckplatz kommt. Manchmal ist der Grafikprozessor aber auch ins Motherboard integriert. In die anderen Steckplätze vom PCI-Typ können verschiedenste Erweiterungskarten wie Firewire, USB 2.0 (falls sich nicht bereits auf dem Motherboard entsprechende Anschlüsse finden), Video-Capturekarten, interne DSL-Modems, TV-Tunerkarten usw. eingesteckt werden.

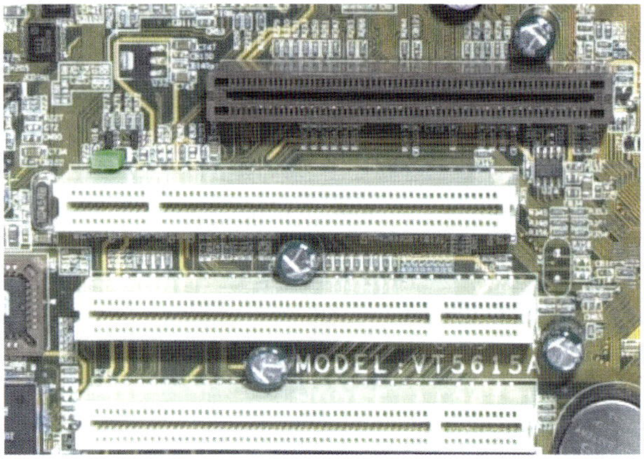

Häufige Fehler

Ein PC ist wie ein Auto: Die Komponenten müssen zusammenpassen. Ein Ferrarimotor hat nichts in einer Ente verloren. Sie finden in diesem Abschnitt häufige Fehlzusammenstellungen.

- **Superprozessor mit schwacher oder unpassender Grafikkarte.** Oft ist es besser, einen schwächeren Prozessor und dafür eine bessere Grafikkarte zu kaufen. Bei einem 3-GHz-Prozessor brauchen Sie eine Grafikkarte mit mindestens 128 MB. Wenn Sie Gamer sind, müssen Sie integrierte Grafikchips vermeiden, denn die holen sich RAM vom Hauptspeicher als Videospeicher, und normales RAM ist oft nur halb so schnell wie der Videospeicher von Grafikkarten.

- **Alte Festplatte (weniger als 40 GB) und aktuelle Festplatte.** Die besten aktuellen Festplatten bieten ATA133 oder SATA 1.0 (Serial ATA 1.0) bei 7.200 oder gar 10.000 Umdrehungen pro Minute. Solche Festplatten passen zu aktuellen Prozessoren mit 2,2–3,5 GHz. Sie können 5.400er Festplatten für dauerhaften Datentransfer (wie MP3-Musik) verwenden, nicht aber für Bildbearbeitung, Spiele oder Videoschnitt. Wählen Sie Festplatten mit viel Cache (bis 8 MB) für Anwendungen wie Videoschnitt oder Spiele. Prüfen Sie auch, welche Festplatten Ihr Motherboard überhaupt unterstützt (Maximalkapazität, Serial ATA-Anschluss ...).

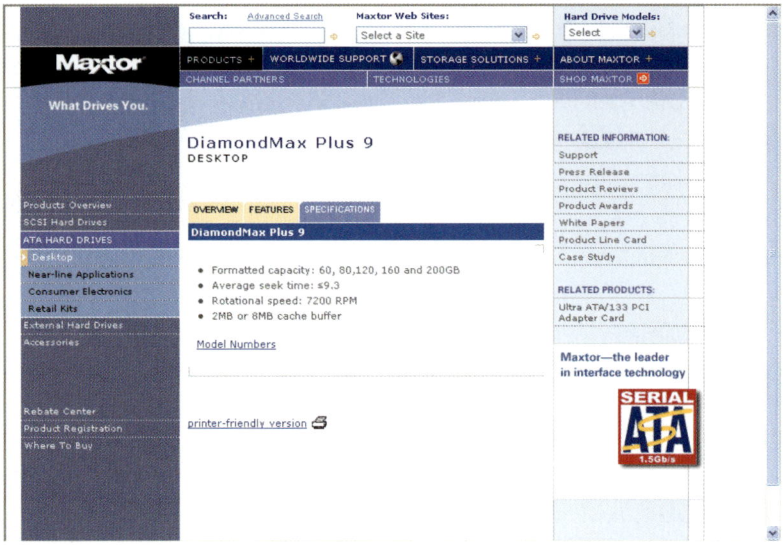

Achtung

Der Fortschritt der Technik ist so schnell, dass es oft nicht angezeigt ist, Komponenten aus alten PCs weiterzuverwenden, wenn man sich einen neuen Rechner schraubt. Sie können z. B. 1x/2x AGP-Karten nicht auf Motherboards mit AGP 4x/8x verwenden. Dagegen sind PCI-Karten fast immer unproblematisch.

- **Speichertyp.** Für Windows XP brauchen Sie mindestens 128 MB RAM. Mischen Sie nie RAM aus einem alten Rechner mit neu gekauften Riegeln, denn die Geschwindigkeit richtet sich nach dem langsamsten RAM-Riegel. Prüfen Sie, welche RAM-Geschwindigkeit Prozessor und Motherboard maximal akzeptieren, und kaufen Sie diese Sorte. Z. B. kommen Motherboards für AMD Athlon XP-Prozessoren mit Barton-Kern, sofern es der Chipsatz zulässt, mit Speicher bis 400 MHz FSB zurecht. Das sorgt für schnellere Zugriffszeiten und mithin für mehr Performance. Prozessoren mit FSB 400 MHz erreichen diese Geschwindigkeit nur mit entsprechendem RAM und werden von 266- oder 333-MHz-RAM deutlich ausgebremst.

KAPITEL 2

Das Paar Motherboard/Hauptprozessor

Es gibt heute drei Hersteller von Hauptprozessoren: AMD, Intel und VIA. Jeder dieser Hersteller verwendet eine andere Prozessorbauform und braucht daher ein anderes Motherboard. Von der Prozessorwahl hängt also die Wahl des Motherboards ab. Motherboards gibt es in Dutzenden von Typen von zahlreichen Herstellern. Dementsprechend viele Kombinationen von Motherboard und Hauptprozessor sind vorstellbar. Dieser Abschnitt soll Ihnen die Qual der Wahl erleichtern.

Die Prozessorarten

Celeron, C3, Pentium 4, Athlon XP, Athlon 64, Opteron usw. All diese Prozessorentypen sind in verschiedenen Taktungen auf dem Markt und unterscheiden sich oft auch noch im Sockeltyp.

- **Celeron**, ein Prozessortyp von Intel, ist in den Formaten PGA 370 (Sockel 370) und Sockel 478 erhältlich. Seit der Celeron 500 MHz erreicht wird, wird PGA 370 verwendet. Nach der 1,2 GHz-Marke wurde dann PGA 370 durch Sockel 478 abgelöst (den auch der Pentium 4 verwendet). Eigentlich wurde der Celeron erst mit 800 MHz interessant, denn seitdem beträgt seine externe Frequenz (mit der er mit dem Motherboard kommuniziert) 100 MHz (zuvor: 66 MHz). Damit konnte er die anderen Komponenten auf einen Schlag 50% schneller ansprechen. Heute ist ein Celeron viel schneller als ein gleich getakteter VIA C3 und daher besser für 3D-Spiele geeignet. PGA-370-Celerons gibt es mit 850 MHz bis 1,10 GHz und einer Busge-

Hinweis

Die Informationen, die Sie hier zu den Prozessoren finden, sind sehr summarisch. Sie sollten aber ausreichen, um Ihnen eine Hilfestellung bei der Prozessorwahl zu geben.

schwindigkeit von 100 MHz. 478-Celerons gibt es mit 1,2 GHz bis 2,4 GHz, wobei die Modelle ab 1,7 GHz eine Busgeschwindigkeit von 400 MHz haben. Der Celeron unterstützt die Befehlssätze MMX, SSE und SSE2.

Info

Bei der Prozessortaktung unterscheidet man zwischen Prozessortakt und Bustakt (FSB: Front Side Bus). Letztere gibt an, wie schnell die Kommunikation mit Motherboard und den anderen Komponenten verläuft. Der Prozessortakt, z. B. 2,66 GHz, könnte sich aus einem FSB von 266 und einem internen Multiplikator von 10 errechnen, oder aber aus einem FSB von 333 MHz und einem Multiplikator von 8. Daher sollte ein Prozessor mit einem FSB von 333 MHz 33% größere Performance als ein Prozessor mit einem Bus von 266 MHz haben, selbst wenn der Prozessortakt identisch ist. Aktuelle Prozessoren erreichen Taktungen von mehr als 3 GHz und FSBs von 800 MHz.

- **C3.** Wird von VIA hergestellt und verwendet ausschließlich PGA 370. Dies ist ein preisgünstiger Prozessor für spezielle Anwendungen. Sie können damit einen alten PC mit einem Celeron-370 aufrüsten, doch wäre ein aktueller Celeron mit PGA 370 die bessere Wahl. Der C3 braucht weniger Energie als ein Celeron, ist aber auch weit schwächer in 3D-Berechnungen. Er ist eine exzellente Wahl, um einen Büro-PC zu bauen (zumal es C3s gibt, die keinen Lüfter brauchen), aber für Spiele oder Videoanwendungen ist seine Rechenleistung zu schwach. Bei einem C3 müssen Sie kein High-Tech-Motherboard erwerben, was wiederum den Gesamtpreis drückt. Viele Tablet PCs verwenden C3s. Der C3 beherrscht dieselben Befehlsätze wie die alten AMD Durons, nämlich MMX von Intel und 3DNow! von AMD.

- **Athlon XP.** Verwendet den Sockel 462 (mit 462 Pins), auch Sockel A genannt, den bereits die alten Athlons und Durons verwendet haben. Die Taktung der Athlon XPs erreicht zwar nominell nicht die Höhe der Pentium 4s, doch die Performance ist ähnlich. Deswegen gibt AMD nicht mehr die Prozessortaktung an, sondern einen vergleichbaren Leistungswert, um so dem Konsumenten der Vergleich zwischen Athlon XP und Pentium 4 zu vereinfachen. Ein Athlon XP 3200+ ist also keineswegs mit 3,2 GHz getaktet, aber seine Leistung entspricht ungefähr der eines Pentium 4 mit 3,2 GHz. (Das mag nicht in jedem Fall so sein, wohl aber bei Standardanwendungen.) Die echte Frequenz eines Athlon XP 3200+ mit Barton-Kern beträgt 2,2 GHz. Die Athlon XP 1700+ bis 2700+ haben einen Bus von 333 MHz, die Athlon XP ab 2800+ (Barton-Kern) verwenden 400 MHz. Der Athlon XP unterstützt die Befehlssätze MMX und 3DNow! Professional und hat einen Cache von 640 KB (Barton-Kern) bzw. 384 KB (frühere Kerne).

Hinweis

Der Opteron ist die Server-Variante der x86-64-Architektur von AMD. Er ist für Server und Workstations mit mehreren Prozessoren gedacht. Bei einem Preis von mehr als € 1.000 pro Prozessor handelt sich hier wirklich um einen Chip für den Einsatz im professionellen Umfeld.

- **Pentium 4.** Verwendet den Sockel 478 (mit 478 Pins), nur die ersten Chips verwendeten den bald ausgestorbenen Socke 423. Beim neuen Northwood-Kern hat sich der Cache verdoppelt, gleichzeitig wird der Chip in einem feineren Fertigungsverfahren hergestellt. Der erste Pentium 4 mit Northwood-Kern lief mit 2,2 GHz. Die neue Technologie sollte es erlauben, binnen Kurzem die 4 GHz zu erreichen. Die neuesten Pentium 4 beherrschen das HyperThreading. Damit wird der Software vorgegaukelt, der Computer würde zwei Prozessoren besitzen, was in sehr speziellen Fällen eine Performancesteigerung bringt. Diese neuen Pentium 4 haben einen FSB von 800 MHz und einen Cache von 512 KB. Sie unterstützen die Befehlssätze MMX, SSE und SSE2.

- **Athlon 64.** Ergänzt derzeit die Athlon-Palette, soll mittelfristig den Athlon XP ganz ablösen. Der Athlon 64 stammt vom Opteron ab, einem anderen neuen Prozessor von AMD. Der Athlon 64 (wie der Opteron) besitzt eine 64-Bit-Architektur, ist aber zugleich zu allen Anwendungen kompatibel, die für 32-Bit-Architekturen entwickelt wurden (vom 386 bis zum Pentium 4). Daher leitet sich der Name x86-64 für die Technik dieser neuen Prozessoren ab. Ziel ist es, einen sanften Übergang zu „echten 64 Bit" zu gewährleisten, sodass man auch unter einem 64-Bit-Betriebssystem weiter die alten Applikationen verwenden kann. Der Athlon 64 verwendet den Sockel 754 (mit, Sie ahnen es, 754 Pins). Der gewaltige Vorteil des Athlon 64 gegenüber der 64-Architektur von Intel ist, dass er über seinen eigenen Speichercontroller verfügt. So verlängert er den Lebenszyklus von Motherboards, weil das oft schwierige Paar Prozessor/RAM stets technisch aktuell bleibt.

Info

Der Fertigungsprozess eines Prozessors wird in Micron angegeben. Northwood-Pentium 4 und Barton-Athlon XPs werden im 0,13 Micron-Prozess gefertigt, ältere Pentium 4 und Athlon XP dagegen mit 0,18 Micron. Je kleiner der Fertigungsprozess, desto mehr Leistung pro Fläche. Ein gleich großer Prozessor bietet also mehr Rechenleistung. Umgekehrt kann sich auch die Die-Größe des Prozessors bei derselben Zahl von Transistoren verringern. Ergebnis ist ein gleich schneller Prozessor, der aber weniger Energie verbraucht und kühler bleibt.

Hinweis

Bei der klassischen PC-Architektur, d. h. bei allen 32-Bit-Prozessoren (Athlon, Celeron, Pentium 4 usw.) und bei den 64-Bit-Prozessoren von Intel, müssen Sie, wann immer eine neue Speichertechnologie erscheint, Motherboard, RAM und eventuell Prozessor austauschen, wenn Sie die zusätzliche Performance nutzen wollen. Das liegt an Beschränkungen der Northbridge des Motherboard-Chipsatzes. Beim Athlon 64 können Sie das Motherboard weiter verwenden. Wenn Sie einen neuen Prozessor einstecken, kümmert der sich darum, dass das neue RAM korrekt adressiert wird.

Die passenden Motherboards

Das Motherboard (auch Mainboard oder Hauptplatine genannt) bestimmt zu weiten Teilen die Performance, die Ihr PC erreichen kann. Es stellt die Plattform bereit, auf der die Kommunikation zwischen Prozessor und Peripherie stattfindet. Aktuelle Motherboards haben oft schon viel Peripherie integriert, sodass Sie auf Kauf und Einbau entsprechender Karten verzichten können.

Achtung

Sobald Sie sich einen Prozessor gekauft haben, müssen Sie sich unbedingt um einen passenden Kühler kümmern. Ein Kühler besteht aus einem Kühlkörper, auf dem ein kleiner Ventilator angebracht ist. Kaufen Sie Prozessor, Kühler und Motherboard am besten zusammen. Übrigens hat der Motherboard-Hersteller ASUS eine Technologie namens C.O.P. (CPU Overheating Protection) entwickelt, die z. B. auf dem Motherboard A7V333 eingesetzt wird. Sie schützt den Prozessor vor Zerstörung, falls der Kühler fehlt oder ausfällt.

Die Prozessorwahl determiniert die Motherboardwahl. Bei einem Athlon XP brauchen Sie etwa ein Motherboard mit Sockel 462. Um die maximale Leistung zu erreichen, müssen Sie das ideale Motherboard verwenden.

- **Athlon XP mit Barton-Kern.** Der FSB beträgt 400 MHz. Kaufen Sie also ein Board, das diese Frequenz erlaubt.

- **Celeron bis 1,2 GHz oder VIA C3.** Sie brauchen ein PGA 370-Board.

- **Pentium 4 oder Celeron über 1,5 GHz.** Kaufen Sie ein Board mit Sockel 478. Der Chipsatz bestimmt, wie gut die Fähigkeiten des jeweiligen Pentium 4 zum Tragen kommen.

- **Athlon 64.** Kaufen Sie ein Board mit Sockel 754. Da sich der RAM-Controller im Prozessor befindet, hängt die RAM-Performance vom Duo Prozessor-RAM, nicht vom Motherboard ab. FSB ist also kein Thema bei diesen Boards. Wichtig ist dagegen die Southbridge und die HyperTransport-Technologie. Sie ist für AGP, USB 2.0, ATA133, SATA u.a. wichtig.

Optionen beim Motherboard

Die wichtigsten Optionen beim Motherboard betreffen das verwendbare RAM, die Geschwindigkeit der IDE-Laufwerke (Festplatten), die Geschwindigkeit der Grafikkartenanbindung (AGP) und die USB-Ports.

- Bei modernen Motherboards sind die IDE-Ports **ATA133**-kompatibel, sie unterstützen damit Festplatten, die dieser Norm entsprechen. Festplatten können auch unter ATA100, ATA66 oder ATA33 laufen.

- Wenn Sie die allerneueste und -beste Festplattentechnologie verwenden wollen, brauchen Sie **SATA** (Serial ATA), das im Augenblick bei 150 MB/s (im Vergleich: 133 MB/s bei ATA133) liegt. Wenn Sie ein Motherboard mit SATA-Anschlüssen haben, brauchen Sie dafür natürlich auch SATA-Festplatten.

Hinweis

Manche Motherboards haben zusätzlich einen Soundchip und/oder einen Ethernetchip eingebaut. Sie können diese Funktionalität aber auch später mit Erweiterungskarten nachrüsten. Das empfiehlt sich vor allem dann, wenn Sie besondere Anforderungen haben.

- Bei einem Athlon XP oder Pentium 4 ist das beste RAM vom Typ **DDR-SDRAM**. Es besitzt eine einzige Kerbe. Es läuft doppelt so schnell wie SDRAM und bringt vor allem bei Bildbearbeitung, Video und 3D-Spielen einen echten Leistungssprung.

- Bei alten Celerons (PGA 370) brauchen Sie **SDRAM**. Sie können es mit einem Blick von DDR-SDRAM unterscheiden, denn es besitzt zwei Kerben.

Hinweis

Achten Sie beim Motherboard-Kauf darauf, dass es die richtige Speicherart unterstützt. Manche Motherboards für Duron und Athlon unterstützen kein DDR-SDRAM, sondern nur SDRAM. Manche Boards unterstützen beide Typen (aber nicht gleichzeitig). Wieder andere unterstützen ausschließlich DDR-SDRAM.

- Bei der Athlon-64-Architektur unterstützen die ersten Versionen dieses Prozessors **DDR-SDRAM mit 400 MHz**. Angesichts des Konstruktionsprinzips des Athlon 64 wird der passende Speichertyp den Entwicklungen des Prozessors folgen. Machen Sie sich bald auf Speichertypen gefasst, die in den Gigahertz-Bereich vorstoßen.

Hinweis

Motherboards werden vor allem in zwei Formfaktoren verkauft: ATX mit 30,6 x 24,4 cm und Micro-ATX mit max. 24,4 x 24,4 cm. Die Leistung und Ausstattung eines Boards ist unabhängig von seiner Größe, aber Sie brauchen natürlich ein Gehäuse, dass zur Boardgröße passt. In ATX-Gehäuse passen beide Formate, während in Micro-ATX-Gehäusen nur Micro-ATX-Boards Platz finden.

- Um möglichst viel Erweiterungsmöglichkeiten für den PC zu haben, sollten Sie ein Motherboard mit **USB 2.0-Ports** verwenden. Dies sollten Sie auf der Verpackung kontrollieren. Es ist nämlich sehr schwierig (eigentlich praktisch unmöglich), einen USB 1.1-Port von einem USB 2.0-Port optisch zu unterscheiden, wenn man den PC nicht anschaltet und ins BIOS geht (dazu später mehr).

- Ein aktuelles Motherboard sollte mindestens **4x AGP** unterstützen, damit Sie schnelle Grafikkarten installieren können (dazu mehr in Kapitel 3). Wenn Sie ein Motherboard mit DDR-SDRAM haben, dann verfügt es automatisch über 4x AGP. Dagegen wird 8x AGP nur von einem Motherboard mit entsprechendem Chipsatz unterstützt.

Prozessorkühlung

Wir wollen nicht allzu tief in die Prozessorkühlung einsteigen, doch Sie müssen wissen, dass Athlon XP, Athlon 64, Celeron und Pentium 4 allesamt mächtige Kühler brauchen und diese Prozessoren zerstört werden, wenn der Kühler fehlt oder ausfällt.

- Wie Sie sehen, gibt es bei einem Pentium 4 mit Sockel 478 einen erheblichen Größenunterschied zwischen Prozessor und Kühler.

Achtung

Kaufen Sie stets Motherboard, Prozessor und Kühler zusammen. Dann kann es keine Kompatibilitätsprobleme geben.

- Bei Athlons (XP oder andere) ist der Unterschied nicht so groß.

- AMD pflegt eine Liste der empfohlenen Kühler, an die Sie sich halten sollten. Die URL lautet: **www.amd.com/de-de/Processors/TechnicalResources**

- Wenn Sie sich die Websites von Kühlerherstellern ansehen, merken Sie rasch, dass das Design guter Kühler für die einzelnen Prozessoren eine Wissenschaft für sich ist.

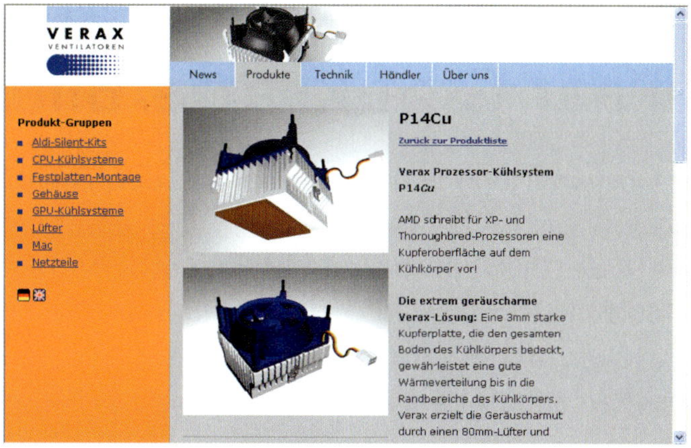

- Bei jedem Kühlkörper gibt es unten einen abziehbaren Klebestreifen, der das Wärmeleitpad schützt. Dieses Pad sorgt dafür, dass die Hitze vom Chip auf den Kühlkörper geleitet wird. Sie müssen unbedingt den Schutzstreifen abziehen, ehe Sie den Kühler aufsetzen.

KAPITEL 3

Das Paar Grafikkarte/Bildschirm

Das Paar Grafikkarte/Bildschirm gehört zu den wichtigsten Bestandteilen Ihres PCs. Welche Grafikkarte Sie verwenden, bestimmt weitgehend den Verwendungszweck des PCs – Büroarbeitsplatz, Fotos, Video und/oder 3D-Spiele –, während der Sehkomfort vom Bildschirm abhängt. Die Qualität eines Bildschirms bemisst sich v. a. daran, die horizontale Zeilenfrequenz, die die Grafikkarte liefert, darstellen zu können. Ist die Frequenz zu niedrig, ermüden die Augen rasch. Das ist besonders dann wichtig, wenn Sie täglich mehrere Stunden vor dem Bildschirm verbringen. Je größer Ihr Bildschirm ist, je größer die Auflösung ist, die Sie fahren wollen, desto wichtiger wird die vertikale Frequenz. Sie erfahren in diesem Kapitel die Fakten, um das für Sie richtige Duo Grafikkarte/Bildschirm zu wählen.

Die Grafikkarte

Wenn Sie einen PC komplett selbst zusammenbauen, müssen Sie auch die richtige 4x oder 8x AGP-Karte wählen. Beachten Sie folgenden Kriterien bei Ihrer Wahl.

- Halten Sie sich bei der Wahl Ihrer Grafikkarte an die Testberichte von kompetenten Zeitschriften und Websites. Empfehlenswert sind z. B. **c't** oder **www.tomshardware.de**.

Achtung

Achten Sie darauf, dass Ihre Grafikkarte wirklich 4x bzw. 8x AGP unterstützt. Fragen Sie beim Händler, ob Grafikkarte und Motherboard kompatibel sind.

- Der Grafikprozessor nVidia GeForce FX 5900 wird von verschiedenen Herstellern auf 8x AGP-Steckkarten verbaut. Dies sind die schnellsten 3D- und 2D-Karten auf dem Markt, kosten aber an die € 500. Diese Karten können alle DirectX 9.0-Features nutzen und haben hochkapazitäre Pixel-Pipelines für die Pixel Shaders (das ist die Fähigkeit, einzelnen Pixeln individuelle Beleuchtung zu geben). Dies ist der perfekte Prozessor für alle Spiele, die in den nächsten beiden Jahren für den PC erscheinen werden. Mehr Informationen finden Sie unter **www.nvidia.com**.

- In der Mittelklasse der 4x, ja sogar 8x AGP-Karten befinden sich die GeForce 4 MX 400 bzw. die GeForce FX 5200. Die 4 MX ist ein fairer Kompromiss, der Ihnen für allgemeine Multimedia-Anwendungen reicht, 64 MB RAM bietet und nur € 80 kostet. Die FX 5200 ist in Sachen Multimedia gleichwertig und weit überlegen in 3D, ohne natürlich die Performance der FX 5900 zu erreichen. Bei diesen Karten kommt der Grafikprozessor stets von nVidia, doch die eigentlichen Karten fertigen zahlreiche Firmen wie Creative Labs, Hercules, LeadTek u. v. a.

- Wenn Sie eine echte Multimedia-Lösung suchen, die zudem gute 3D-Performance bietet, dann sollten Sie sich für eine ATI All-in-Wonder entscheiden. Diese Karten vereinigen TV-Tuner, Video-Capturing, Video-Ausgang und andere Funktionen.

- Besuchen Sie **www.geizhals.at**, und dort die Rubrik Hardware/Grafikkarten. Sie erhalten eine aktuelle Liste von Karten mit dem jeweils besten Preis. Besucher können die einzelnen Karten kommentieren. Lesen Sie deren Meinung, ehe Sie sich für ein Produkt entscheiden.

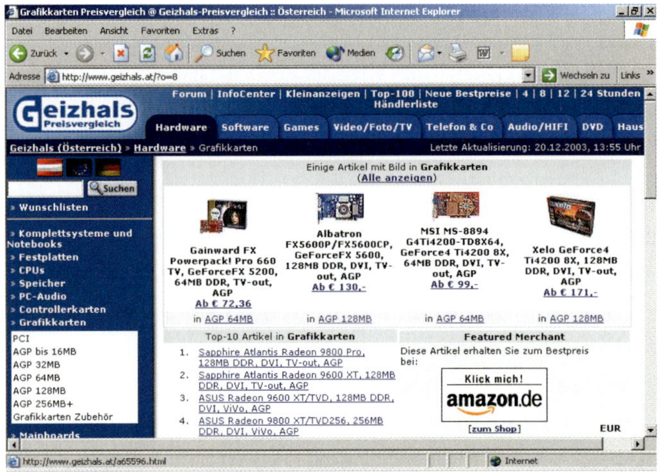

Hinweis

Bei heutigen Prozessoren mit mehr als 1,6 GHz ist es nicht empfehlenswert, eine zu schwache Grafikkarte zu verbauen. Manche Mainboard-Hersteller gehen so weit, explizit auf die Inkompatibilität ihrer Boards mit 1x oder 2x AGP-Karten hinzuweisen.

Hinweis

Manche Grafikkarten haben einen DVI-Ausgang, über den die Daten digital zwischen Computer und Bildschirm übermittelt werden. Vorteil ist natürlich, dass es auf dem Kabelweg keinerlei Qualitätsverlust gibt. Es gibt DVI-V, 100%ig digital, und DVI-I, das auch analoge Signale bietet. Die ATI All-in-Wonder besitzt einen DVI-I-Anschluss und wird mit einem DVI-I/VGA-Adapter geliefert. D. h., man kann an sie auch einen normalen VGA-Analogbildschirm anschließen.

Der Bildschirm

Wenn Sie die richtige Grafikkarte gewählt haben, müssen Sie sich Gedanken machen, was Sie von Ihrem Bildschirm erwarten.

Hinweis

Wenn Sie eine Grafikkarte mit Digitalausgang (DVI) für ein LCD-Display gewählt haben, sollten Sie sich auch einen DVI-Bildschirm kaufen. Nicht alle LCD-Displays haben wirklich einen DVI-Eingang.

Hinweis

Sehen Sie sich die Herstellerangaben an, um herauszufinden, welche Auflösungen Ihr Bildschirm darstellen kann.

- Wenn Sie eine **große Bildfläche in hoher Auflösung** wollen, sollten Sie sich einen klassischen **Röhrenmonitor (CRT)** kaufen. Große Flachbildschirme (LCD) mit 18-19 oder mehr Zoll kosten noch mehr als € 900 (bis zu € 3000), während Röhrenmonitore dieser Größe nicht mehr als € 150 bis 450 kosten.

- Mit einem **Röhrenmonitor (CRT)** von 19 Zoll können Sie leicht eine Auflösung von **1600x1200 Pixel** fahren und somit ein Foto einer 2-Megapixel-Kamera (die dieses Format hat) als Vollbild ohne Scrollbalken anzeigen. Achten Sie darauf, dass Ihre Grafikkarte diese Auflösung mit 16 Millionen Farben (24 oder 32 Bit Farbtiefe) anzeigen kann. Normalerweise können das Karten mit 64 oder 128 MB RAM. Bei einer Auflösung von 1280 x 1024 muss die vertikale Frequenz bei mindestens 100 Hz liegen, damit die Augen nicht ermüden.

Hinweis

Bei einem Röhrenbildschirm gibt der Pitch an, wie fein die Punkte dargestellt werden. Bei einem Pitch von max. 0,26 mm kann ein 19-Zoll-Bildschirm problemlos 1600 x 1200 Pixel darstellen.

- Mit einem **LCD-Flachbildschirm von 15 Zoll** sparen Sie nicht nur Platz, sondern haben auch dieselbe Bildschirmfläche wie bei einem 17-Zoll-CRT zur Verfügung (das liegt daran, dass auch der vom Gehäuse verdeckte Teil eines CRTs bei der Diagonale mitgerechnet wird – bei LCDs wird dagegen „fair" gerechnet). Ein weiterer Vorteil der 15-Zoll-LCDs ist ihr Preis, der derzeit bei weniger als € 300 liegt. Besser noch, wenn Sie sich einen 17-Zoll-LCD leisten können. Noch ein Hinweis für Spieler: Die Schaltzeit (d. h. die Zeit, bis ein Pixel von einem Zustand in einen anderen umgeschaltet wird) ist bei verschiedenen LCDs sehr unterschiedlich. Wenn Sie aktuelle 3D-Spiele mit einer teuren DirectX-9.0-Karte spielen, dann brauchen Sie eine Schaltzeit von weniger als 25 ms (manche Bildschirme erreichen sogar weniger als 16 ms).

- Bei einem LCD-Bildschirm ist die Vertikalfrequenz kein Entscheidungskriterium, wohl aber sein **Kontrastverhältnis**, das ab 250:1 okay und ab 450:1 exzellent ist.

- Bei einem Röhrenmonitor schickt die Grafikkarte das vertikale Signal (Aktualisierungsfrequenz). Wenn Ihre Karte den Monitor voll ausnutzen kann, dann müssen Sie entweder den **Monitortreiber** installieren oder aber die Frequenz manuell einstellen, um das optimale Ergebnis zu erreichen.

Hinweis

Im Gegensatz zu Röhrenmonitoren haben LCDs nur **eine fixe Auflösung**. Diese Auflösung hängt fest vom eingebauten Panel ab. 15-Zoll-LCDs bieten normalerweise 1024 x 768. Bei einer niedrigeren Auflösung wird das Bild extrem schlecht. Es gibt 15-Zöller mit 1600 x 1200 Pixel. Sie werden vor allem in Laptops verbaut, sind aber sehr teuer, und Sie brauchen wirklich gute Augen, um sich über solch ein Panel freuen zu können.

Optionen bei der Grafikkarte

Es gibt sehr einfache Grafikkarten, es gibt aber auch Karten mit sehr vielen Multimedia-Optionen.

- Karten mit TV-Ausgang können drei Arten von Diensten verrichten, die nicht auf jeder Karte vorhanden sein müssen:
  - Anzeige des Windows-Desktops auf einem Fernseher statt auf dem Monitor
  - Anzeige des Windows-Desktops gleichzeitig auf einem Fernseher und auf dem Monitor
  - Anzeige des Bilds einer Applikation auf dem Fernseher. Stellen Sie sich vor, Sie starten einen Software-DVD-Player. Das Bild wird auf dem Fernseher statt in einem Fenster auf dem Monitor dargestellt. Diese letzte Option ist die beste, wenn Sie DVDs mit optimalem Bild auf dem Fernseher anschauen wollen.

- Die **ATI All-in-Wonder** (mit einem Radeon-Chip) bietet die ersten beiden Funktionen. Die Qualität des Videoausgangs ist sehr gut geeignet, um einen DVD-Film auf den Fernseher zu leiten, Sie müssen nur die Auflösung des Ausgangs anpassen.

- Zusätzlich beinhaltet die ATI All-in-Wonder einen TV-Tuner, sodass man direkt ein Antennenkabel einstecken und mit der Sendersuche beginnen kann. Sie können auch Sendungen auf Festplatte mitschneiden.

- Diese Karte gibt Ihnen auch die Möglichkeit, Videoquellen (wie Videorekorder) mit Composite oder Y/C (S-Video) anzuschließen, sodass Sie das Bild **in einem Fenster oder im Vollbildmodus** anzeigen können. Damit können Sie Standbilder machen oder gleich den ganzen Film auf Festplatte speichern. Als Format könnten Sie dabei z. B. MPEG1 (VHS-Qualität) oder MPEG2 (DVD-Qualität) verwenden.

Hinweis

Die ATI All-in-Wonder Radeon ist nicht die einzige Karte mit all diesen Optionen, wohl aber eine der besten im Bereich Multimedia mit Video/Audio-Funktionen.

KAPITEL 4

Festplatten, optische Laufwerke und CD/DVD-Brenner

Die Festplattengröße spielt eine wichtige Rolle bei der Auswahl des Betriebssystems (Windows 98/Me oder XP). In diesem Buch wird nur die Installation von Windows XP behandelt, bei dem die Laufwerkskapazität nicht beschränkt ist und bei dem es die Installationsprobleme nicht gibt, die Windows 98/Me bei Festplatten über 80 GB haben. Kaufen Sie sich besser ein DVD- als ein CD-ROM-Leselaufwerk. Diese Geräte sind so billig, dass es schade wäre, auf die DVD-Lesefähigkeit zu verzichten. Wir kommen auch auf Brenner zu sprechen. Zum Schutz Ihrer Daten, Multimediadateien, Videos und Musik sind diese Geräte ideal. DVD-Brenner sind billig geworden. Wer wirklich nur Musik brennen will, kann einen CD-Brenner kaufen, wer aber Videos macht oder große Datenmengen sichert, sollte gleich zu einem DVD-Brenner greifen.

Festplatten: Kapazität und Optionen

Lernen Sie ein paar Begrifflichkeiten kennen, um besser Ihre Festplatte auswählen zu können. Sie müssen sich Gedanken um Kapazität, Performance und Einsatz Ihrer zukünftigen Festplatte machen.

- Festplatten speichern Informationen in nicht-flüchtiger Weise. Die Informationen können allerdings, wie bei einer Diskette, rasch überschrieben werden. Der Kapazitätsunterschied zwischen Diskette und Festplatte ist gigantisch: Die kleinsten aktuellen Festplatten mit 40 GB (= 40.000 MB) speichern den Inhalt von mehr als 2.700 Disketten.

- Die Zugriffsgeschwindigkeit auf die Festplatte hängt weitgehend von der Drehgeschwindigkeit ab. Eine Standardfestplatte dreht sich 5400 Mal pro Minute. Eine schnelle Desktopfestplatte kommt dagegen auf 7200 Umdrehungen pro Minute. Hersteller geben diese Geschwindigkeit in RPM (Rotations per minute) an.

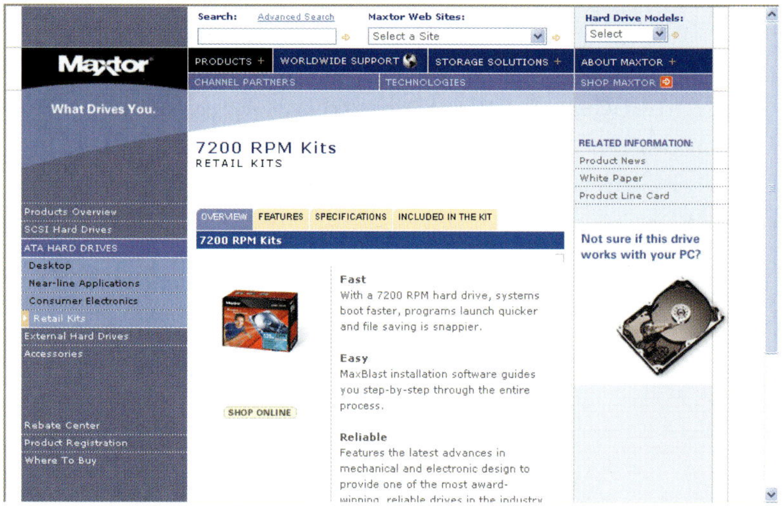

- Wir besprechen in diesem Buch nur die Anschlussarten IDE (die sich auf jedem Motherboard befindet) und SATA 1.0. Bei IDE müssen mehrere Typen unterschieden werden, die jeweils einem maximalen Datendurchsatz pro Sekunde entsprechen. Die jeweilige Betriebsart entnehmen Sie den technischen Daten der Festplatte.
  - **ATA33 (UDMA mode 3)** kann theoretisch 33 Mbit/s, d. h. ca. 4 MB/s liefern
  - **ATA66 (UDMA mode 4)** kann theoretisch 66 Mbit/s, d. h. ca. 8 MB/s liefern
  - **ATA100 (UDMA mode 5)** kann theoretisch 100 Mbit/s, d. h. ca. 12 MB/s liefern
  - **ATA133 (UDMA mode 6)** kann theoretisch 133 Mbit/s, d. h. ca. 16 MB/s liefern

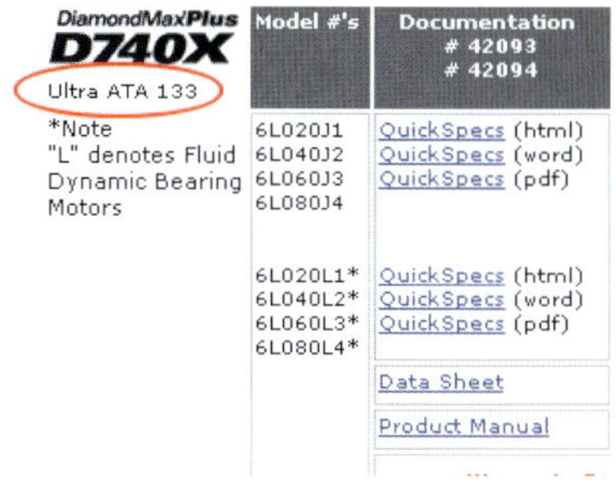

- Um **SATA-1.0-Festplatten** verwenden zu können, brauchen Sie ein Motherboard mit entsprechenden Schnittstellen (oder aber Sie kaufen sich eine entsprechende Erweiterungskarte). Mit SATA 1.0 kann eine Festplatte theoretisch 150 Mbit/s, d. h. ca. 18 MB/s liefern. Sie können in Ihren neuen Rechner auch noch Ihre alten ATA-Platten einbauen, weil es stets auch IDE-Anschlüsse gibt. Verwenden Sie aber eine SATA-Platte als Systemfestplatte, wenn es Ihnen um Performance geht.

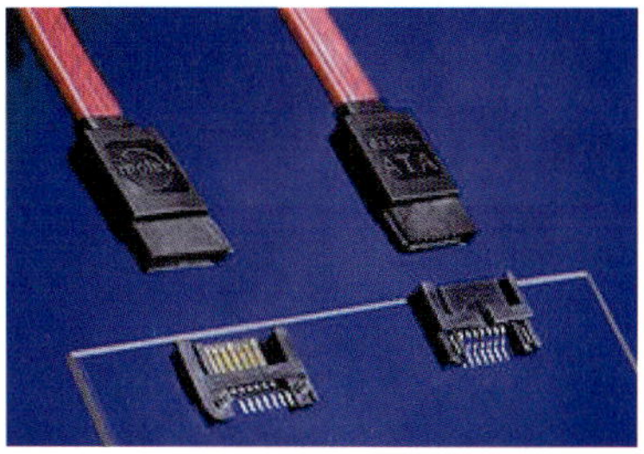

Hinweis

Ich habe stets „theoretisch“ bei den Geschwindigkeitsangaben wiederholt. Diese Datenraten erhalten Sie zumeist nur, wenn die Festplatte die Daten aus ihrem RAM-Cache holt, nicht aber bei normalen Lesevorgängen. Wichtig ist, dass Festplatte und Motherboard zusammenpassen, d. h. aus derselben technischen Generation stammen. Wenn Sie wirklich die theoretischen Datenraten im laufenden Betrieb erreichen wollen, brauchen Sie ein IDE-RAID-System mit mehreren Festplatten.

- Die hohen Datenraten lassen sich nur mit den richtigen Kabeln erzielen. Schnelle **IDE-Kabel** haben 80 Adern, die klassischen, langsamen Kabel dagegen nur 40. Dagegen haben alle IDE-Stecker nur 40 Vertiefungen für Pins. (Jeder Pin ist mit einer Ader verbunden, die restlichen Adern führen Masse und dienen der Abschirmung.)

- Wenn Sie wirklich die besten verfügbaren Festplatten wollen, dann kaufen Sie sich ATA- oder SATA-Platten mit 7.200 oder 10.000 Umdrehungen und einem Cache von 4 bis 8 MB. Z. B. hat Western Digital solche Platten im Programm.

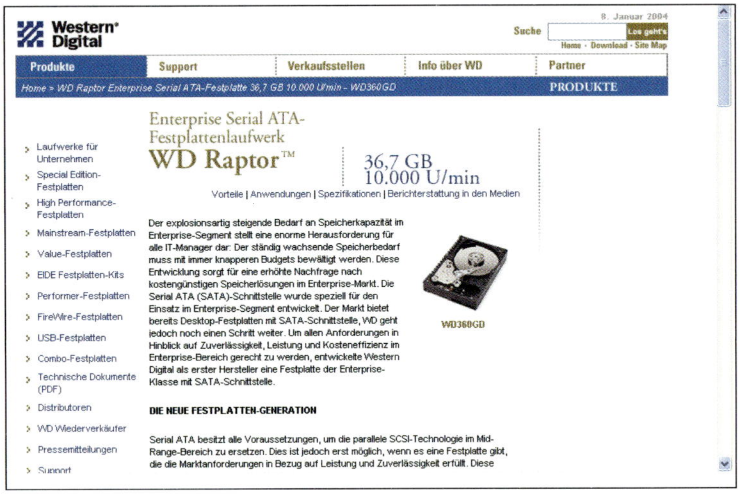

CD- und DVD-ROM-Laufwerke

CD- und DVD-ROM-Leselaufwerke sind mittlerweile fast so austauschbar wie Floppylaufwerke geworden.

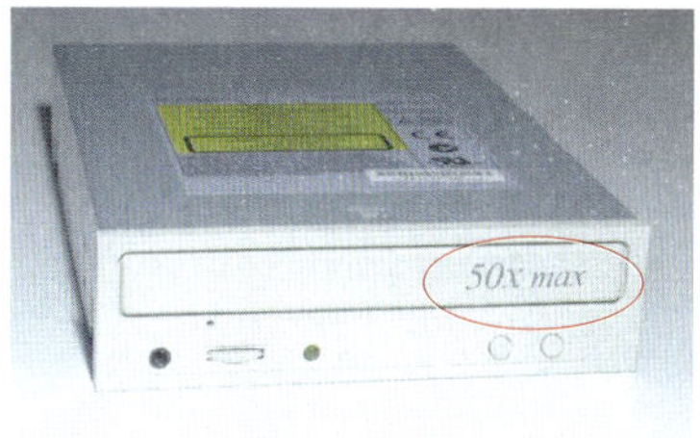

- Bei CD-ROM-Laufwerken gibt es kaum Unterscheidungskriterien. Am ehesten gibt es noch Unterschiede bei der Maximalgeschwindigkeit, die oft groß auf der Außenseite angegeben wird. Die meisten Laufwerke bieten 50x oder 52x, was einer Maximalleistung von 50 x 150 KB/s, d. h. 7,5 MB/s entspricht.

- Ihr **CD-ROM-Laufwerk** bietet maximale Kompatibilität, wenn es folgende Normen unterstützt: CD-ROM, CD-DA (CD-Audio), CD-XA, CD-Photo, Video-CD, CD-Plus, CD-Extra, mode1, mode2, Multisession und CD-UDF (bzw. CD-RW).

Specifications

Data Transfer Rate	52X (7,800KB/sec)
Burst Transfer Rate	PIO Mode 4 (16.6 MB/sec)
	DMA Mode 2 (16.6 MB/sec)
Average Access Time	80ms
Interface	EIDE/ATAPI
Drive Type	Internal
Loading Type	Motorized Tray Type
Buffer Memory	128KB
Flash Memory	64KB
Loading Type	Motorized Tray Type
DrIve Mounting	Horizontal/Vertical
Supported Disc	CD-R, CD-RW,CD-ROM, CD-DA, CD-ROM/XA
	Video-CD, CD-I/FMV, Multisession Photo CD
	Extra CD, MixedCD, CD Text

- DVD-Leselaufwerke (die Sie am DVD-Logo erkennen, das sich stets auf der Blende befindet) können sowohl CDs als auch DVDs (Digital Versatile Disc) lesen. Eine DVD mit zwei Lagen kann 8,5 GB, eine solche mit nur einer Lage 4,7 GB speichern. Zum Vergleich: Auf eine CD-ROM passen 700 MB. Beide Arten von Laufwerken lesen mittels eines Lasers.

- DVD-Laufwerke sind, was Verkabelung und Treiber angeht, vollkommen kompatibel zu CD-Laufwerken. Sie können also jederzeit ein CD-Laufwerk, das via ATA angeschlossen ist, durch ein DVD-Laufwerk ersetzen. DVD-Laufwerke kosten heute weniger als € 80, Sie brauchen hier also nicht zu sparen.

- Sofern Sie eine DVD-Playersoftware haben, können Sie mit einem DVD-Laufwerk DVD-Filme auf Ihrem PC oder, mit der richtigen Grafikkarte (vgl. Kapitel 3), auf dem Fernseher ansehen.

Hinweis

Ehe Sie ein DVD-Laufwerk kaufen, sollten Sie den Verkäufer fragen, ob es sich um ein „Regionfree"-Laufwerk handelt. Damit können Sie DVDs aus allen Kontinenten ansehen, sofern auch Ihre Playersoftware regionfree geschaltet ist. Sie finden im Internet das Programm DVD-Genie, das in der Lage ist, praktisch alle Softwareplayer regionfree zu schalten.

- DVD-Leselaufwerke gibt es mit **12x und 16x** Geschwindigkeit. Diese Geschwindigkeit ist nicht mit den Faktoren von CD-ROMs identisch, sondern bezieht sich auf DVD-Film. 1x DVD-ROM entspricht 1,35 MB/s, d. h. 12x entspricht max. 16 MB/s und 16x max. 21,6 MB/s.

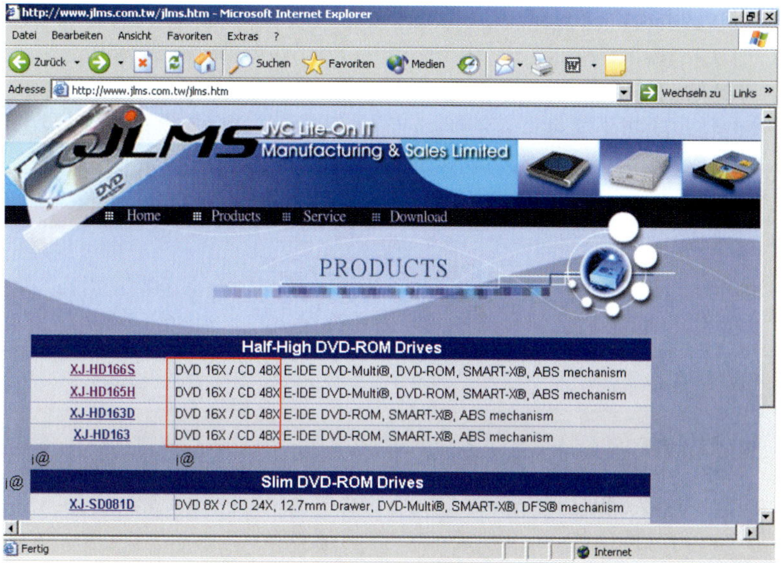

- Bei DVD-Lesegeräten wird ein zweiter Wert angegeben, nämlich seine Geschwindigkeit als CD-ROM-Lesegerät. So wäre bei einem 16x/48x DVD-Laufwerk 16x für die DVD-Geschwindigkeit und 48x für die CD-Geschwindigkeit einschlägig.

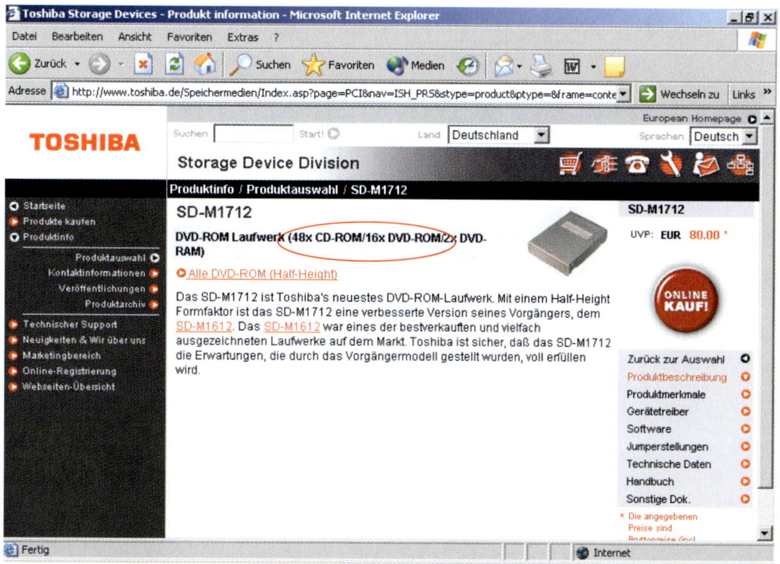

- Neben den verschiedenen CD-Formaten sollten DVD-ROM-Lesegeräte auch die folgenden Formate beherrschen
  - DVD-ROM
  - DVD-R
  - DVD-RW
  - DVD+R
  - DVD+RW

Hinweis

Manche DVD-ROM-Lesegeräte können schneller von der einen Leseschicht auf die andere überwechseln. Das ist ein Vorteil. Manchmal gibt es Software-Updates für DVD-Lesegeräte, genannt Firmware-Updates (Firmware ist die Steuersoftware eines Geräts), die Sie auf der Hersteller-Website herunterladen können. Sie finden auch auf Fan-Websites Firmware-Updates, aber diese Updates dienen dazu, das Gerät regionfree zu schalten.

Hinweis

Komponentenhersteller geben stets Maximalwerte an. Bei CD- und DVD-ROM-Laufwerken sind die x-fach Angaben Werte, die nur im Außenbereich der Silberscheibe erreicht werden. Zumeist werden diese Geschwindigkeiten in der Praxis nicht annähernd erreicht.

CD-/DVD-Brenner

Hier finden Sie ein paar Hinweise für die Wahl eines CD-Brenners bzw. DVD-Brenners. Letztere brennen übrigens CDs und DVDs.

- **CD-Brenner** sehen wie CD-Laufwerke aus. Der Unterschied ist, dass sie nicht nur CDs lesen, sondern auch auf CD-R schreiben können.

- Alle modernen Brenner können auch **CD-RWs** beschreiben, d.h. wiederbeschreibbare CDs (bis zu 1000 Mal). CD-RWs sind kein Festplattenersatz, aber Sie können auf ihnen z. B. tägliche oder wöchentliche Backups anlegen.

- Die Angaben zu einem CD-Brenner werden stets in der Form **8x/4x/32x** gegeben, wobei der erste Wert (hier 8x) die CD-R-, der zweite die CD-RW-Brenngeschwindigkeit und der dritte die Lesegeschwindigkeit angibt.

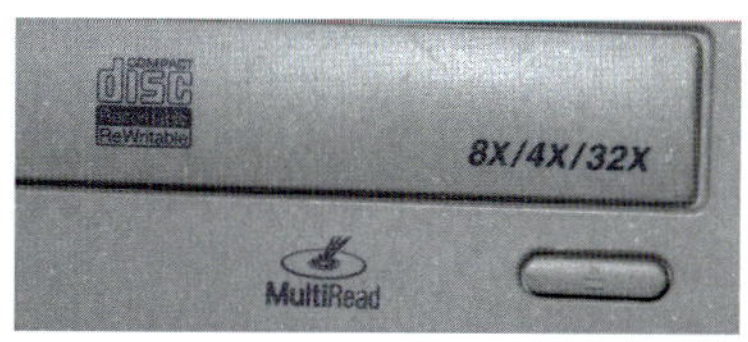

- Bei **DVD-Brennern** gibt es zwei Formate, DVD-R (das Pioneer-Format) und DVD+R (das Philips-Format). Viele aktuelle Brenner unterstützen beide Formate. Sie können zwar in den jeweiligen Brennern nur die entsprechenden Rohlinge beschreiben, aber die fertigen DVDs (egal, ob Plus oder Minus) lassen sich in den allermeisten modernen DVD-Leselaufwerken und -Playern lesen bzw. abspielen.

Hinweis

Nur als Hinweis: Ich habe selbst einige DVD-RWs gebrannt, die sich problemlos in einem Philips-DVD-Plus-Laufwerk lesen ließen.

- Ferner gibt es noch die **DVD-Multi**, die CDs, DVD-R und DVD-RW sowie DVD-RAM schreiben und lesen können. Die DVD-RAM-Unterstützung ist für professionelle bzw. semi-professionelle Anwendungen interessant, weil diese Scheiben 100.000 Mal (statt 1.000 Mal wie bei DVD-RW bzw. +RW) überschrieben werden können und mehr Datensicherheit bieten. Dieses Format ist für tägliche Backups ideal.

- **DVD-R- bzw. DVD+R-Rohlinge** kosten ca. € 2-3 das Stück, -RW oder +RW-Rohlinge sind nur unwesentlich teurer. Seien Sie vorsichtig mit superbilligen Minus-Rohlingen: Die sind oft von miserabler Qualität.

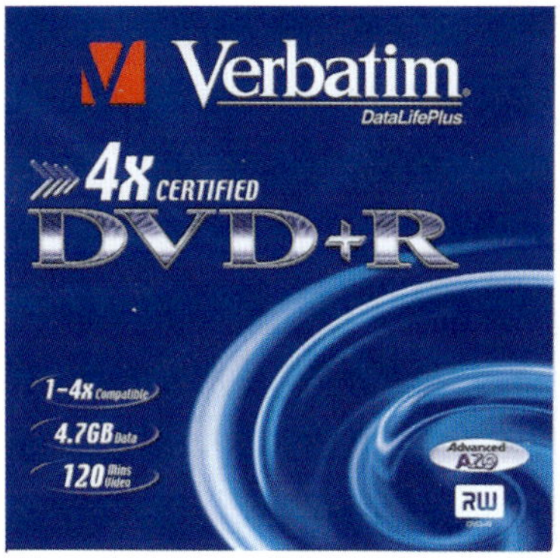

Hinweis

Eine 1x Schreibgeschwindigkeit bedeutet, dass 4,7 GB in einer Stunde gebrannt werden. Wenn Sie einen 4x Brenner mit entsprechenden Medien einsetzen, können Sie also diese Datenmenge in einer Viertelstunde auf DVD schreiben.

- Achtung, die meisten Kinofilme kommen auf doppelschichtigen DVDs mit 8,5 GB, **während DVD-Rohlinge nur eine Schicht und mithin 4,7 GB haben**. Eine 1:1-Kopie ist also unmöglich. Sie müssten erst den DVD-Inhalt auf Festplatte bringen und dann entweder ein Programm wie Pinnacle InstantCopy verwenden, das den Festplattenfilm auf 4,7 GB komprimiert, oder eine Software wie DVD X Copy einsetzen, die den Film auf mehrere Rohlinge verteilt.

- Egal, welchen Brenner Sie verwenden, Sie benötigen in jedem Fall eine gute **Brennsoftware**. Wenn Sie einen Retail-Brenner (mit Schachtel) kaufen, dann wird der mit Software geliefert, was bei Bulk- bzw. OEM-Geräten oft nicht der Fall ist.

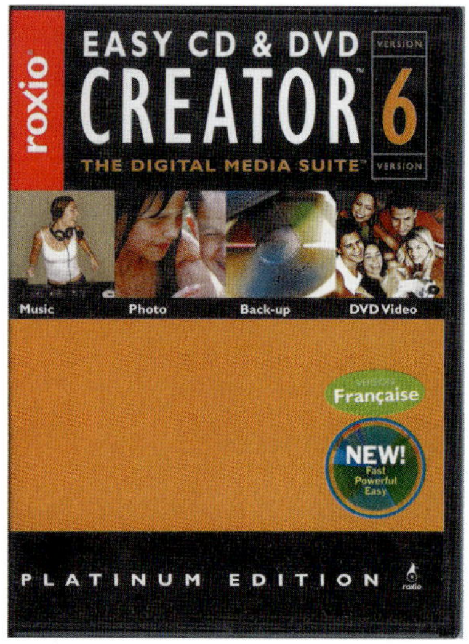

Info

Die drei besten Brennprogramme sind Roxio Easy CD & DVD Creator 6, Nero 6 und WinOnCD 6.0. Programme, um eigene DVDs zu authoren, sind z. B. Sonic MyDVD, Ulead DVD Workshop und Pinnacle Studio 8.

KAPITEL 5

Soundoptionen

Sie können mit einem PC Musik aller Art wiedergeben, komponieren, kopieren, weitergeben, transferieren usw. Es gibt vor allem folgende Anwendungsbereiche: Optimale Wiedergabe von DVD-Filmen, 3D-Spiele mit ihren Soundeffekten, Kopieren von Audio-CDs, MP3-Komprimierung, Komposition mit Spezialtools und evtl. MIDI-Instrumenten. Wir kommen auf all diese Bereiche zu sprechen, damit Sie sich die richtige Hardware für Ihre Interessen kaufen können.

Audio für DVDs und Spiele

Um DTS, Dolby Digital, Dolby Digital EX, EAX, DirectSound 3D oder DTS-ES voll genießen zu können, müssen die Signale digital übertragen werden. Die Umwandlung in Analogsignale kann entweder intern im PC oder aber, mit einem entsprechenden Wandler, extern geschehen.

- Der Digitalton eines Spiels oder einer DVD ist kodiert, und er enthält alle Informationen für die einzelnen Lautsprecher. Damit die einzelnen Lautsprecher jeweils ihre Audioinformation er-

Hinweis

Dolby Prologic ist ein 5.1-Audiosystem, dessen Signale analog (nicht digital) kodiert sind und für das Sie einen Prologic-kompatiblen Verstärker brauchen.

halten, muss irgendwo für die Dekodierung der Kanäle (Vorder- und Hinterlautsprecher, Center usw.) gesorgt werden. Die einzelnen Standards erfordern jeweils einen Dekodiermechanismus und entsprechende Lautsprecher.

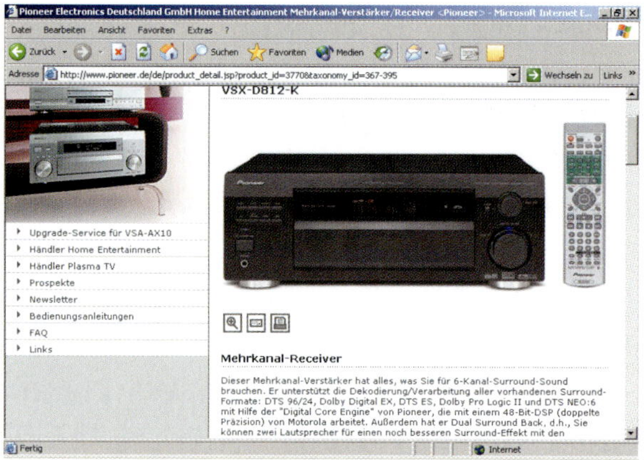

- Bei einem 5.1-System (Dolby Digital oder DTS) sind zwei Frontlautsprecher, ein Center, zwei Rüklautsprecher und ein Subwoofer notwendig. Bei DTS ist der Sound mit 1411 Kbit/s weniger stark komprimiert als bei Dolby Digital (384 Kbit/s). Der hörbare Unterschied ist meist sehr gering und hängt von der Qualität Ihrer HiFi-Anlage und der Einrichtung des Wohnzimmers ab. Wer nicht zwischen MP3 und CD unterscheiden kann (das gilt für die meisten Menschen), braucht kein Top-HiFi-Produkt zu kaufen.

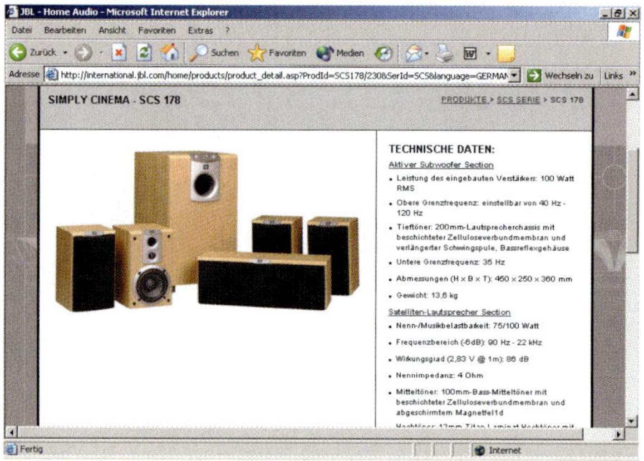

Hinweis

Wenn das normale Laufgeräusch des PCs Sie nicht stört, reicht Ihnen ein einfaches 5.1-System. Für Topqualität brauchen Sie entweder einen komplett geräuschlosen PC (schwer zu erreichen und teuer), oder Sie stellen ihn in ein anderes Zimmer und legen die (möglichst kurzen) Audio- und Videokabel in das Zimmer, wo Sie DVD anschauen oder spielen wollen. BlueTooth-Tastatur und -Maus sind dann sehr hilfreich.

- Ein 7.1-System (Dolby Digital EX oder DTS-ES) ergänzt ein 5.1-System um zwei weitere Rücklautsprecher.

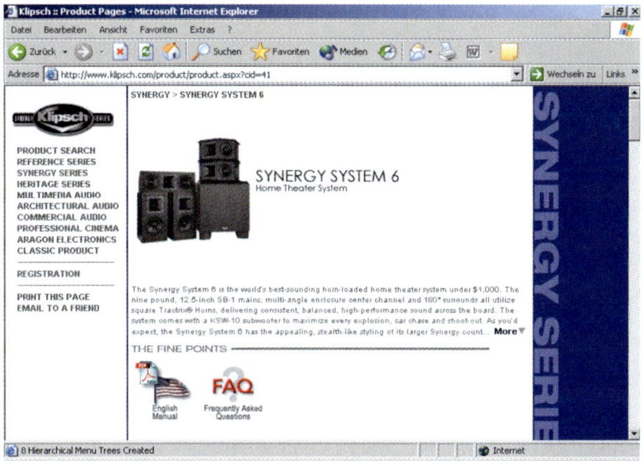

- Bei 6.1-Systemen (Dolby Digital EX oder DTS-ES, meist DTS-ES Diskret genannt) werden die beiden zusätzlichen Rückkanäle in einem Lautsprecher zusammengefasst. Der Unterschied zwischen Dolby Digital EX und DTS-ES ist wiederum, dass DTS-ES weniger stark komprimiert. Wenn Geld keine Rolle spielt und perfekte akustische Voraussetzungen vorliegen, dann ist DTS-ES angezeigt.

- Um von DVD-Digitalsound profitieren zu können, brauchen Sie einen SPDIF-Ausgang, der entweder die Form einer Cinch- oder einer optischen Buchse haben kann. Diesen verbinden Sie mit einem Dekoder, der das digitale Signal in Kanäle trennt und an die jeweiligen Lautsprecher leitet.

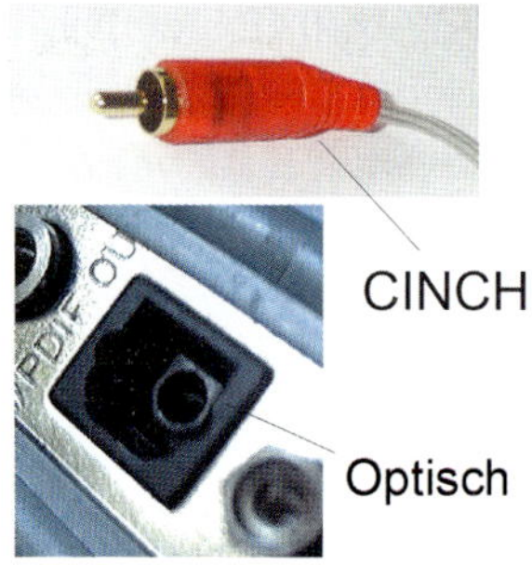

- Um bestmöglichen 3D-Sound bei Spielen zu haben, brauchen Sie eine DirectSound3D-kompatible Karte (DirectSound3D ist ein Microsoft-Standard für Sounds von 3D-Spielen), die am besten auch EAX (den 3D-Standard von Creative Labs) unterstützt. EAX ist ein 6.1-System, während DirectSound3D 4.1- und 5.1-Konfigurationen unterstützt. EAX bietet dynamischen Klang, d. h. die Klangcharakteristik ändert sich gemäß der Spielsituation, im Gegensatz zu DVD-Filmen, wo der Ton zum Zeitpunkt des DVD-Authorings festgelegt wird. Für EAX brauchen Sie eine Spitzensoundkarte. Es gibt auch noch EAX Advanced HD, eine noch mächtigere EAX-Variante. Für Audio ist dann so viel Rechenleistung nötig, dass diese nur noch von einer speziellen Soundkarte bereitgestellt werden kann. Die SoundBlaster Audigy 2 Platinum EX ist eine solche Spitzenkarte, die aber relativ teuer ist. Derlei Karten bieten auch optische bzw. koaxiale SPDIF-Ausgänge, um Dolby Digital EX-Signale an spezielle Dekoder/ Verstärker zu leiten.

Kopieren von Audio-CDs

Das Kopieren von Audio-CDs ist an sich relativ einfach, kann aber spezielle Hardware und Software erfordern.

- Um Audio-CDs zu kopieren, brauchen Sie einen CD-Brenner (bzw. DVD-Brenner). Beim Audio-CD-Brennen ist nicht nur die Brenngeschwindigkeit wichtig, sondern auch die Geschwindigkeit beim Lesen von Audio-Dateien (CD-DA). Bei einfacher CD-DA-Geschwindigkeit würde es eine Stunde dauern, eine CD auf Festplatte zu kopieren, bei zweifacher wäre es eine halbe Stunde. Sobald die Daten auf der Festplatte sind, geht es flotter zu, je nach Brenngeschwindigkeit. Bei einer kratzfreien Audio-CD kann Auslesen und Brennen mit 40facher Geschwindigkeit klappen.

Hinweis

Bei schlechtem CD-DA-Auslesen hören Sie Aussetzer in der Festplattendatei im Format .WAV oder .CDA. Reduzieren Sie in einem solchen Fall die Lesegeschwindigkeit, bis es klappt. So etwas passiert oft, wenn Sie alte CDs zu schnell auslesen.

- Audio-CDs können Sie mit praktisch jedem Brennprogramm kopieren. Bei manchen CDs und CD-Laufwerken werden Sie jedoch mit Exact Audio Copy bessere Ergebnisse erzielen. Sie können dieses Programm unter **www.exactaudiocopy.de** herunterladen.

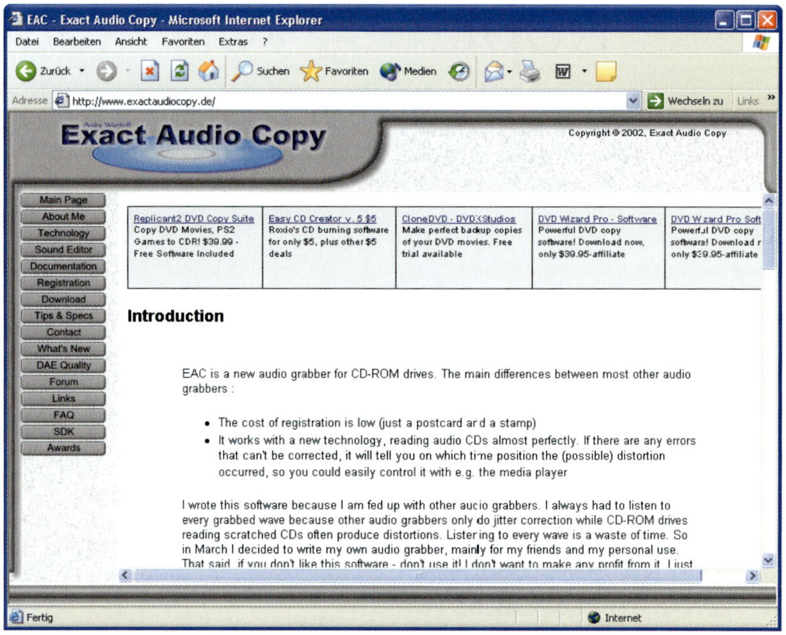

- Bei Musik-CDs mit mehr als 80 Minuten Spieldauer müssen Sie prüfen, ob Ihr Brenner 99-Minuten-CDs unterstützt. Sie können dies unter **www.disc4you.de** nachsehen. Zudem brauchen Sie Software, die Overburning unterstützt, z. B. Nero 6 (www.nero.com).

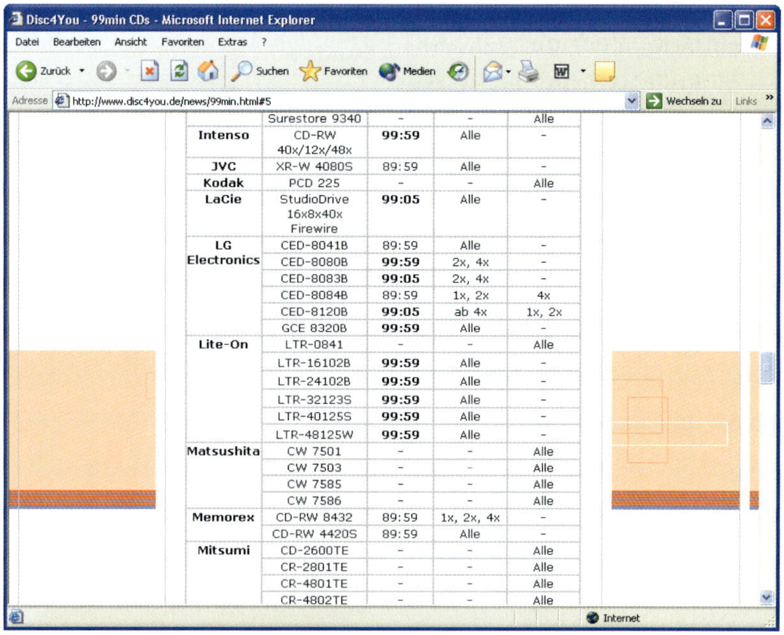

Hinweis

Bei der Verwendung von überlangen CD-Rohlingen kann es Probleme geben. Rohlinge mit mehr als 80 Minuten verstoßen gegen die Spezifikationen. Sie verwenden einen größeren Bereich der Scheibenoberfläche, und zusätzlich liegen die Windungen der CD-Helix (Spur) enger beieinander. So kann es sein, dass Brenner, die sich genau an die Spezifikationen halten, mit diesen Rohlingen nicht klar kommen. Entweder wird der Brennvorgang von vornherein verweigert, oder er bricht irgendwann mit einer Fehlermeldung ab.

- Um eine Musik-CD direkt zu kopieren, müssen Sie die CD-DA-Auslesegeschwindigkeit des Leselaufwerks überprüfen. Wenn sie wesentlich niedriger als die Brenngeschwindigkeit ist, kopieren Sie besser die Audio-CD erst mit dem schnellsten Laufwerk auf Festplatte, um sie dann zu brennen. Dieses Verfahren ist besonders angezeigt, wenn Sie mehrere Kopien derselben Musik-CD erstellen wollen.

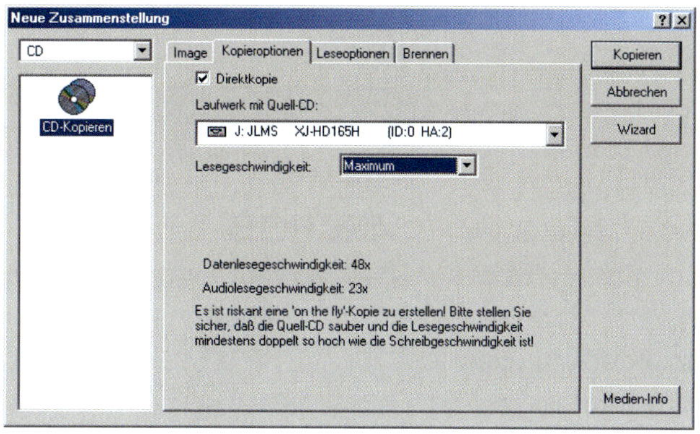

MP3

MP3 ist ein Dateiformat für Musik. Der Witz an MP3 ist, dass entsprechende Dateien nur ungefähr ein Zehntel des Speicherplatzes von CD-Musik belegen. Sie können also den Inhalt von rund zehn Musik-CDs auf einem einzigen Rohling speichern. MP3 ist wegen seiner kleinen Dateigrößen ein Format für Sammler, Tauscher und Mobilhörer. Qualitätsfetischisten, die zudem das Booklet nicht in ihrer Sammlung missen wollen, werden weiter Musik-CDs vorziehen.

- MP3s (MPEG Layer 3) sind kodiert und können nur wieder von einem Gerät mit MP3-Dekoder abgespielt werden. So gibt es MP3-Player in verschiedenen Größen, mit unterschiedlich viel Speicherplatz, verschiedenen Speichermedien (Flashspeicher, CDs, Festplatten), die oft sogar auch andere Formate abspielen können. Kurz: MP3 hat eine neue Gattung von Geräten hervorgebracht.

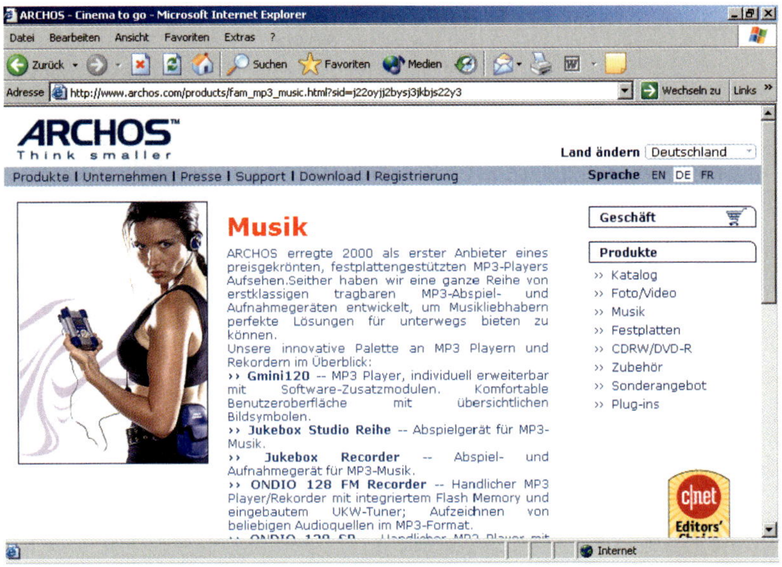

- Zum MP3-Enkodieren reicht ein PC mit mindestens 300 MHz, d. h. mit heutigen Prozessoren gibt es keinerlei Schwierigkeiten. Sie können MP3s direkt aus Audio-CDs oder aber auch aus .WAV-Dateien (Windows-Format für unkomprimierten Sound) erstellen. Zum Enkodieren von Musik-CDs brauchen Sie ein CD-DA-kompatibles Laufwerk sowie den Windows Media Player oder eines der vielen spezialisierten Programme wie MusicMatch Jukebox oder den exzellenten AudioGrabber.

- Zumeist wird MP3 mit einer Datenrate von 128 kbps enkodiert, aber Sie können zur Qualitätssteigerung auch höhere Datenraten verwenden. Aber ehe Sie sich ans Konvertieren machen, prüfen Sie zunächst, ob Ihr MP3-Player überhaupt höhere Datenraten akzeptiert.

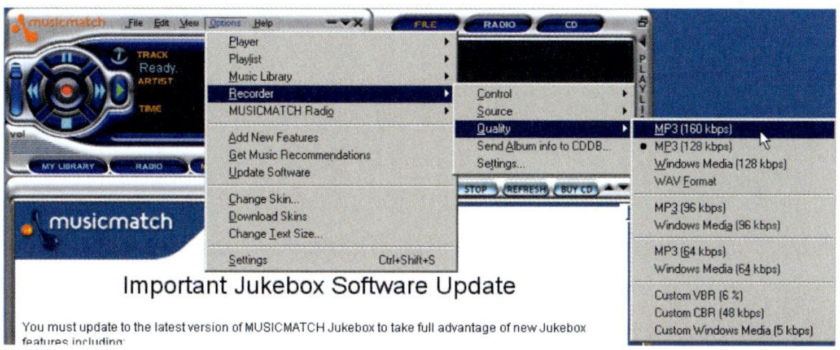

Hinweis

Im fünften Teil dieses Buches gehen wird auf die Enkodierung mit Windows Media Player und anderen Programmen im Einzelnen ein.

Musikkomposition

Heutzutage gehört auch der PC zum Rüstzeug eines Musikers. Wer richtig komponieren will, braucht eine entsprechende Soundkarte.

- Die „klassische" Musikkomposition verwendet MIDI. Dabei spielt man die Komposition mit einem Instrument, das an den Computer angeschlossen ist. Der Ton kann entweder im Computer künstlich erzeugt oder aber mit dem angeschlossenen Instrument wiedergegeben werden.

- Die Qualität des Synthesizers der Soundkarte und sein Umgang mit den Samplings (digitalisierten Aufnahmen echter Musikinstrumente) bestimmen die Qualität der Musik, die Sie erzeugen können. Für CD-Qualität brauchen Sie Samplings mit mind. 16 Bit Stereo bei 44 kHz Aufnahmefrequenz.

- Effekte wie Echoklang o.ä. sind nur dann möglich, wenn Ihre Soundkarte in der Lage ist, die mit den Samplings gespielte Komposition mit Echtzeiteffekten zu unterlegen.
- Unterschiedliche Instrumente können gleichzeitig verschiedene Notenfolgen spielen, die sich gegenseitig ergänzen. Dabei werden mehrere Spuren (für digitales Audio) und Kanäle (Zahl der Instrumente, die gleichzeitig erklingen können) eingesetzt.
- Dank der Rechenpower aktueller PCs gibt es zahlreiche Programme, die Musikkomposition ohne Verwendung der MIDI-Kanäle der Soundkarte erlauben. Ein solches Programm ist etwa Acid Xpress von Sonic Foundry, das für die Techno-Komposition ideal ist.

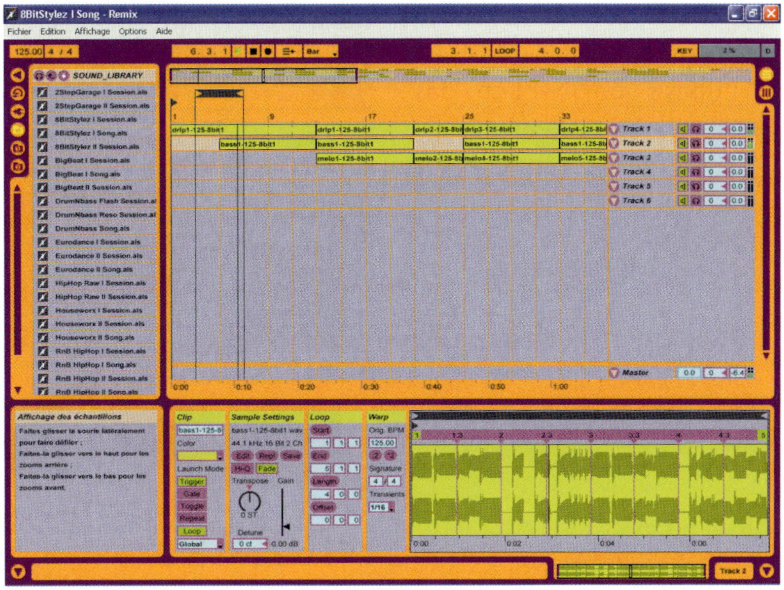

- Für die „klassische“ Komposition mittels MIDI ist Cubasis von Steinberg das Standardprogramm. Es erlaubt 48 Spuren und 64 MIDI-Kanäle gleichzeitig!

- Mit entsprechender Soundkarte können Sie den PC zum Profi-Mischpult machen. Sie können mehrere Quellen mischen (Musik-CDs, MP3s, externe Eingänge, Mikrofon usw.) und Echtzeiteffekte wie Hall o. ä. einsetzen.

KAPITEL 6

Optionen für Digitalvideo

In diesem Kapitel werden die beiden wichtigsten Themen im Bereich Digitalvideo besprochen.

Capturing und Videoschnitt

Für Capturing und Videoschnitt brauchen Sie Spezialausrüstung: eine Karte oder ein externes Gerät, das Video von einer „klassischen" Quelle oder einem DV-Camcorder capturen kann, sowie Software, um die Teile des Videos in die richtige Abfolge zu bringen und so einen echten Film zusammenzustellen.

- Am besten sollten Sie Videos mit den folgenden Einstellungen capturen: Format 720 x 576 Pixel bei 25 Bilder pro Sekunde für PAL (bzw. 720 x 470 bei 30 Bilder pro Sekunde für NTSC, falls Sie aus irgendeinem Grund amerikanische Videos capturen). Wenn das Video bei diesen Einstellungen als DV, QuickTime, WMV, AVI oder MPEG2 gecapturet wird, können Sie es in handelsüblichen Schnittprogrammen weiterverarbeiten.

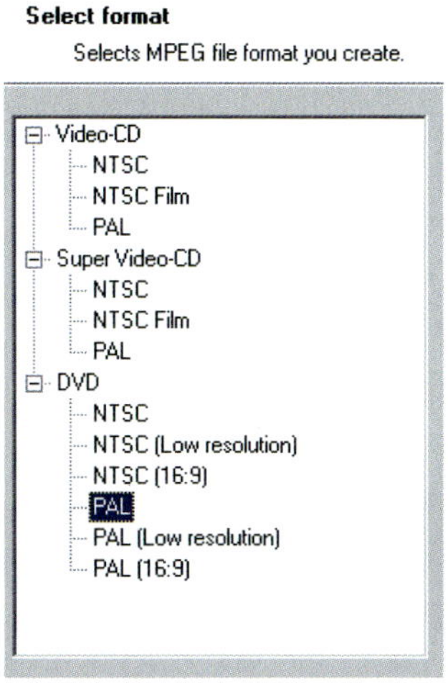

- Die Referenzprogramme in Sachen semiprofessioneller Videoschnitt sind Adobe Premiere, Ulead MediaStudio Pro und Pinnacle Edition.

- Der Windows Movie Maker ist Bestandteil von Windows XP. Die Version 2.0 ist wesentlich besser als die Versionen 1.0 und 1.1, denn sie beinhaltet Übergänge, Effekte und Titel. Führend unter den Amateur-Videoschnittprogrammen hinsichtlich Ergebnissen, Bedienbarkeit und Übergängen ist Pinnacle Studio. Konkurrenten sind Ulead VideoStudio, Roxio VideoWave u. v. a.

- Um digitales DV-Video zu capturen, brauchen Sie IEEE1394- bzw. Firewire-Anschlüsse an PC und Camcorder (dort kann der Anschluss auch DV-out oder iLink heißen). Der Unterschied zwischen einer billigen Firewirekarte und einer teuren Schnittkarte von Firmen wie Matrox oder Pinnacle sind die zahlreichen Hardware-Echtzeiteffekte. Im Endeffekt sparen Sie sich massiv Zeit beim Rendern des finalen Films (wenn Sie viele Effekte und Übergänge verwenden, kann das Rendern bis zu zehnmal schneller ablaufen). Zudem haben solche Karten auch Ausgänge für Aufzeichnungen auf VHS. Solche Ausgänge fehlen bei Firewirekarten, sind aber bei TV-Karten vorhanden.

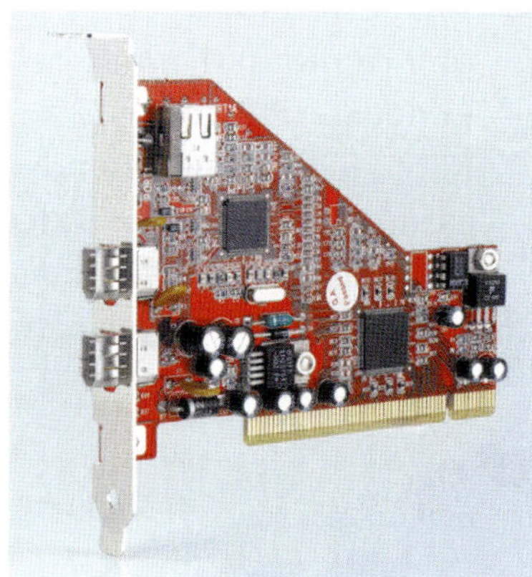

- Um Videos aus analogen Quellen (VHS-Videorekorder, Analog-Camcorder, TV-Tuner) zu capturen, brauchen Sie eine analoge Capturekarte oder eine entsprechene externe Lösung. Die beste Qualität erhalten Sie, wenn die Quelle einen S-Video-Ausgang und Ihre Karte einen S-Video-Eingang hat. Die meisten Capturekarten von Pinnacle und Matrox haben zudem FireWire-Eingänge. Dann gibt es noch die Grafikkarten mit TV-Tuner und Videoeingängen wie ATI All-in-Wonder und die externen Lösungen von Dazzle, Adaptec, Hauppauge u.a.

- Capturelösungen, die direkt nach MPEG2 capturen, bieten extreme Zeitvorteile, zumal wenn Sie ohnehin Video-DVDs brennen wollen. Allerdings klappt das Ganze nur, wenn Sie danach nicht rendern müssen, denn das würde lange dauern und den Zeitvorteil wieder zunichte machen. Wenn Sie aus mehreren MPEG2-Szenen einen einzelnen Film zusammenstellen, kann es passieren, dass neu gerendert werden muss.

Hinweis

Im fünften Teil des Buchs wird erklärt, wie Sie aus beliebiger Quelle ein Video capturen und dann die Szenen in Windows Movie Maker anordnen.

Film-DVDs authoren und kopieren

Da DVD-Brenner mittlerweile relativ billig sind, ist es durchaus bezahlbar geworden, eigene Filme zu capturen, zu schneiden und dann auf DVD zu brennen. Mit Brennern können Sie zudem Film-DVDs kopieren, jedenfalls soweit dies technisch und juristisch möglich ist.

- Um Film-DVDs aus Videos zu erstellen, die Sie gecapturet haben, brauchen Sie einen DVD-Brenner sowie ein DVD-Authoringprogramm. Es gibt zwei große Normen für Brenner, DVD-R und DVD+R. Die Tatsache, dass Pioneer, Initiator von DVD-R, unlängst mit dem DVR-A06 einen Dualbrenner (der also auch DVD+R unterstützt) herausgebracht hat, scheint darauf hinzuweisen, dass sich letztendlich DVD+R/+RW durchsetzen wird. Egal, ob die gebrannte DVD vorher nun ein DVD-R- oder ein DVD+R-Rohling war – funktionieren sollte sie in jedem Fall sowohl in DVD-Playern als auch DVD-Leselaufwerken.

- Um aus eigenen Videos eine DVD zu erstellen, können Sie ein Schnittprogramm mit Authoring- und Brennfunktionen oder aber zwei getrennte Programme verwenden. Als integrierte Lösungen sind Pinnacle Studio und Ulead VideoStudio zu empfehlen. Pinnacle hat aber bessere Menüvorlagen, und Untermenüs können mit diesem Programm einfacher erstellt werden.

- Falls der Schnitt bereits mit einem Programm durchgeführt wurde, das DVD-kompatible MPEG2-Dateien erzeugt, dann können Sie auf eines der folgenden Authoringprogramme zurückgreifen: Ulead DVD Workshop, Sonic DVDit, Ulead DVD Filmbrennerei u.a.

- Um eine kommerzielle Film-DVD zu kopieren, müssen Sie ihren Inhalt zuerst auf die Festplatte bekommen. Wenn die DVD ungeschützt ist, gibt es kein Problem. Wenn die DVD geschützt, hätten die zahlreichen, verfügbaren „Ripper" auch kein Problem, allerdings könnte aufgrund des neuen Urheberrechts eine Schadensersatzpflicht entstehen. Wenn die Gesamtlänge der DVD weniger als 4,7 GB beträgt, können Sie den Inhalt sofort mit einem Programm wie Nero kopieren. Ansonsten müssen Sie ein Spezialprogramm wie CloneDVD oder Pinnacle InstantDVD verwenden, das den Film neu komprimiert, sodass er auf einen DVD-Rohling passt.

- Mit Pinnacle InstantCopy können Sie die DVD automatisch kopieren (sofern sie nicht geschützt ist). Das Programm DVD X Copy funktioniert anders: Es zerlegt einen großen Film auf zwei DVD-Rohlinge.

KAPITEL 7

Optionen bei der Digitalfotografie und Bildbearbeitung

Ein PC mit modernem Prozessor und Motherboard hat die grundlegenden Ressourcen für Digitalfotografie und Bildbearbeitung. In diesem Kapitel erhalten Sie Informationen darüber, welche zusätzliche Hard- und Software Sie für diesen Bereich benötigen.

Die nötige Hardware für Digitalfotografie und Bildbearbeitung

Es reicht nicht, einen Windows-XP-Rechner und eine Digitalkamera zu haben, um Digitalfotografie und Bildbearbeitung betreiben zu können. Sehen wir uns kurz an, was Sie sonst noch brauchen.

- Für die Digitalkamera brauchen Sie Flashspeicher, der den guten alten Film als Speichermedium der Bilder ersetzt. Je größer die Auflösung der Kamera ist (2, 3, 5 oder mehr Megapixel), desto größer werden die Bilder und desto mehr Speicherplatz brauchen Sie. Der Platzbedarf hängt zudem vom Dateiformat ab. TIFF-Bilder sind verlustfrei (d. h. es gehen keinerlei Bildinformationen verloren), dafür ist der Speicherbedarf 5-10 Mal so hoch als bei JPEG (verlustbehaftetes Format, bei dem die Qualität von der Komprimierungsstärke abhängt). Ein Fotoapparat mit 2,3 Megapixel und einem Flashspeicher von 64 MB kann rund 90 JPEG-Bilder in guter Qualität speichern. Bei einer 5-Megapixel-Kamera bräuchten Sie sechs mal mehr Speicherplatz, um 90 JPEG-Bilder in ordentlicher Qualität zu speichern.

Hinweis

Bei der Wahl einer Digitalkamera sind zahlreiche Faktoren zu beachten. Darüber ließe sich ein eigenes Buch schreiben, und mittlerweile erscheinen auf dem deutschen Zeitschriftenmarkt mehrere Magazine nur zum Thema Digitalfotografie. Die besten Tests von Digitalkameras finden im Sie im Internet unter **www.dpreview.com**, umfangreiche Marktübersichten gibt's unter **www.digitalkamera.de**.

- Von der gekauften Digitalkamera hängt ab, welche Art von Flashspeicher Sie brauchen. Es gibt CompactFlash (bestes Preis-Leistungs-Verhältnis), SD, MemoryStick (Sony) und neuerdings XD PictureCard (Fuji).

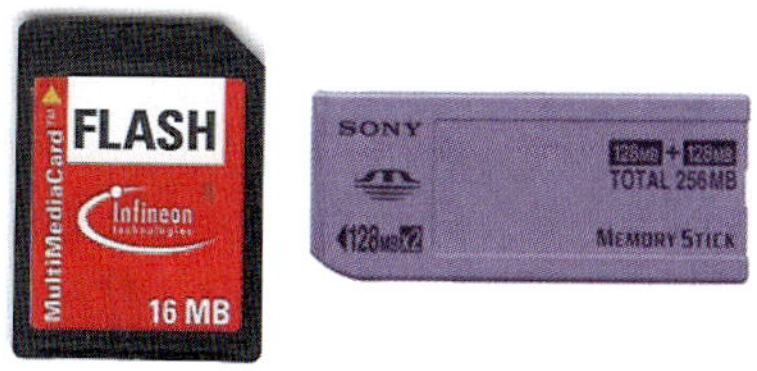

- Um die Bilder von der Kamera in den PC zu bekommen, gibt es im allgemeinen zwei Wege: entweder eine direkte USB 1.1/2.0- bzw. Firewire-Verbindung zwischen Kamera und PC, oder ein Kartenleser. Bei USB 2.0 und Firewire wird die Übertragungsgeschwindigkeit nur durch das Flashmedium begrenzt, bei USB 1.1 ist dagegen die Verbindung der Flaschenhals.

- Um Ihre Fotos oder bearbeiteten Bilder real vor sich zu haben, brauchen Sie einen Drucker. Bei Fotos sind Tintenstrahler die beste Wahl, soweit Qualität des Druckers und des verwendeten Papiers in Ordnung sind. Bei günstigen Geräten bietet normalerweise Canon das beste Preis-Leistungs-Verhältnis. Qualitativ sind Epson und HP die Marktführer. USB ist heute der Standardanschluss für Drucker. Soweit Sie mit dem Drucker wirklich nur drucken wollen, brauchen Sie nicht unbedingt USB 2.0. Sollte der Drucker aber Kartenleser beinhalten, wäre USB 2.0 sehr nützlich, um die Bilddaten schneller in den PC zu bekommen.

- Um Zeichnungen, Artikel, alte Fotos usw. zu digitalisieren, brauchen Sie einen Scanner. Um Negative oder Dias zu scannen, ist ein entsprechend ausgerüsteter Scanner mit einer optischen Auflösung von 3200 bis 6400 dpi nötig. Solch ein Gerät kostet mindestens 400 €.

- Multifunktionsgeräte dienen gleichzeitig als Scanner, Drucker, Kopierer, Fax und Speicherkartenleser. Für Homeanwender sind sie besonders zu empfehlen. Sie bieten alle Dienste auf einmal und in sehr guter Qualität, doch kosten sie wenig Geld und rauben kaum Platz. Die Faxfunktion mancher Multifunktionsgeräte erlaubt sogar, Farbfaxe zu verschicken. Dazu muss aber der Empfänger dasselbe oder wenigstens ein kompatibles Multifunktionsgerät besitzen.

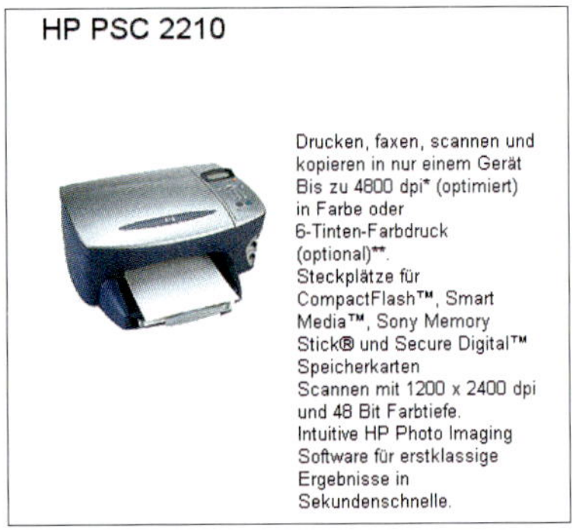

- Ein CD- bzw. DVD-Brenner ist eine interessante Anschaffung für einen Digitalfotografen, denn so kann man Hunderte, ja Tausende von Digitalfotos in Originalauflösung für wenig Geld archivieren. Eine andere Anwendung ist das Brennen von Diashows in Form von Video-CDs, die dann auf normalen DVD-Playern im Wohnzimmer wiedergegeben werden können. Der zweite Teil dieses Kapitels informiert Sie darüber, mit welcher Software Sie solche VCDs erstellen können.

- Ein weiteres interessantes Gadget sind Grafiktabletts, wie es sie von Wacom zu bezahlbaren Preisen gibt. Sie können mit einem Stift schreiben und zeichnen oder damit sogar die Maus bei der Bildbearbeitung ersetzen.

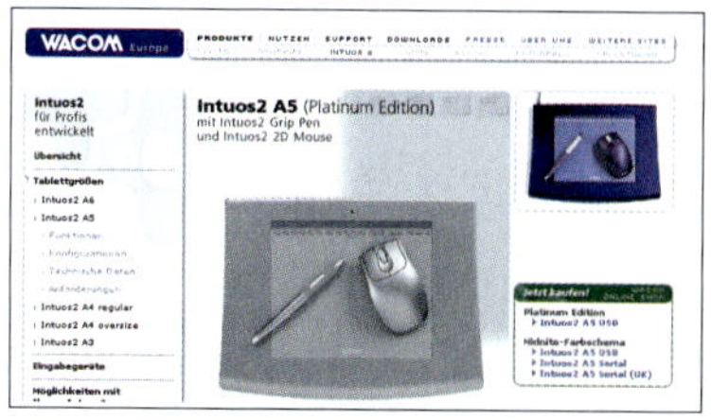

Die wichtigsten Programme für die Digitalfotografie und Bildbearbeitung

Es gibt zahlreiche Programme für Digitalfotografie und Bildbearbeitung. Besonders empfehlenswert sind die folgenden:

- Bei der Fotoretusche kommen zahlreiche Bildbearbeitungsfunktionen ins Spiel. Zu den grundlegenden Dingen gehören das Entfernen roter Augen, Drehen von Bildern, Festlegen der Größe für den Ausdruck sowie die Anpassung von Auflösung und Format. Für diese Dinge reichen Programme wie Adobe PhotoShop Elements, Ulead PhotoImpact oder Microsoft Picture It. Dagegen lohnt es nicht, Zeit auf das armselige Paint zu verschwenden, das Teil von Windows ist. Es kann kaum mehr, als das Format eines Bildes zu ändern (und auch das nur in der XP-Version).

- Für die professionelle Bildbearbeitung brauchen Sie Programme wie Adobe PhotoShop, Jasc Paint Shop Pro oder Corel Photo-Paint. Allerdings müssen Sie schon eine Menge über Bildbearbeitung wissen, um diese Profi-Programme sinnvoll bedienen zu können.

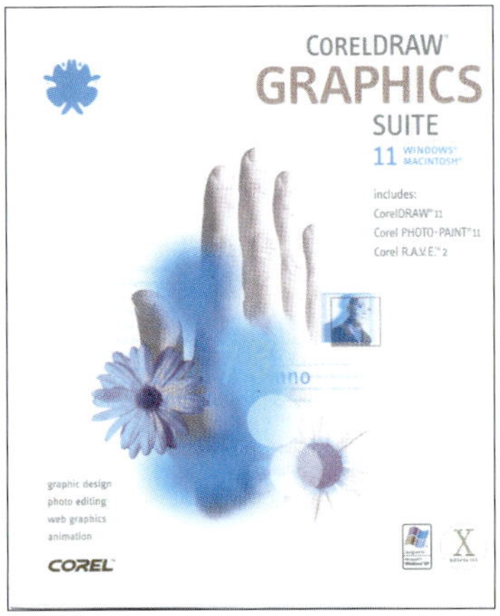

- Um Fotoalben (mit mehr oder weniger umfangreichen Retusche-Funktionen) auf Festplatte bzw. CD/DVD archivieren zu können, empfehlen sich zwei Programme: Ulead Fotobrennerei und Roxio PhotoSuite. Sie können damit Diashows erstellen, die dann gebrannt werden. Eine solche Scheibe lässt sich mit den allermeisten DVD-Playern am Fernseher wiedergeben. Sie erhalten mit DVD-Rohlingen bessere Qualität, nämlich 720x576 Pixel Auflösung (statt 704x576 bei einer VCD) sowie bessere Menüs.

- Wenn Sie andere Projekte (wie Kalender oder Postkarten) im Sinn haben, dann ist das richtige Programm für Sie Adobe Photoshop Album.

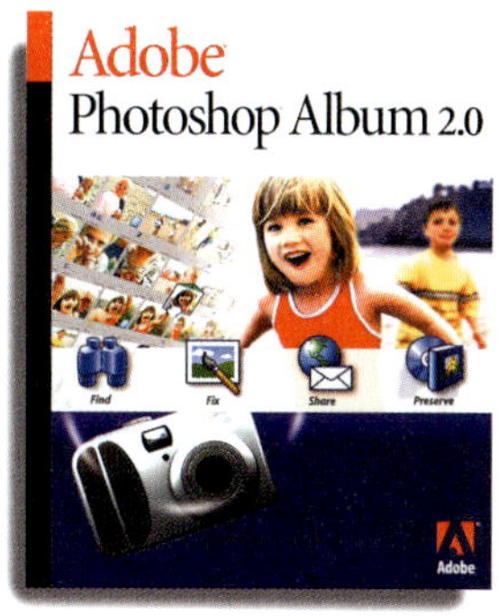

KAPITEL 8

Optionen für Spieler

Wir können nicht auf alle Optionen in diesem Bereich eingehen: Es sind schlichtweg zu viele. Dieses Kapitel zerfällt in zwei Teile. Im ersten geht es um Wahlmöglichkeiten bei Standardhardware, während es im zweiten um besonders teure oder ungewöhnliche Optionen geht.

Wahlmöglichkeiten bei Standardhardware

Sie benötigen diese Hardware, um Spiele genießen zu können bzw. besonders leistungshungrige Games überhaupt zu benutzen.

- Allgemein gilt: Für aktuelle, leistungshungrige Spiele brauchen Sie eine DirectX 8.1-Grafikkarte. Alle aktuellen grafikorientierten Spiele unterstützen diesen Modus. Doch selbst, wenn Karten DirectX 8.1-kompatibel sind, haben sie unterschiedliche Leistungsstufen. Grafikkarten sind abwärtskompatibel: So sind DirectX 9.0-Grafikkarten voll DirectX 8.1-kompatibel. Aber eine DirectX 9.0-Grafikkarte muss bei einem DirectX 8.1-Spiel nicht unbedingt mehr Leistung bringen als eine DirectX 8.1-Karte. So hat es unlängst Ärger zwischen nVidia und ein paar Computermagazinen gegeben: Die hatten zum Test der neuen GeForce FX-Karten mit DirectX 9.0 alte DirectX 8.1-Benchmarks verwendet und dabei überraschende Ergebnisse erzielt. In der Abbildung sehen Sie eine FX5900. Sie besitzt mehr als 130 Millionen Transistoren. Zum Vergleich: Der Pentium 4 hat nur 45 Millionen.

- Für perfekten Gamesound muss DirectSound dem DirectX 8.1-, besser noch dem DirectX 9.0-Standard entsprechen. Ein zusätzliches Plus ist, wenn die Karte EAX unterstützt, denn dann können Sie auch alle Möglichkeiten von Spielen nutzen, die diesen 3D-Audio-Standard verwenden. Gegenüber ist die SoundBlaster Audigy 2 abgebildet, eine High-End-Karte, die sowohl DirectSound als auch EAX unterstützt.

- Falls Sie einen Flachbildschirm benutzen wollen, sollte dessen Schaltzeit bei 25 ms oder geringer liegen. Bei langen Spielsessions mit sehr bewegten Spielen ist das ein besonders großes Plus. Die besten Bildschirme bieten sogar 16 ms und weniger. Bei Röhrenmonitoren gibt es das Problem mit der Schaltzeit nicht. Die wichtigen Kriterien bei CRTs sind Bildschirmdiagonale, vertikale Bildwiederholrate und die Auflösung, in der Sie spielen wollen. Je höher diese ist, desto mehr Performance muss die Grafikkarte haben.

- So gut wie alle Spiele lassen sich mit der Tastatur bedienen, Hardcore-Gamer bevorzugen aber Joystick oder Gamepad. Wer Spielkonsolen gewohnt ist, wird stets dem Gamepad den Vorzug geben.

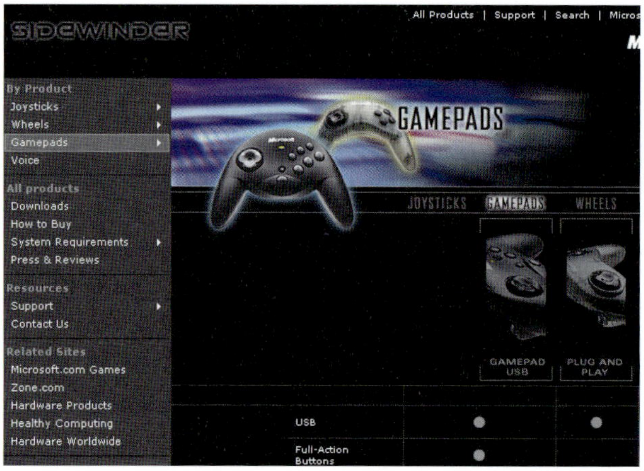

- Falls Sie Rennspiele mögen, wären ein Lenkrad und Pedale die beste Spielausstattung. Noch besser: Ein Force-Feedback-Lenkrad, bei dem echte Stöße an Sie weitergegeben werden, sodass eine besonders realistische Simulation entsteht.

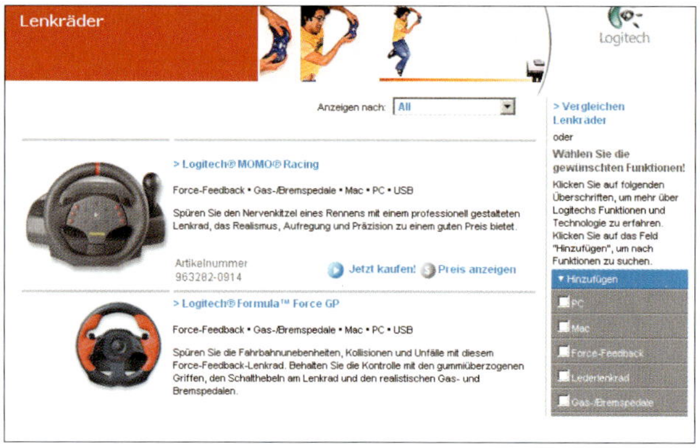

- Für Flugspiele ist ein Joystick die beste Wahl.

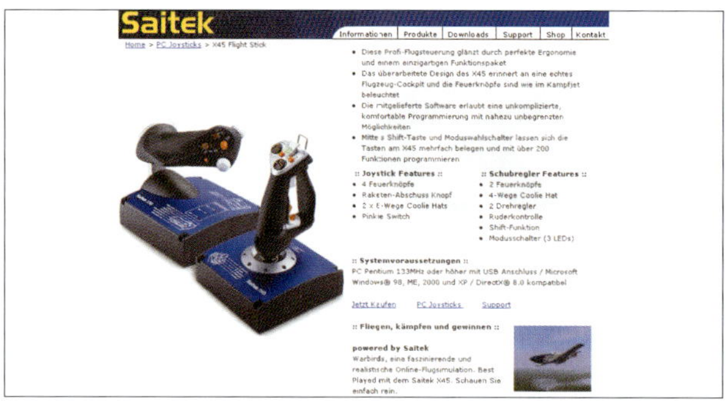

Sehr spezielle und/oder teure Optionen

Es gibt sehr spezielle Spielhardware, die den Spaß am Gaming deutlich erhöhen kann – sofern man ihren Preis zahlen kann und genug Platz hat, um sie unterzubringen.

- DVD-Fans und Spielfanatiker würden von einem Video-Beamer besonders profitieren, zumal wenn dieser mit einem 5.1-, 6.1- oder gar 7.1-Audiosystem kombiniert wird. Ein Beamer, der für Games benutzt werden soll, sollte die DLP-Technologie verwenden, nicht die langsamer schaltende LCD-Technologie. Außerdem sorgt DLP für eine bessere Farbwiedergabe.

- Wer das Erlebnis eines Großbildschirms zum Sparpreis haben will, kann sich mit einem Video-Helm oder einer Video-Brille den Eindruck verschaffen, er säße vor einer Leinwand mit 3m Diagonale. Das ist die ideale Lösung für Gamer mit wenig Platz in der Wohnung bzw. Geld in der Brieftasche.

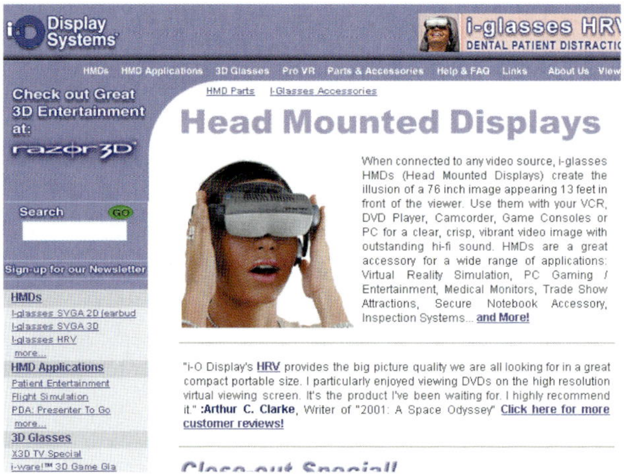

- Fans von Flugsimulatoren, die besonders gute Ausrüstung suchen, sollten sich die Luxusjoysticks von Saitek (**www.saitek.com**) ansehen.

- Gamepads machen noch mehr Spaß, wenn sie schnurlos sind. Normalerweise haben Schnurlos-Gamepads Akkus, die über Ladekabel wieder an der Steckdose aufgeladen werden. Sobald Sie eine Runde spielen wollen, ziehen Sie einfach das Ladekabel ab und genießen die schnurlose Freiheit.

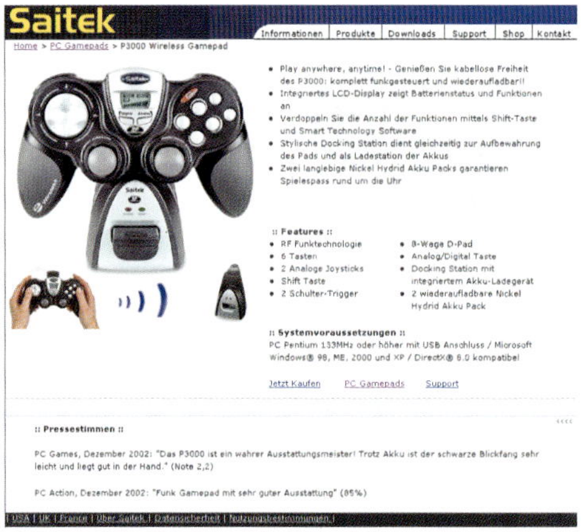

KAPITEL 9

Optionen beim Internetzugang

Heutzutage gibt es viele Möglichkeiten, um ins Internet zu kommen: Das Modem ist nicht mehr der einzige Weg. Viele dieser anderen Geräte erlauben zudem viel mehr als nur den Internetzugang. Ihr PC ist nicht allein auf der Welt, nicht allein in Ihrem Wohnblock, ja vielleicht nicht einmal allein in Ihrer Wohnung.

Zugangsarten zum Internet

Hier sehen wir uns an, auf welche verschiedenen Weisen der Zugang zum Internet möglich ist. Wir lassen die entsprechende Hardware Revue passieren und benennen die Vorteile, Nachteile und Einschränkungen.

- Die klassische Form des Internetzugangs für Privatanwender ist ein Modem, das an der Telefonleitung hängt. Mit einem Modem können Sie von jeder Telefonbuchse aus eine Internetverbindung herstellen. Für Privatleute ist das eine praktische und preisgünstige Lösung. Allerdings bietet sie die folgenden Nachteile:

  Die Verbindungsgeschwindigkeit hängt zu guten Teilen von der Qualität der Telefonleitung ab. Selbst mit einem 56k-Modem erhält man oft nur 33k-Verbindungen. Bis eine Verbindung aufgebaut ist, kann es 30 bis 45 Sekunden dauern. Wenn Sie nur eine Telefonleitung haben, kann man Sie während Ihrer Surfsessions nicht telefonisch erreichen. Und wenn Sie ein Anklopfsignal erhalten, während Sie im Internet sind, dann verlieren Sie so gut wie immer die Verbindung und müssen sich erneut einwählen.

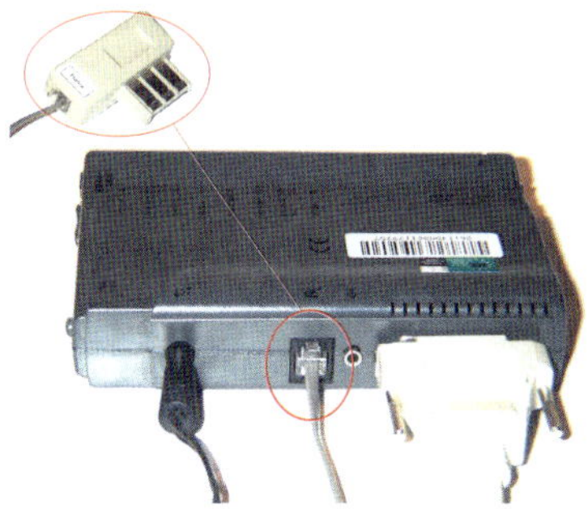

- Millionen deutscher Surfer verwenden heute eine andere Internetzugangstechnologie, nämlich DSL (Digital Subscriber Line). Auch dieses Verfahren läuft über den Telefonkupferdraht, aber im Gegensatz zu einem Modem kann man gleichzeitig telefonieren und im Internet surfen.

Sofern DSL in Ihrem Wohnort verfügbar ist, könnten Sie sich mit dieser Technologie von zahlreichen Einschränkungen befreien. Mit DSL ist es kein Problem, eine Internetleitung gemeinsam zu benutzen. Die hohe Bandbreite (768 kBit/s Downstream, 128 kBit/s Upstream für die meisten deutschen DSL-Anschlüsse) reicht auch für mehrere Nutzer. „Upstream" bedeutet, dass Sie in dieser Geschwindigkeiten Daten ins Internet schicke können (z. B., wenn Sie etwas e-mailen oder Daten zum Filesharing anbieten). „Downstream" ist dagegen die Geschwindigkeit für Downloads. Dank der hohen Downstreamgeschwindigkeiten klappen Downloads mit ADSL sehr schnell.

Warum ist DSL nun ideal, um eine Internetleitung zu teilen? Der Haupteinsatz des Internets ist zumeist das Surfen auf Informationsseiten. Um eine Webseite anzufordern, sind nur wenige Bytes notwendig („Upstream"), während die Informationen, die die Website zurückschickt und die dann im Browser dargestellt werden, oft nur ein paar Dutzend Kilobyte ausmachen („Downstream"). Wenn nun 768/128 kBit/s zur Verfügung stehen, kann ein halbes Dutzend Leute gleichzeitig surfen, ohne sich gegenseitig zu stören. Selbst wenn jeder einzelne ein eigenes 56k-Modem hätte, könnte nicht so flink gesurft werden.

Um DSL nutzen zu können, müssen Sie die folgenden Voraussetzungen erfüllen:

- Sie müssen in einem Bereich wohnen, wo DSL angeboten wird
- Sie müssen sich für DSL anmelden; entweder läuft dies über die Deutsche Telekom oder aber (seltener) über eine alternative Telefongesellschaft (u. a. Arcor sowie regionale Gesellschaften wie M-Net u. v. a.)
- Sofern Ihr DSL-Anschluss über die Deutsche Telekom läuft, müssen Sie noch einen DSL-Provider wählen; die Telekom-Tochter T-Online ist nur eine Option unter mehreren. Bei den DSL-Anschlüssen alternativer Anbieter ist normalerweise bereits der alternative Anbieter gleich der Internet-Provider.
- An Hardware benötigen Sie ein DSL-Modem sowie einen Splitter. Den Splitter stellt Ihnen die Telefongesellschaft zur Verfügung, das DSL-Modem müssen Sie dagegen selbst erwerben.

- Für wen DSL nicht verfügbar ist, dem sei ISDN als Alternative empfohlen. Wer also auf dem Land lebt oder aufgrund von Glasfaserleitungen kein DSL haben kann, sollte sich für ISDN entscheiden. Allerdings ist DSL sowohl schneller als auch besser im Preis-Leistungs-Verhältnis.

  ISDN bietet 64 kBit/s für Up- und Downstream zusammen, bzw. 128 kBit/s, wenn beide Kanäle gebündelt werden. Allerdings kostet Kanalbündelung meist auch das Doppelte.

  Im Vergleich zu Modemverbindungen kann ISDN mit folgenden Vorteilen aufwarten:
  - ISDN ist selbst im Vergleich zu einem 56k-Modem deutlich schneller, denn bei ISDN werden stets die 64k erreicht, und sie sind im Gegensatz zum Modem auch beim Upstream möglich.
  - Die Einwahl mit ISDN dauert zwei bis drei Sekunden, ist also erheblich schneller als die 30-45 Sekunden eines Modems.
  - ISDN ist nur wenig teurer als ein Analoganschluss. Es ist in jedem Fall sinnvoller, einen ISDN- als zwei Analoganschlüsse zu haben.

- Bei einem normalen ISDN-Anschluss haben Sie automatisch drei Rufnummern und zwei Leitungen.
  - Wenn Sie mit einer Leitung im Internet sind, können Sie über die andere Leitung telefonieren

  bzw. angerufen werden.
  - Sie können mit Ihren beiden Leitungen aber auch andere Dinge tun: doppelt so schnell mit Kanalbündelung surfen, zwischen zwei Gesprächen umschalten („makeln“) oder mit mehreren Personen gleichzeitig telefonieren („Konferenz“).

  Die meisten DSL-Anschlüsse in Deutschland sind zugleich ISDN-Anschlüsse. Wenn Sie per DSL im Internet sind, stehen Ihnen *beide* Telefonleitungen für die Komfortfunktionen zur Verfügung.

- Kabelmodems sind in Deutschland (im Gegensatz zu Österreich) kaum verbreitet. Nur 0,2% der Deutschen stellen die Verbindung zum Internet mit Kabelmodems her. Das hat mehrere Gründe. Erstens hat Deutschland eine ganz außerordentliche Dichte bei DSL-Anschlüssen, sodass wenig Platz für andere Breitbandanbindungen besteht. Zweitens, so argumentieren viele Kritiker, gehörte (bzw. gehört zum Teil immer noch) das TV-Kabelnetz der Deutschen Telekom, die wenig Interesse hat, ihrem DSL-Angebot Konkurrenz zu machen. Bei Kabelmodems wird der Zugang über das TV-Kabel hergestellt: D. h., Sie können ganz normal telefonieren. Kabelmodems bieten Breitbandanschluss (bis zu 2 Mbit/s) und eignen sich daher sehr gut zum gemeinsamen Verwenden eines Anschlusses.

Internetzugang per Kabel ist z. B. in München, Berlin, Köln, Dresden oder Leipzig verfügbar. Eine aktuelle Liste mit Links finden Sie unter der **www.teltarif.de/i/tvkabel.html**.

- Eine weitere Zugangsart ist der Internetzugang via Satellit. Der Hauptvorteil von Satelliteninternet ist, dass es wirklich überall verfügbar ist. Falls Sie also weder DSL noch einen Kabelzugang bekommen können, bleibt Satelliteninternet als Notnagel, wenn Sie unbedingt einen Breitbandzugang wollen. Allerdings ist beim Satellitenzugang allerhand zu beachten: Bei den meisten Anbietern ist ein Rückkanal per Internet notwendig. D. h., der Downstream erfolgt per Satellit, doch der Upstream per Modem oder ISDN. Daher fallen zusätzliche Onlinekosten an. Oft sind bestimmte Dienste gar nicht verfügbar, d. h. man kann nur Surfen, E-Mailen o. ä., nicht aber Filesharen, Chatten, Online-Spielen u. a.

  Einen besonders empfehlenswerten Satellitenzugang bietet Tiscali, weil es einen Rückkanal gibt und zudem mit einer echten Flatrate abgerechnet wird. Allerdings fallen erhebliche Einrichtungskosten an.

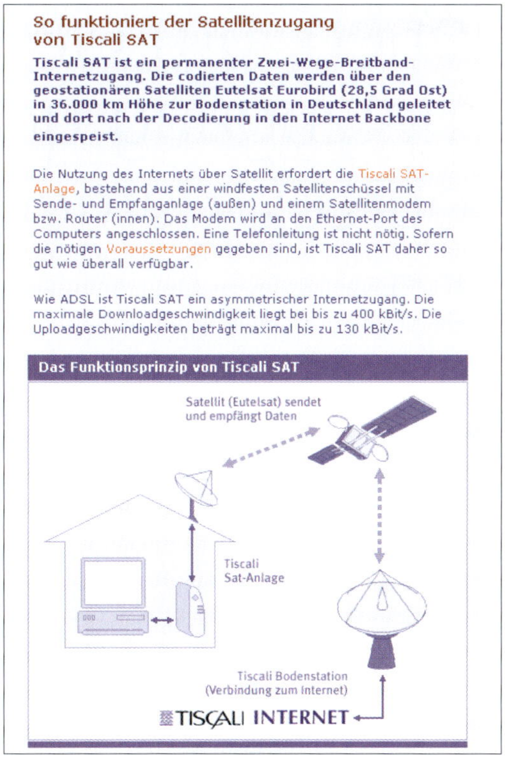

So funktioniert der Satellitenzugang von Tiscali SAT

Tiscali SAT ist ein permanenter Zwei-Wege-Breitband-Internetzugang. Die codierten Daten werden über den geostationären Satelliten Eutelsat Eurobird (28,5 Grad Ost) in 36.000 km Höhe zur Bodenstation in Deutschland geleitet und dort nach der Decodierung in den Internet Backbone eingespeist.

Die Nutzung des Internets über Satellit erfordert die Tiscali SAT-Anlage, bestehend aus einer windfesten Satellitenschüssel mit Sende- und Empfanganlage (außen) und einem Satellitenmodem bzw. Router (innen). Das Modem wird an den Ethernet-Port des Computers angeschlossen. Eine Telefonleitung ist nicht nötig. Sofern die nötigen Voraussetzungen gegeben sind, ist Tiscali SAT daher so gut wie überall verfügbar.

Wie ADSL ist Tiscali SAT ein asymmetrischer Internetzugang. Die maximale Downloadgeschwindigkeit liegt bei bis zu 400 kBit/s. Die Uploadgeschwindigkeiten beträgt maximal bis zu 130 kBit/s.

Optionen, um einen Internetzugang und andere Ressourcen gemeinsam zu nutzen

Egal, welche Art von Internetzugang Sie verwenden: Es gibt immer die Möglichkeit, eine Internetleitung mit mehreren Rechnern (PC, Macintosh, PocketPC, Xbox, Palm ...) zu nutzen. Auch lassen sich Freigaben oder Drucker von mehreren Rechnern aus ansprechen.

- Eine Internetleitung lässt sich über einen Rechner teilen, der direkt mit dem Internet verbunden ist und dann den Zugang per Netzwerk (Kabel oder WLAN) bereitstellt.

- Die einfachste Lösung ist, sich einen Ethernet- oder WLAN-Router zu kaufen, bei dem das Modem bereits eingebaut ist oder der mit einem Internetadapter verbunden wird. Um welche Art von Internetadapter es sich dabei handelt, ist letztlich egal; gewöhnlich dürfte es DSL sein. Selbst wenn Sie sehr wenig von Netzwerken verstehen, sollten Sie in kurzer Zeit ein funktionales Netzwerk zusammenstellen können, sofern die Dokumentation von Netzwerkkarten und Router halbwegs brauchbar ist.

- Netzwerkadapter können in Form von Erweiterungskarten in einen PCI-Slot gesteckt werden und als Chip direkt auf dem Motherboard verbaut sein. Die derzeit wichtigste Norm ist 10/100 Ethernet mit einem RJ45-Stecker mit CAT5-Kabeln und 10/100-Ethernet-Hubs. 10 steht dabei für 10 Mbit/s und 100 für 100 Mbit/s. Sie sollten nur Hardware verwenden, die mit 100 Mbit/s zurecht kommt.

- Es gibt zwei untereinander kompatible WLAN-Normen: 802.11b mit 11 Mbit/s und 802.11g mit 54 Mbit/s. 802.11g ist also schneller und damit besser für Multimedia-Freaks geeignet. Entsprechende Hardware ist kaum teurer als 802.11b-Hardware.

- WLAN-Bridges steckt man an einem Ethernetport an, z. B. an einer Xbox, um so ein Ethernetgerät WLAN-tauglich zu machen. Bei einem Computer ist es immer billiger, eine zusätzliche Erweiterungskarte o.ä. zu kaufen. Bei Konsolen wie der Xbox, die nicht erweitert werden können, ist eine Bridge die einzige Option.

KAPITEL 10

Gehäuse, Maus, Tastatur, Floppy

In diesem letzten Kapitel zur Hardware-Auswahl besprechen wir die Dinge, die eben auch zu einem funktionierenden PC gehören. Nehmen Sie diese Standardware ernst: Wer sich z. B. ein ordentliches Gehäuse kauft, wird beim Zusammenbau des Rechners wesentlich weniger Probleme haben. Wenn Sie eine gute Tastatur und die richtige Maus verwenden, können Sie Ihren PC besser und schneller bedienen.

Auswahl des Gehäuses

Die Norm ATX existiert seit sieben Jahren und ist der Standard. Alternativen gibt es quasi ohnehin nicht, aber auf eines müssen Sie achten: Wenn Sie ein Micro-ATX-Gehäuse kaufen, brauchen Sie auch ein entsprechendes Motherboard; in ein ATX-Gehäuse lassen sich dagegen sowohl Micro-ATX- als auch ATX-Motherboards einbauen. Auch mit Micro-ATX kann man mächtige Rechner bauen, auf denen Sie dann z. B. Windows Media Center installieren könnten.

Hinweis

Die Vorteile des ATX-Formats sind mannigfaltig. Das beginnt schon bei der Stromversorgung: Es gibt keinen Spannungsschalter mehr, sondern nur einen Druckknopf, der mit dem Motherboard verbunden ist. Dieses System ist sicherer, weil außerhalb des Netzteils nirgends 220V anliegen, und außerdem einfacher zu installieren. Zudem ist es nur so möglich, dass das Betriebssystem den Rechner softwaremäßig ausschaltet.

- Suchen Sie sich als erstes Ihr Motherboard aus, und wählen Sie danach ein Gehäuse im entsprechenden Formfaktor. Ein Micro-ATX-Motherboard misst normalerweise 24,4 x 21 cm, kann aber bis zu 24,4 x 24,4 cm groß sein.

- Ein ATX-Motherboard ist 30,6 x 24,4 cm groß.

- Der Anschluss des Netzteils am ATX-Motherboards fällt viel leichter als bei den alten Baby-AT-Motherboards.

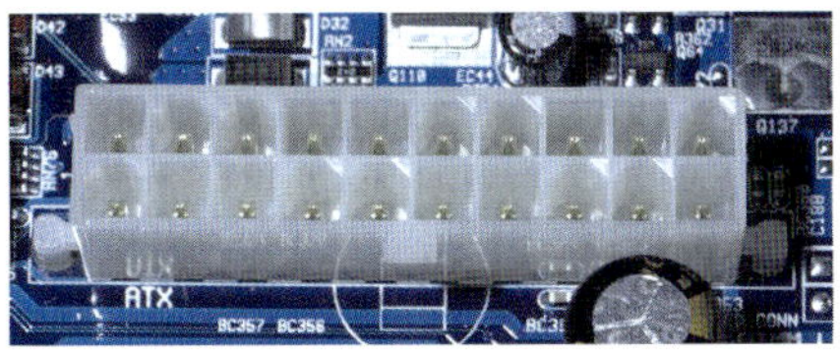

- Der zweite große Vorteil von ATX ist, dass die Buchsen für seriellen und parallelen Port, USB, PS/2, u. U. Netzwerk und Audio direkt am Motherboard sind. Sie müssen also nicht mehrere separate Blenden mit Buchsen installieren.

Gehäuse: Größen und Formen

Es gibt verschiedene Größen und Formen von Gehäusen. Am weitesten verbreitet ist wohl der Minitower, aber es gibt auch Desktops, Miditower und Bigtower. Zudem erscheinen immer mehr Design- oder Tuning-Gehäuse, in die Micro-ATX-Motherboards eingebaut werden können.

- Minitower (die es als ATX und Mini-ATX gibt) stellt man vertikal auf (seltener: unter) den Schreibtisch. Sie besitzen zwei 5,25"- (fünfeinviertel Zoll-) sowie zwei 3,5"- (dreieinhalb Zoll)-Schächte zur Erweiterung mit Zusatzgeräten. Solche Geräte sind optische Laufwerke (CD/DVD-Brenner oder -Lesegeräte), Floppy, ZIP-Laufwerke o. ä. Umbauten an Minitowern sind schwieriger als bei ihren großen Brüdern, weil man weniger Platz hat. Außerdem ist die Belüftung weniger gut, was gerade bei den heutigen Hochleistungsprozessoren nicht ideal ist.

Hinweis

Der Hauptunterschied zwischen ATX und Mini-ATX betrifft die Größe (besser: Breite) des Gehäuses. Bei Towergehäusen erscheinen ATX-Gehäuse „breiter".

- Ich empfehle Miditower. Dort stehen Ihnen drei 5,25"- sowie 3,5"-Schächte zur Verfügung. Zudem haben Sie mehr Platz bei Erweiterungsarbeiten. Und natürlich ist auch die Belüftung besser. Nachteil ist, dass sie so groß sind, dass sie nicht mehr auf dem Schreibtisch Platz finden.

- Bigtower mit fünf 5,25"- und zwei 3,5"-Schächten können bis zu 65 cm groß sein. Derlei Gehäuse werden für Server eingesetzt, in denen mehrere Festplatten, ein optisches Laufwerk und Zusatzgeräte Platz finden müssen. Bei Bigtowern ist die Belüftung ideal. Übrigens gibt es noch größere Gehäuse (bis zu zehn 5,25"-Schächte), aber die sind dann wirklich nur noch für Server gedacht.

Achtung

Wenn Sie sich für einen Bigtower entscheiden, müssen Sie auf die Länge der Kabel achten, die dem Motherboard bzw. der Peripherie beiliegen. Der Abstand zwischen Motherboard und Peripherie kann 40, 50 und mehr cm betragen!

- Desktopgehäuse finden ihren Platz auf dem Schreibtisch, wo sie als Sockel für den Monitor dienen. Es ist viel schwieriger, PCs in einem Desktopgehäuse als in einem Towergehäuse zusammenzubauen. Außerdem müssen die Kabel bei Desktops länger sein, und die Belüftung ist deutlich schlechter. Allerdings bieten sie einen erheblichen Vorteil: die Platzersparnis. Schließlich beanspruchen sie nur die Stellfläche, die ohnehin der Monitor einnimmt.

Hinweis

Gute Gehäuse sind teuer. Für mehr Geld gibt es Extras, die den Zusammenbau erleichtern, z. B. Motherboard-Schlitten, Festplattenkäfige oder Koffersysteme zum Öffnen. Für ein paar Euro mehr spart man sich viel Ärger beim Schrauben. Auch das Design ist bei teureren Gehäuse oft ansprechender.

Hinweis

Der Lieferumfang von Gehäusen beinhaltet Schrauben, Abstandhalter, Blenden u.a. Meist wird auch das Netzteil mitgeliefert. Achten Sie dann aber darauf, dass das Netzteil wirklich zu Ihrer Ausstattung kompatibel ist. Ein ATX-2.03-Netzteil kommt mit jedem beliebigen Motherboard für Pentium 4 oder Athlon (die stromfressendsten Prozessoren auf dem Markt) zurecht. Sie sollten ein Netzteil mit mindestens 350W verwenden, wenn Sie mehrere Festplatten und optische Laufwerke einbauen.

Maus, Tastatur und Floppy

Es mag Ihnen abenteuerlich erscheinen, diese drei Hardware-Sorten in einem Kapitel zusammenzustellen. Wir wollen Ihnen aber nur ein paar allgemeine Ratschläge geben.

Es gibt Mäuse für € 5 und Mäuse für € 70. Manche Mäuse verschmutzen schnell und hakeln bereits nach drei Monaten. Andere Mäuse behalten Sie, obwohl Sie Ihren PC austauschen. Die beiden führenden Firmen für Mäuse sind Logitech und Microsoft.

- Funkmäuse sind eine elegante Sache. Der Haken ist jedoch, dass in Großraumbüros oder anderen Orten mit Störstrahlungen die Maus anfangen kann, sich von allein zu bewegen und zu klicken. Die bessere (aber viel teurere) Alternative ist eine schnurlose Maus auf BlueTooth-Basis.

Hinweis

Heutzutage besitzen die meisten Mäuse und Tastaturen sowohl USB- als auch PS/2-Anschluss. Zwar hat USB echte Vorteile (z. B. können Sie im laufenden Betrieb umstecken), aber achten Sie darauf, dass Ihre Geräte auch über einen PS/2-Stecker verfügen. Denn alle aktuellen Motherboards verfügen über PS/2-Anschlüsse, und das wird auch noch ein Weilchen so sein. Falls Sie Probleme mit USB haben, werden Sie darum froh sein. Außerdem bleibt dann ein USB-Port frei, den Sie vielleicht für andere Dinge brauchen.

- Schnurgebundene, optische Mäuse sind deutlich billiger. Hier gibt es keine Teile, die verschmutzen könnten. Allerdings ist es bei manchen Mäusen notwendig, dass der Untergrund nicht zu dunkel ist.

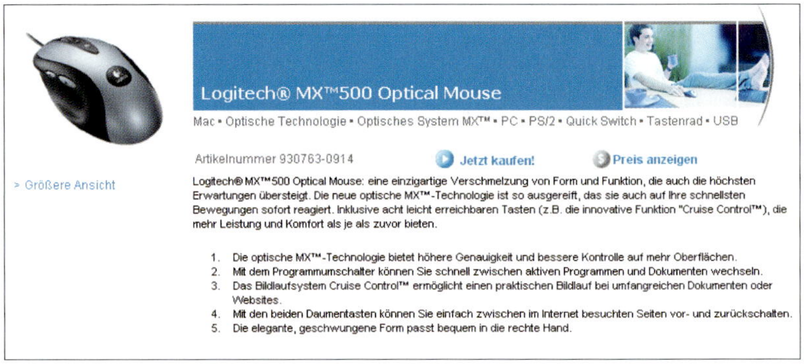

- Wer sparen will, dem reicht auch eine gute, alte Maus mit Kugel. Selbst hier haben Sie noch Optionen, z. B. ergonomische Modelle für Rechts- oder Linkshänder.

Auch bei den Tastaturen gibt es enorme Preisspannen: Von NoName-Ware für € 5 bis zu BlueTooth-Produkten für € 250.

- Die Königin der Tastaturen ist die legendäre Cherry G80-3000, komplett Made in Germany, mit Mikroschaltern für jede einzelne Taste statt der ansonsten üblichen Tastenmatte. Mit linearer Betätigung, Softdruckpunkt und Klick stehen drei verschiedene Anschlagarten zur Verfügung. Vieltipper schwören auf den Klick.

- Logitech und Microsoft haben Tastatur-Maus-Kombinationen im Sortiment, die auf BlueTooth-Technologie basieren. Allerdings müssen Sie sich auf einen Preis zwischen 150 und 250 Euro gefasst machen.

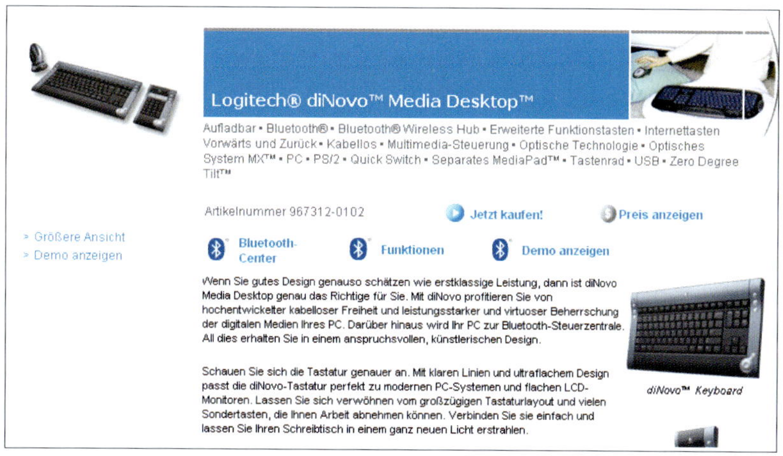

- Trotz aller Verlautbarungen, die Diskette hätte ausgedient: Floppys gehören nach wie vor zur Standardausstattung eines PCs. Kaufen Sie sich unbedingt eine normale Floppy mit 1,44 MB, kein Sondermodell (2,88 MB oder LS120). Floppys finden Sie für unter 10 Euro, und es gibt nichts Spezielles zu beachten. Praktisch alle Laufwerke auf dem deutschen Markt stammen von Markenherstellern wie Mitsumi, Teac, NEC, Sony oder Samsung.

- USB-Sticks sind ein brauchbarer Ersatz für Disketten, wenn es darum geht, Daten zu transportieren. Windows Me, 2000 und XP brauchen dafür keine speziellen Treiber. Die meisten Sticks werden mit Treiber für Windows 98 ausgeliefert. Solche USB-Sticks gibt es in verschiedenen Kapazitäten (oft 128 MB, aber das Maximum beträgt derzeit stolze 2 Gigabyte) und sind so klein, dass Sie sie an den Schlüsselbund hängen können. Es gibt keine praktischere Methode, um große Dateien auszutauschen oder um ein tägliches Backup von Daten durchzuführen.

Optionen im Bereich Modding

Wie bei den Autos gibt es auch bei PCs eine Tuning-Szene. Modding hat nicht immer etwas mit guten Geschmack zu tun, bietet aber manchen Leuten die Möglichkeit, ihren PC gemäß dem eigenen Vorstellungen „sexy" oder „cool" zu machen.

- Die wichtigste Voraussetzung fürs Modding ist das richtige Gehäuse, das ganz oder teilweise durchsichtig sein muss. Beim Modding geht es vor allem um farbige Neon-Leuchteffekte im Inneren des PCs.

- Sobald Sie ein solches Gehäuse haben, können Sie sich über das Innere des PCs hermachen. Der leuchtende Lüfter ist ein Muss. Sie können sich Grün im Xbox-Look kaufen, oder Orange, oder Rot, oder Blau...

- Platzieren Sie dann im Gehäuse kleine Lichter mit drei LEDs, die für interessante Lichteffekte sorgen ...

- Und vergessen Sie nicht, ein entsprechendes 350W-Netzteil zu kaufen, das das Rechnerinnenleben mit Regenbogenfarben beleuchtet.

- Die IDE-Kabel sind zu finster? Kein Problem, besorgen Sie sich Ersatz! Es gibt IDE-Kabel mit leuchtenden Adern ...

- Würzen Sie schließlich das Ganze mit ein paar Neonlichtern, und Sie erhalten einen PC, der sich sicherlich wunderbar ins Interieur Ihrer Wohnung integriert.

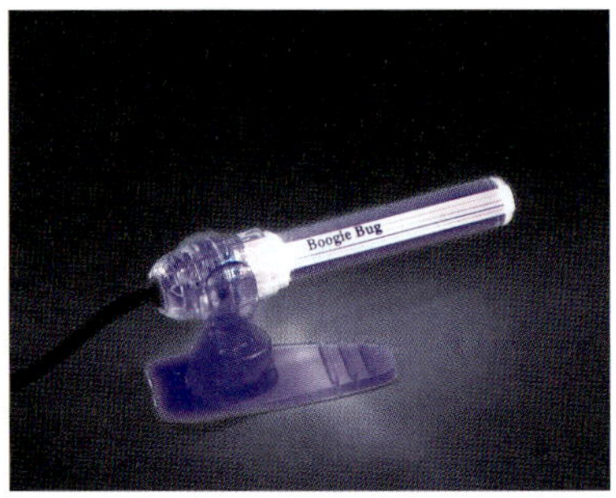

Hinweis

Spaß beiseite: Wenn Sie es mit dem Case Modding ernst meinen, dann achten Sie darauf, dass Ihre Komponenten zu Ihrem System passen. IDE-Kabel dürfen nicht zu lang werden, der Kühler muss zum Prozessor passen usw. Ein empfehlenswerter Webshop für Case-Modding-Artikel ist **www.frozen-silicon.de**.

IDE-RAID

IDE-RAID dient zum Schutz der Daten, zur Beschleunigung des Festplattenzugriffs, oder zu beiden Dingen gleichzeitig. Früher war RAID SCSI-Systemen vorbehalten, doch heute lässt sich auch problemlos mit IDE ein RAID-System aufbauen. Ob Sie in RAID investieren sollten, hängt vom Einsatzzweck Ihres PCs und Ihrem Geldbeutel ab. Immer mehr Motherboards haben bereits IDE-RAID eingebaut.

- IDE-RAID gibt es als RAID0, RAID1 und RAID0+1. Bei RAID sind immer mehrere Festplatten im Spiel. Bei RAID0 werden die Daten auf beide Festplatten verteilt, was die Geschwindigkeit theoretisch verdoppelt: Die Daten können ja von beiden Platten gleichzeitig gelesen werden. Nachteil: Fällt eine Platte aus, sind die Daten auf der anderen Platte wertlos, ergo doppeltes Risiko. RAID1 funktioniert genau umgekehrt: Identische Daten werden auf zwei Platten geschrieben. Fällt eine davon aus, dann ist dieser Crash mit keinem Datenverlust verbunden, denn alle Daten stehen auf der zweiten Platte zur Verfügung. RAID 0+1 kombiniert beide Verfahren, benötigt damit aber auch insgesamt vier Festplatten.

- Um ein IDE-RAID-Array einzurichten, brauchen Sie ein Motherboard mit IDE-RAID oder eine spezielle Erweiterungskarte. Als Anschlüsse dienen zwei normale IDE-Ports, an die die 2-4 Festplatten gehängt werden.

- Motherboards, die IDE-RAID eingebaut haben, verfügen normalerweise über einen Zusatzchip. Meistens stammen diese Chips von Promise oder HighPoint Technology.

- IDE-RAID ist mit den allermeisten Betriebssystemen kompatibel: Windows 95/98/Me, NT4, 2000, XP, Linux. Der Controller gaukelt dem Betriebssystem ja vor, es gäbe nur eine einzige Festplatte, obwohl die Daten in Wirklichkeit auf zwei Platten verteilt bzw. gespiegelt werden. Zumeist wird der Treiber für alle Windows-Versionen auf nur einer Diskette bzw. CD geliefert.

ZU GUTER LETZT

Sie wollen mehr über die verschiedenen RAM-Typen wissen? In Kapitel 11 wird erklärt, wie die verschiedenen RAM-Sorten installiert werden. Dort finden Sie auch zusätzliche Informationen über Kompatibilität, Nachteile usw. der verschiedenen Typen.

Sie wollen mehr über die Wahl eines CPU-Kühlers wissen? In Kapitel 5 wird erklärt, wie der Kühler montiert wird. Dort werden die einzelnen Modelle näher besprochen.

Unterschätzen Sie nicht die Bedeutung des Gehäuses für den Zusammenbau. In Kapitel 11 sehen Sie, welche Vorteile bestimmte Modelle bieten.

TEIL 2

Zusammenbau

Einkauf erledigt? 800-2000 Euro weniger auf dem Konto? Alles klar, dann können Sie sich jetzt einen Rechner zusammenschrauben, auf dem Windows XP Home oder Pro laufen wird. Einstweilen kümmern wir uns um Schrauben, Anschlüsse und Flachbandkabel. Disketten und CD-ROMs kommen erst im dritten Teil ins Spiel.

Legen Sie zunächst Ihr Werkzeug bereit, und machen Sie sich an die Arbeit.

Vermeiden Sie, mit Gummisohlen auf einem Teppich- oder Synthetikboden zu arbeiten. Besser wären Fliesen oder echtes Parkett. Das ist kein Witz. Sie vermeiden so elektrostatische Ladungen, die zu Beschädigungen an Ihren Bauteilen führen könnten.

Zumeist dürfte der Esstisch der beste Ort für den PC-Bau sein: Der Küchenboden ist gekachelt, der Tisch aus Holz. Ziehen Sie ruhig die Verlängerungen heraus, denn Sie brauchen Platz zum Basteln. Ein Quadratmeter schadet nicht, schließlich muss auch der Monitor Platz finden, und Sie müssen den PC ja hin- und herdrehen. Bevor Sie das Werkzeug zur Hand nehmen, legen Sie die Schrauben an einen sicheren Ort – Sie brauchen Platz und Ordnung! Falls Sie gar keinen geeigneten Tisch haben, dann bauen Sie den Rechner eben auf dem Fußboden zusammen. Sie brauchen auf jeden Fall auch genug Platz für den Monitor, denn der muss mit dem PC verbunden sein, sobald Sie ihn zum ersten Mal einschalten (3. Teil).

Am besten suchen Sie auch jetzt schon einen Mehrfachstecker mit zwei Dosen für Monitor- und Computernetzteil heraus.

KAPITEL 11

Vorbereitung und Einbau des Motherboards

Ehe Sie bestimmte Komponenten ins Gehäuse einbauen können, müssen Sie sie erst vorbereiten. Im Nachhinein wären solche Konfigurationen viel fummeliger und schwieriger.

Falls der Händler, dem Sie Motherboard, Prozessor und Kühler abgekauft haben, das Ganze noch nicht zusammengebaut hat, dann müssen Sie genau damit beginnen. Und zwar sehr konzentriert: Erstens ist dies der schwierigste Teil, zweitens hantieren Sie mit den teuersten Elementen ...

Einbau eines Athlon, Celeron oder C3 und Aufsetzen des Kühlers

Ich zeige Ihnen dieselbe Schrittfolge für den Einbau eines Sockel-462- und eines Sockel-PGA-370-Prozessors, weil es nicht viele Unterschiede gibt. Doch damit wir uns richtig verstehen: Versuchen Sie nicht, einen Celeron in ein Athlon-Board zu stecken, oder umgekehrt!

Achtung

Legen Sie das Motherboard unbedingt flach auf den Tisch. Sorgen Sie für ausreichende Beleuchtung. Der Prozessor- und vor allem der Kühlereinbau ist der schwierigste Schritt des ganzen Computerzusammenbaus.

So setzen Sie einen AMD Athlon in einen Sockel 462, einen Intel Celeron oder einen VIA C3 in einen Sockel PGA 370 ein:

1 Finden Sie zuerst heraus, wie herum orientiert der Prozessor eingebaut werden muss. Drehen Sie ihn dazu um. Sie werden feststellen, dass auf einer Seite an beiden Ecken je ein Pin fehlt.

2 Auf dem Motherboard heben Sie den Hebelarm wie auf dem Bild dargestellt.

3 Schauen Sie sich nun den Sockel an und suchen Sie die Seite, wo es keine Löcher gibt.

4 Setzen Sie nun den Prozessor richtig herum (!) auf den Sockel. Dazu muss der Hebel so weit wie möglich geöffnet sein (aber keine Gewalt!). Die Prozessorpins müssen einfach in die Löcher hineinfallen, keinesfalls drücken!

5 Sichern Sie den Prozessor, indem Sie den Hebel zurückdrücken. Der muss schließlich am Sockel einrasten.

Nun kommen wir zur Kühlermontage.

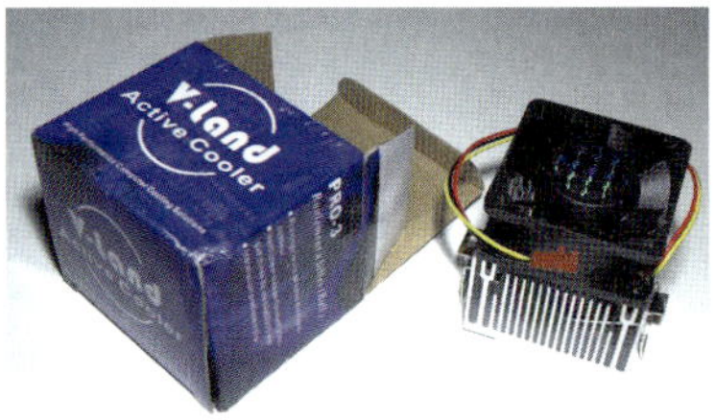

1 Nehmen Sie den Kühler aus der Verpackung und drehen Sie ihn um.

Achtung

Achten Sie darauf, dass der Kühler wirklich zum Prozessor passt. Damit ist nicht nur die Bauform gemeint, sondern auch die Kühlleistung. Am besten kaufen Sie Kühler und Prozessor vom selben Händler, oder Sie konsultieren die Empfehlungen der CPU-Hersteller.

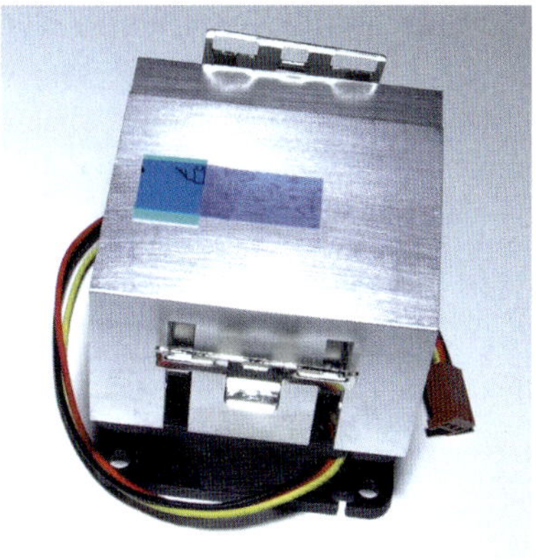

2 Entfernen Sie nun den Klebestreifen, der zentral über den Kühlkörper läuft. Zumeist gibt es einen nichtklebenden Hilfsstreifen, um ihn leicht abziehen zu können, wie man dies von Druckerkartuschen gewohnt ist. Unter diesem Klebestreifen ist das Wärmeleitpad. Achten Sie darauf, dass Sie es nicht anfassen.

Achtung

Selten kommt es vor, dass der Kühlkörper mit Wärmeleitpaste geliefert wird. Dann gibt es kein Wärmeleitpad (und keinen Schutzfilm). In diesem Fall müssen Sie stattdessen die Wärmeleitpaste auf dem Prozessorkern (das kleine Viereck in der Mitte) verteilen. Eine winzige Menge genügt! Sobald diese ordentlich verteilt wurde (vgl. Abbildung), springen Sie zu Schritt 3.

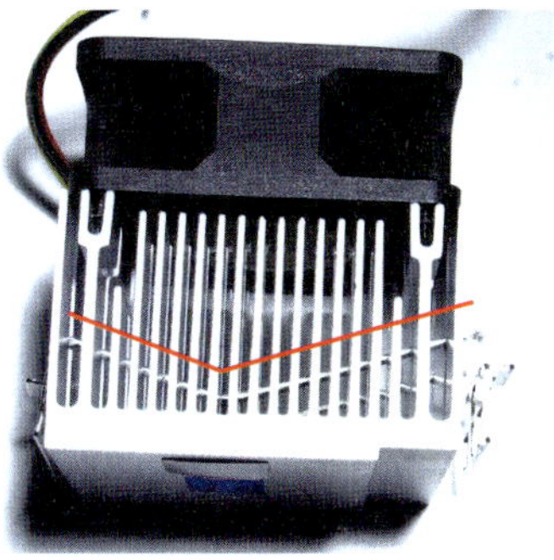

3 Die Klammer, die den Kühler auf den Prozessor drücken wird, ist asymmetrisch. Orientieren Sie sich zunächst über die Asymmetrie dieser Spange. Auffällig ist auch, dass unten etwas ausgespart ist. Diese Aussparung muss die Erhebung des Sockels aufnehmen.

4 Setzen Sie nun den Kühler richtig orientiert auf den Sockel Das Wärmeleitpad muss auf den Die (d. h. den Prozessorkern) treffen, und die Aussparung unten auf die Erhebung des Sockels. Sie dürfen hier keinen Fehler machen. Ansonsten könnte der Prozessor leicht bei der Montage bersten oder wird spätestens beim Einschalten wegen Überhitzung durchbrennen.

5 Schon während des Einsetzens haken Sie die eine Seite der Befestigungsklammer ein, und zwar diejenige zur Motherboard-Mitte hin.

6 Nun kommt das Schwierigste, nämlich das Einhängen der anderen Seite der Spange. Grundsätzlich gilt: Drücken Sie nie auf den Kühlkörper, sondern drücken Sie nur den Spangenkopf selbst herunter. Dieser hat einen Vorsprung, in den Sie einen kleinen Schraubenzieher stecken können, um diesen zum Drücken zu verwenden. Je nach Kühlertyp kann dafür relativ viel Kraft notwendig sein. Arbeiten Sie konzentriert: Wenn Sie abrutschen und die Leiterbahnen zerkratzen, ist das Motherboard hinüber.

7 Stecken Sie nun das Stromkabel des Kühlers auf dem Motherboard ein. Der Steckplatz ist mit FAN oder CPUFAN gekennzeichnet (Sie finden den Platz im Handbuch des Motherboards). Der Stecker lässt sich nicht verpolen.

Einbau eines Pentium 4 und Aufsetzen des Kühlers

Das Einsetzen eines Pentium 4 in seinen Sockel 478 funktioniert mehr oder weniger genauso wie der Einbau anderer Sockelprozessoren. Die Kühlermontage ist recht einfach.

So setzen Sie einen Intel Pentium 4 in seinem Sockel 478:

1. Schauen Sie sich den Prozessor an. An einer Ecke gibt es ein goldenes Dreieck, das angibt, wie herum der Prozessor eingesetzt werden muss.

2. Öffnen Sie am Sockel den Hebel, wie in der Abbildung dargestellt.

Achtung

Legen Sie das Motherboard unbedingt flach auf den Tisch. Sorgen Sie für ausreichende Beleuchtung. Der Prozessor- und vor allem der Kühlereinbau ist der schwierigste Schritt des ganzen Computerzusammenbaus.

3 Suchen Sie nun die Stelle, an die das Dreieck platziert werden muss. Die Markierung ist direkt auf dem Sockel, neben den Löchern für die Pins, angebracht. Sobald also der Prozessor eingesetzt ist, ist die Markierung nicht mehr sichtbar.

4 Setzen Sie nun den Prozessor richtig herum (!) auf den Sockel. Dazu muss der Hebel so weit wie möglich geöffnet sein (aber keine Gewalt!). Die Prozessorpins müssen einfach in die Löcher hineinfallen, keinesfalls drücken!

5 Sichern Sie den Prozessor, indem Sie den Hebel zurückdrücken. Der Hebel muss am Sockel einrasten.

Nun kommen wir zur Kühlermontage.

1 Nehmen Sie den Kühler aus der Verpackung und drehen Sie ihn um.

2 Entfernen Sie den Klebestreifen, der zentral über den Kühlkörper läuft. Zumeist gibt es einen Streifen, um ihn leicht abziehen zu können, wie man dies von Druckerkartuschen gewohnt ist. Unter diesem Klebestreifen ist ein Wärmeleitpad. Achten Sie darauf, dass Sie es nicht anfassen.

Achtung

Selten kommt es vor, dass der Kühlkörper mit Wärmeleitpaste geliefert wird. Dann gibt es kein Wärmeleitpad (und keinen Schutzfilm). In diesem Fall müssen Sie stattdessen die Wärmeleitpaste auf den Prozessorkern (das kleine Viereck in der Mitte) verteilen. Eine winzige Menge genügt! In der Abbildung ist vielleicht sogar schon zuviel Paste im Einsatz. Sobald die Wärmeleitpaste ordentlich verteilt wurde, springen Sie zu Schritt 3.

3 Öffnen Sie nun die Verriegelungslaschen der Kühlkörperbefestigung.

4 Stecken Sie das Stromkabel des Kühlers beim Motherboard ein. Der Konnektor heißt FAN oder CPUFAN. Suchen Sie seine Platzierung im Handbuch des Motherboards. Eine Verpolung ist nicht möglich.

5 Setzen Sie nun den Kühlkörper auf den Prozessor. Die Metallzungen des Kühlkörpers müssen dabei in die Laschen des Kühlersockels greifen.

6 Verriegeln Sie nun den Kühler, indem Sie die beiden Hebel schließen.

DDR-SDRAM einbauen

DDR-SDRAM einzubauen ist recht leicht: Eine Ritze sorgt dafür, dass man es gar nicht falsch herum einsetzen kann.

Hinweis

Es gibt Motherboards, die sowohl SDRAM als auch DDR-SDRAM unterstützen. Sie können aber immer nur eine Speicherart installieren – mischen ist nicht möglich. Aus Performancegründen sollten Sie DDR-SDRAM bevorzugen. Wenn Ihnen unklar ist, welchen Speicher Ihr Motherboard genau benötigt, sehen Sie im Handbuch oder auf der Herstellerwebsite nach. Links zu Motherboardherstellern finden Sie unter **www.heise.de/ct/adressen.**

Info

DDR steht für Double Data Rate, und zwar deswegen, weil die Frequenz von DDR-SDRAM doppelt so hoch ist wie die von SDRAM. Das liegt daran, dass DDR-SDRAM sowohl bei steigender wie bei fallender Taktrate Daten überträgt. Klassisches SDRAM arbeitet dagegen nur bei steigender Taktrate (wenn also der Wechsel von 0 auf 1 erfolgt).

1 Orientieren Sie sich zunächst: Der Schlitz im RAM-Modul, der sich nicht in der Mitte befindet, muss dorthin kommen, wo sich im RAM-Sockel die Erhebung befindet.

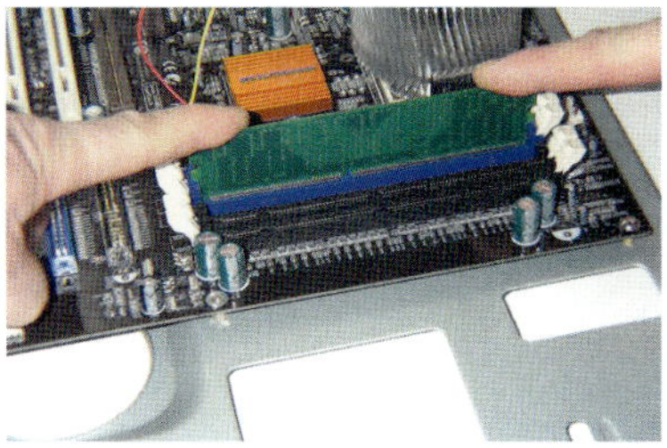

2 Setzen Sie das RAM senkrecht auf den Sockel. Der nächste Schritt ist am einfachsten, wenn das Motherboard noch nicht eingebaut ist. Wenn doch und Sie einen Tower haben, dann legen Sie diesen flach auf den Boden. Drücken Sie nun kräftig von oben auf das Modul. Die Plastikhalter links und rechts schnappen dann automatisch ein.

Achtung

Es gibt DDR-SDRAM-Riegel mit Kühlkörpern, die man mit Rambus-RAM verwechseln könnte. Fragen Sie also besser beim RAM-Kauf nach!

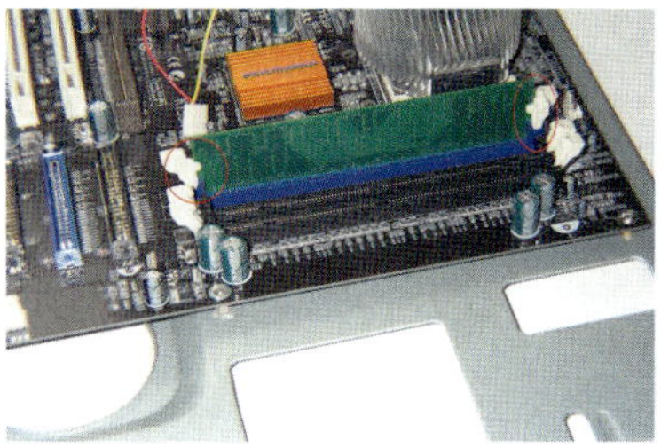

3 Wenn der Speicherriegel wirklich sitzt, sind die Plastikhalter automatisch eingeschnappt. Übrigens ist manchmal überraschend viel Kraft nötig. Seien Sie aber stets sehr vorsichtig!

Hinweis

Standard-DDR-SDRAM-Module heißen PC1600, wenn sie mit 200 MHz getaktet sind (Bus 100 MHz mal zwei wegen des DDR-Prinzips) bzw. PC2100 bei 266 MHz. PC2700-Riegel arbeiten mit 333 MHz. Es gibt Motherboards, die diesen Typ nur in bestimmten Steckplätzen unterstützen. Und wenn Ihr Motherboard PC2700 gar nicht unterstützt, dann bringen diese Module keinerlei Performancegewinn.

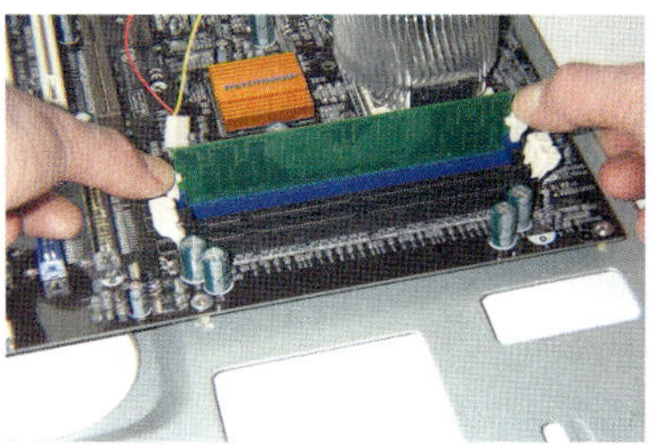

4 Um einen RAM-Riegel herauszunehmen, drücken Sie beide Plastikhalter nach außen. Das Modul schnappt dann automatisch heraus.

SDRAM einbauen

SDRAM einzubauen ist nicht schwierig, man muss nur – wie stets – vorsichtig zu Werke gehen. Das Ganze funktioniert mehr oder weniger wie bei DDR-SDRAM.

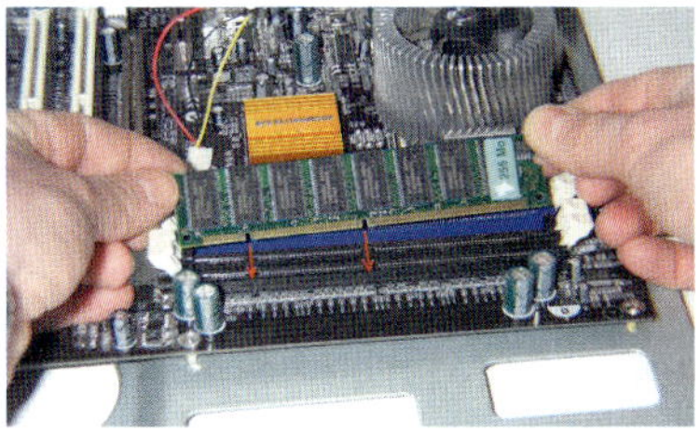

1 Als erstes orientieren Sie sich, wie herum das Modul in den Steckplatz kommt. Den Ritzen des Moduls müssen natürlich die Erhebungen des Sockels entsprechen.

Achtung

Kommen Sie nicht auf die Idee, Uralt-Riegel mit modernen Modulen zu mischen. Sie würden die weit höhere Zugriffszeit der modernen Module verlieren. U. U. könnte sogar das ganze System instabil werden. Idealerweise sollten alle RAM-Module vom selben Typ und Hersteller sein.

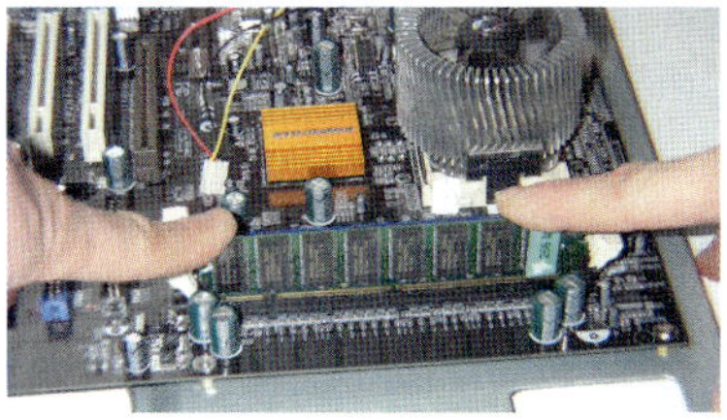

2 Setzen Sie das RAM senkrecht auf den Sockel. Für den nächsten Schritt ist es am einfachsten, wenn das Motherboard noch nicht eingebaut ist. Wenn doch und Sie einen Tower haben, dann legen Sie diesen flach auf den Boden. Drücken Sie nun kräftig von oben auf das Modul. Die Plastikhalter links und rechts schnappen dann automatisch ein.

3 Wenn der Speicherriegel wirklich sitzt, sind die Plastikhalter automatisch eingeschnappt. Übrigens ist manchmal überraschend viel Kraft nötig. Seien Sie aber stets sehr vorsichtig!

4 Um einen RAM-Riegel herauszunehmen, drücken Sie beide Plastikhalter nach außen. Das Modul schnappt dann automatisch heraus.

Tipp

Aktuelle SDRAM-Module sind für 133 MHz zertifiziert (PC133). Sie passen auch in alte Motherboards, die nur mit 100 oder gar nur mit 66 MHz getaktet sind.

Vorbereitung des Gehäuses

Ehe Sie die Komponenten einsetzen, müssen Sie das Gehäuse vorbereiten. U. U. müssen Sie mehrere Dinge herausnehmen oder einbauen, ehe Sie die elektronischen Komponenten einbauen können.

1 **Öffnen Sie das Gehäuse.** Dazu müssen Sie meist Kreuzschlitzschrauben entfernen. Entfernen Sie die von vorn (!) gesehen linke Seitenwand. Falls das Gehäuse komplizierter zu öffnen ist, ist vielleicht eine Anleitung mitgeliefert.

2 Der **Lieferumfang** eines Gehäuses umfasst:

- ATX-Netzteil, meist bereits eingebaut
- Schraubensatz mit Schrauben, Rückblenden aus Metall, Abstandhalter aus Metall oder Plastik, Füße und Frontblenden aus Plastik
- Lautsprecher, meist bereits eingebaut
- Farbige Anschlusskabel, mit denen der Lautsprecher, und die Gehäusetasten und -LEDs mit dem Motherboard verbunden werden
- (selten) ein Zusatzlüfter, der den Netzteillüfter ergänzt
- 220V-Netzkabel
- Blende aus Blech für die ATX-Anschlüsse. Solche Blenden liegen oft sowohl dem Gehäuse als auch dem Motherboard bei. Sie müssen dann die Motherboard-Blende verwenden.

3 **Befestigen Sie die Füße.** Sobald die Gummifüße eingesteckt sind, kann das Gehäuse nicht mehr den Tisch bzw. Parkettboden zerkratzen. Es handelt sich um Gummischeiben, die entweder mit Klebeband oder kleinen Plastikwiderhaken befestigt werden.

4 **Installieren Sie den Lautsprecher.** Bei besseren Gehäusen ist der Lautsprecher stets vorinstalliert, bei Sonderangeboten müssen Sie ihn selbst einsetzen oder gar festkleben.

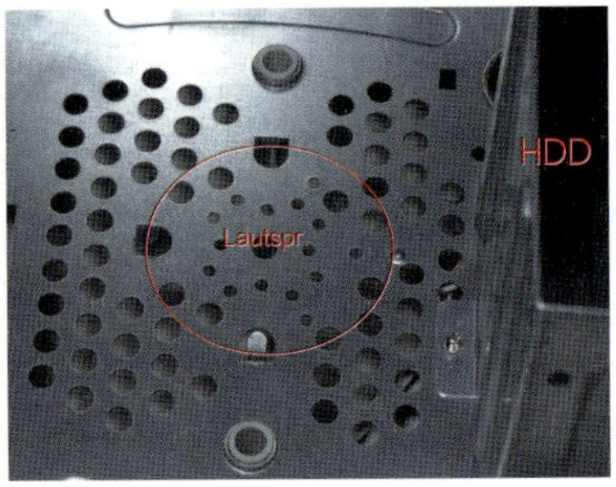

5 Sie dürfen den Lautsprecher nicht an eine beliebige Stelle setzen, und er darf schon gar nicht herunterfallen können: Das wäre sehr gefährlich. Lautsprecher sind magnetisch und haben daher in der Nähe von Disketten und Festplatten nichts zu suchen. Es gibt normalerweise zwei Stellen, wo Sie den Lautsprecher festmachen können: Die erste ist leichter erreichbar, aber ich rate dringend von dieser Position ab. Diese Stelle ist unterhalb der Festplattenschächte. Wenn Sie diese Stelle verwenden müssen, dann entfernen Sie den Lautsprecher so weit wie möglich von den Platten.

6 Wenn es eine Stelle mit Löchern im Metall gibt, wo sich keine Befestigungslaschen finden, dann kleben Sie den Lautsprecher mit gutem Klebstoff (Sekunden- oder Zweikomponentenkleber) dorthin. Falls es drei Befestigungslaschen gibt (wie dargestellt), dann zwängen Sie den Lautsprecher dort hinein, notfalls gewaltsam mit einem Schraubenzieher.

7 **Entfernen Sie das Blech, auf dem das Motherboard befestigt wird.** Bei den meisten modernen ATX-Gehäusen lässt sich dieses Blech entfernen. Falls dies möglich ist, tun Sie dies nun. Bei einfachen Gehäusen müssen Sie das Blech herausschrauben, bessere Produkte verfügen über einen Motherboard-Schlitten.

Achtung

Beim Einsetzen des Lautsprechers müssen Sie darauf achten, dass die elektrischen Kontakte nicht mit einer der Metalllaschen in Berührung kommen!

Hinweis

Falls sich kein spezielles Blech ausbauen lässt, dann legen Sie eben das Gehäuse flach auf den Tisch und bauen das Board so ein. Das klappt auch, außer Sie versuchen, ein ATX-Motherboard in ein Micro-ATX-Gehäuse einzubauen.

Einbau des Motherboards

Das Schwierigste am Einbau des Motherboards ist, die Löcher für die Abstandhalter zu finden und das Board dann festzuschrauben.

1 Falls das Motherboardblech ausbaubar ist, nehmen Sie es jetzt heraus. Beim Blech in der Abbildung mussten dazu drei Schrauben entfernt werden.

2 Setzen Sie nun das Motherboard auf das Blech und stellen Sie fest, an welchen Stellen Abstandhalter notwendig sind. Bei echten ATX-Gehäusen sind diese Abstandhalter langgezogene, sechseckige Muttern aus Metall.

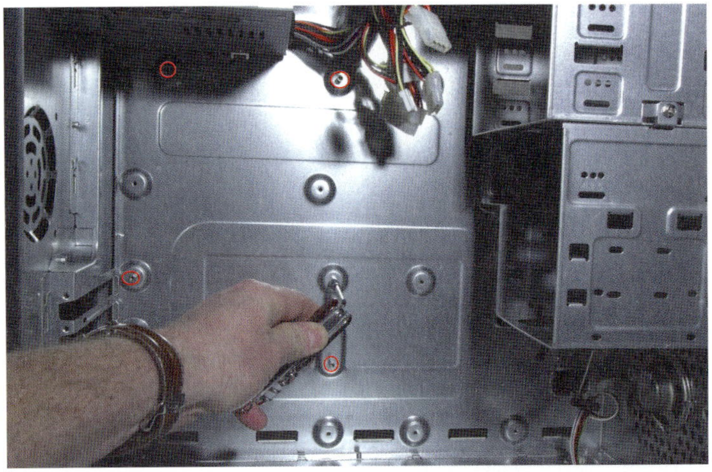

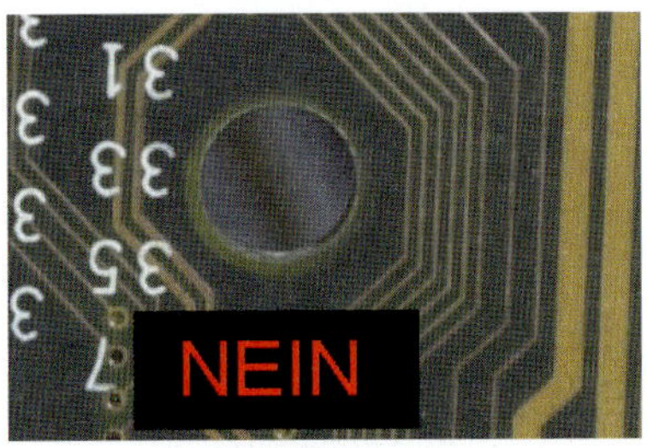

3 Schrauben Sie nun die Abstandhalter ins Blech. Achten Sie penibel darauf, dass Sie sie in die richtigen Löcher schrauben! Es gibt nämlich stets mehr Löcher im Blech als Schraubenbohrungen im Motherboard. Die Abstandhalter lassen sich mit den Fingern einschrauben, Sie können aber auch einen 5mm-Steckschlüssel verwenden.

4 Nochmal: Schrauben Sie auf gar keinen Fall einen Abstandhalter an eine Stelle, an der es kein Schraubloch im Motherboard gibt. Das würde zu einem Kurzschluss oder zu zerkratzen Leiterbahnen, kurz: zur Katastrophe führen. Misstrauen Sie auch Löchern im Motherboard ohne Metallkranz: Ein Abstandhalter unter oder ein Schraubkopf über einem solchen Loch könnte zu einem Kurzschluss führen.

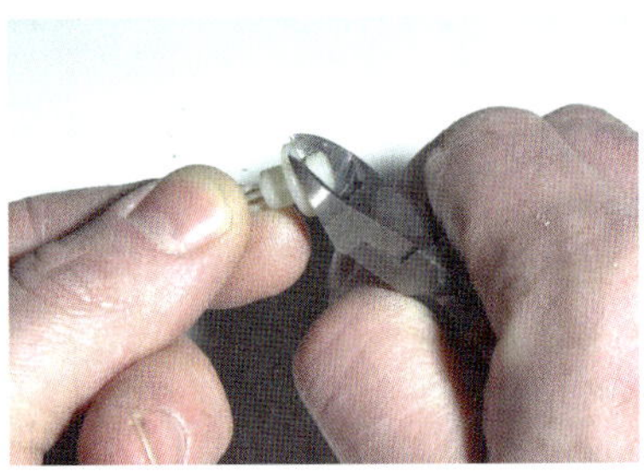

5 Falls dieser Fall vorliegt und Sie keine Plastikabstandhalter installieren können, schneiden Sie ein Stück von einem solchen Plastikabstandhalter ab. So können Sie ihn gefahrlos installieren.

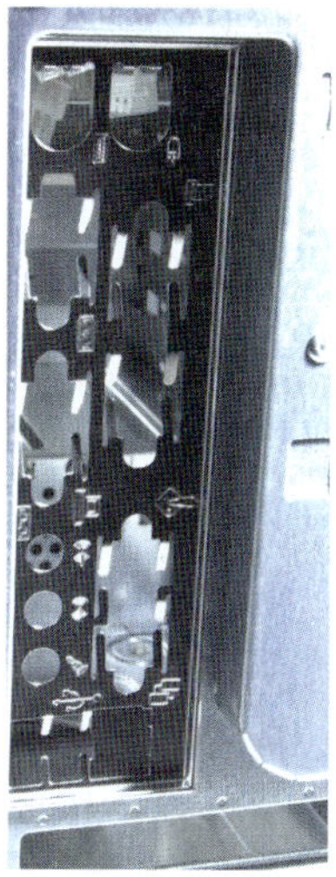

6 Falls Sie ein entfernbares Motherboardblech haben, setzen Sie nun das Rückblech (mit den Anschlüssen) auf das Motherboard, ehe Sie das Blech wieder ins Gehäuse schrauben.

7 Wenn Sie Ihr Motherboard direkt ins Gehäuse schrauben müssen, müssen Sie dieses Rückblech einsetzen, ehe Sie das Motherboard mit Schrauben auf den Abstandhaltern fixieren.

Hinweis

Egal, welches Gehäusemodell Sie haben: Das Rückblech mit den Anschlüssen muss sitzen! Damit erzielen Sie eine bessere elektro-magnetische Abschirmung, und die Motherboard-Anschlüsse sind mechanisch besser geschützt.

KAPITEL 12

Einbau der Laufwerke

In diesem Kapitel lernen Sie, wie Sie die wichtigsten internen Komponenten einbauen und mit dem Motherboard verbinden. Lesen Sie dieses Kapitel sehr genau, um spätere Probleme zu vermeiden. Wir beginnen mit dem Einbau der Laufwerke, wobei wir auf die Jumperung zu sprechen kommen. Der Abschnitt über Jumper ist extrem wichtig – lesen und beachten Sie ihn genau. Wenn Sie bei der Jumperung auch nur einen Fehler machen, müssen Sie schlimmstenfalls zur Fehlersuche alle Geräte wieder ausbauen ...

Die Regeln von IDE/ATA, die Vorteile von SATA

IDE gibt es seit sehr, sehr langer Zeit. Die Spielregeln sind die gleichen, egal ob es sich um die IDE-Ports des Motherboards, eine separate Controllerkarte oder den RAID-Adapter des Motherboards handelt.

Hinweis

Mit den Informationen dieses Abschnitts können Sie die Laufwerke bereits vor dem Einbau konfigurieren. Für einen ganz einfachen PC empfehle ich folgende Konfiguration: Festplatte als Master des einen Strangs, optisches Laufwerk als Master des zweiten Strangs. Bei SATA stellt sich diese Frage nicht.

- IDE-Laufwerke werden mit einem IDE-Kabel angeschlossen.

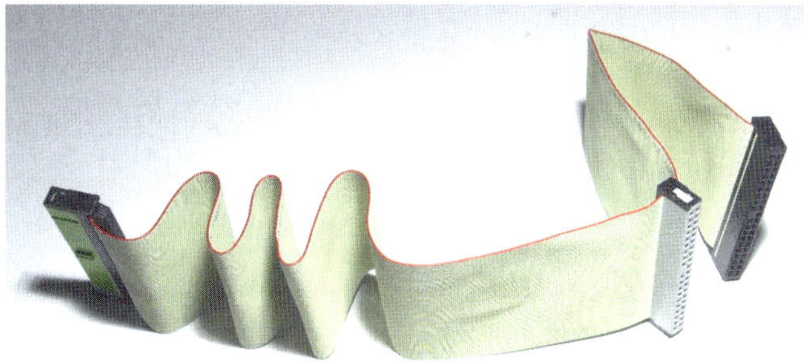

- Wenn an einem IDE-Strang zwei Laufwerke hängen, dann muss das eine als Master, das andere als Slave konfiguriert sein. Bei SATA stellt sich diese Frage nicht. Wie man eine Festplatte konfiguriert, ist normalerweise auf dem Aufkleber dargestellt. Sie müssen mit den kleinen Steckbrücken („Jumpern") die abgebildete Master- bzw. Slave-Einstellung nachbauen.

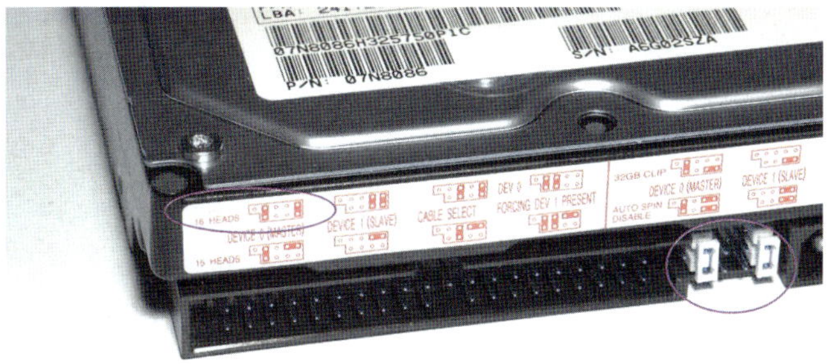

- Bei einem optischen Laufwerk muss man meist nur einen Jumper umsetzen. Steht er auf MA, ist das Gerät als Master konfiguriert, bei SL als Slave. Es gibt noch keine optischen SATA-Laufwerke

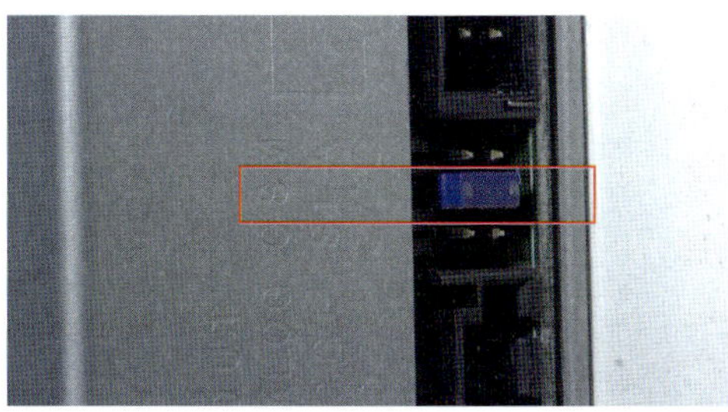

- Versetzen Sie Jumper mit der Pinzette (wenn Sie geschickt sind, können Sie auch die Finger nehmen).

- Es gibt zwei verschiedene Arten von IDE-Kabeln: 80-polige und 40-polige. Für Festplatten, die seit Mitte 1999 auf dem Markt sind, müssen Sie 80-polige Kabel nehmen (ansonsten büßen Sie viel Leistung ein). Motherboardhersteller legen normalerweise zwei 80-polige oder ein 80-poliges und ein 40-poliges Kabel bei. Das letztere darf dann nur für optische Laufwerke benutzt werden.

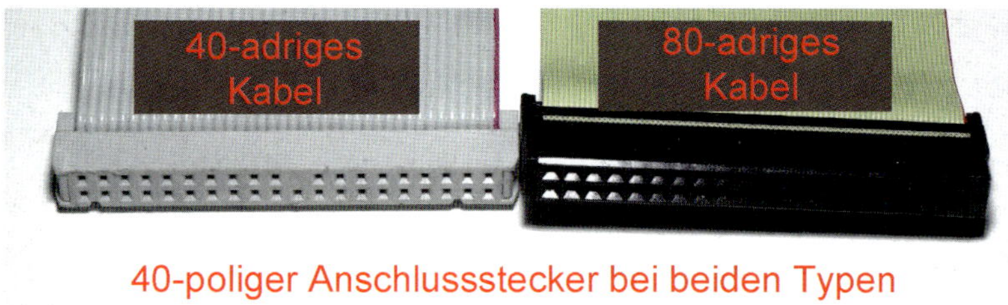

- Die Festplatte, auf der Windows installiert wird, und von der der Rechner booten soll, muss als Master konfiguriert sein und am ersten IDE-Port hängen. Bei IDE-RAID muss die Platte am ersten Port des IDE-RAID-Controllers hängen. Bei SATA erfolgt zwar eine automatische Erkennung, aber hängen Sie dennoch die Platte an den ersten Port.

- Falls Ihr optisches Laufwerk am selben Strang wie die Bootfestplatte hängt, dann muss es als Slave konfiguriert sein. Falls Sie es an den zweiten Strang hängen, muss es als Master konfiguriert sein. Falls Sie IDE-RAID verwenden, sollten Sie das optische Laufwerk nicht mit dem IDE-RAID-Controller verbinden, sondern mit dem zweiten IDE-Port des Motherboards.

Installation von Floppy und Festplatte

Floppy und Festplatte müssen beidseitig eingeschraubt werden, um Vibrationen und Schwingungen im PC-Gehäuse zu vermeiden.

1 Schrauben Sie den Festplattenkäfig heraus. Wie beim Motherboardblech ist diese Einheit bei den meisten Gehäusen ausbaubar. Sie umfasst normalerweise alle Einbauplätze für Festplatten und Floppys. Bei dem abgebildeten Gehäuse reicht das Lösen einer Schraube, um den Käfig auszubauen.

Achtung

Ehe Sie die Festplatte einbauen, müssen Sie sich davon überzeugen, dass Sie als Master konfiguriert ist. Mehr dazu im letzten Abschnitt.

2 Der Festplattenkäfig ist zumeist zusätzlich mit kleinen Schienen gesichert. Sie müssen also nicht nur die Schraube entfernen, sondern zusätzlich den Käfig nach innen herausziehen.

3 Festplatte und Floppy haben exakt dieselbe Breite und mehr oder weniger dieselbe Länge. Beide Geräte haben die Bauform 3,5" (dreieinhalb Zoll), und beide kommen normalerweise in denselben Käfig, egal ob dieser nun herausnehmbar ist oder nicht.

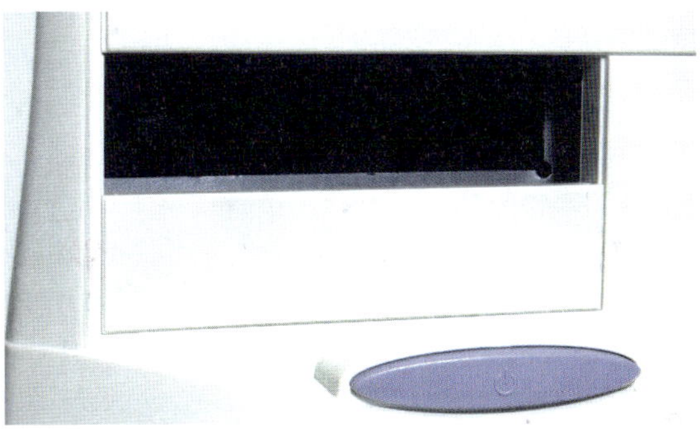

4 Die **Floppy** muss natürlich von außen zugänglich sein. Deswegen muss an der Stelle, wo die Floppy eingebaut wird, eine Plastikfrontblende entnehmbar sein. Hinter dieser Blende findet sich ein vorgeschnittenes Metallblech, das Sie mit einer Zange vorsichtig (Verletzungsgefahr!) herausbrechen.

5 Jetzt können Sie Floppy und Festplatte in den Käfig einbauen. Achten Sie darauf, die Floppy wirklich so einzubauen, dass sie von vorn zugänglich ist. Die Schrauben zum Einbau der Laufwerke gehören zum Lieferumfang des Gehäuses (Kreuzschlitz mit kleinem Gewinde). Sie können die Festplatte bereits fest einschrauben, doch lassen Sie die Schrauben der Floppy noch locker, um sie später ausrichten zu können. Denn die Frontblende der Floppy soll ja aus ästhetischen Gründen exakt mit der Vorderseite des Rechners abschließen.

Achtung

Dieses Metallblech ist nicht immer ganz leicht herauszubrechen. Agieren Sie im Notfall mit Handschuhen, Schraubenzieher und Zange. Brechen Sie die Bleche aber nur an den Stellen heraus, wo Sie wirklich Laufwerke installieren wollen. Denn diese Bleche dienen als elektromagnetischer Schutz, damit der Computer nicht den Fernseher des Nachbarn stört.

6 Bauen Sie nun den Käfig wieder ein. Richten Sie die Floppy ordentlich aus, sodass sie vorn mit dem Rest des Gehäuses abschließt, und ziehen Sie nun die Schrauben an. Festplatte wie Floppy müssen mit je vier Schrauben (zwei pro Seite) befestigt werden.

Installation des optischen Laufwerks

Die Installation eines optischen Laufwerks ist nicht weiter schwierig. Doch wie stets gilt: Nur keine Hektik!

1 Entfernen Sie die Plastikfrontblende des 5,25"-Schachts, den Sie verwenden wollen. Normalerweise drücken Sie sie von innen heraus.

Tipp

Nun kann es aber vorkommen, dass Sie von innen nicht an die Plastikblende herankommen (z. B. weil ein Metallblech im Weg ist, vgl. Schritt 2). Dann müssen Sie die Blende von vorn herausholen, indem Sie sie mit einem Messer herauskeilen. Seien Sie dabei sehr vorsichtig, sonst zerkratzen Sie das Gehäuse oder verletzen sich womöglich!.

2 In den meisten Gehäusen findet sich hinter der Plastikfrontblende ein Metallblech. Brechen Sie es heraus, indem Sie es hin- und herdrehen. Verwenden Sie dazu eine Zange oder einen Schraubenzieher.

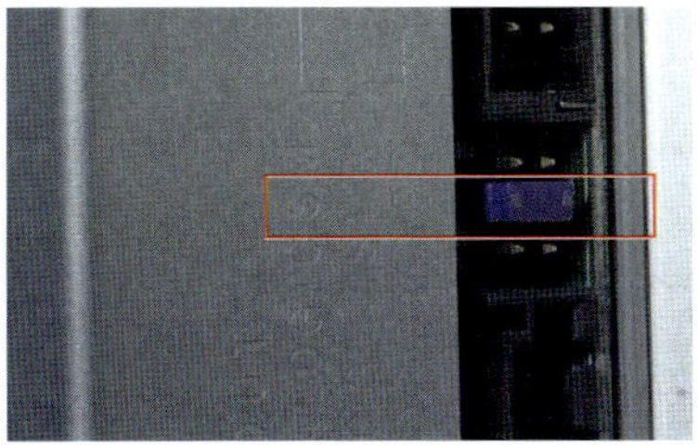

3 Jumpern Sie Ihr optisches Laufwerk auf Slave, falls Sie es an den ersten Strang zur Festplatte hängen wollen. Soll es dagegen als einziges Laufwerk an den zweiten Strang, muss es Master sein. Normalerweise müssen Sie dazu nur einen einzelnen Jumper auf SL bzw. MA setzen.

4 Sobald die Jumperung stimmt – Sie erinnern sich: pro IDE Strang nur je ein Master und evtl. ein Slave –, schieben Sie das Laufwerk von vorn in den Schacht.

5 Schrauben Sie das Laufwerk nun fest. Verwenden Sie mindestens eine Schraube pro Seite, besser aber vier, um Vibrationen zu vermeiden. Um an die zweite Seite heranzukommen, müssen Sie die (von vorn) rechte Seitenwand des Gehäuses entfernen.

Verkabelung von IDE-, SATA- und Diskettenlaufwerken

Ehe Sie sich um die Stromkabel kümmern, stecken Sie erst die IDE-, SATA- bzw. Floppykabel ein.

Schließen Sie zuerst die Floppy an:

1 Schließen Sie das Kabel zunächst am Steckplatz auf dem Motherboard an.

2 Achten Sie darauf, das Kabel richtig herum einzustecken. Der Sporn in der Mitte muss in die Aussparung des Steckplatzes kommen, und die rot markierte Kabelseite gehört dahin, wo auf dem Motherboard Pin 1 bezeichnet ist.

Hinweis

Wenn Sie das Floppykabel verpolen (was passieren kann, denn nicht alle Kabel haben den Mittelsporn), dann erkennen Sie das daran, dass das Floppylicht dauerhaft leuchtet. In diesem Fall müssen Sie sofort den Rechner ausschalten und den Fehler korrigieren! Eingelegte Disketten könnten zerstört werden.

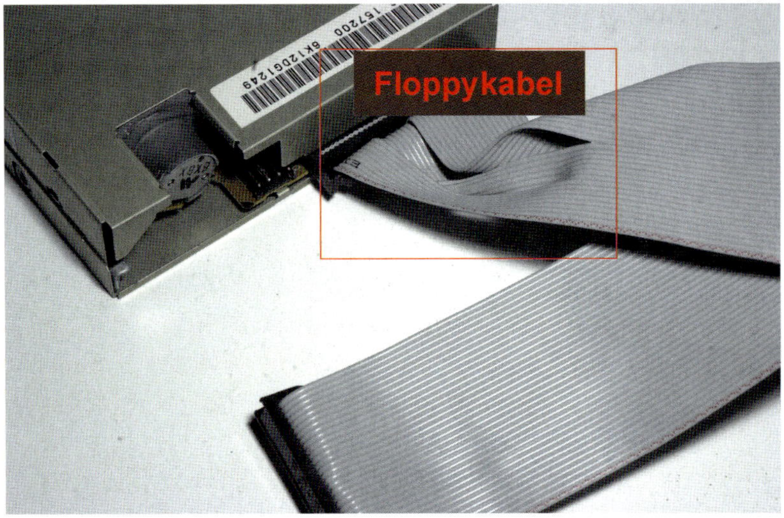

3 Stecken Sie dann den anderen Stecker des Kabels bei der Floppy ein. Auch hier gilt: Die rot gekennzeichnete Seite muss dorthin, wo Pin 1 ist. Kümmern Sie sich nicht um die merkwürdige Verdrillung des Kabels. Dies ist ein (heute bedeutungsloses) Relikt aus vergangenen Tagen und ganz normal.

Nun kommen wir zu Festplatte und optischem Laufwerk:

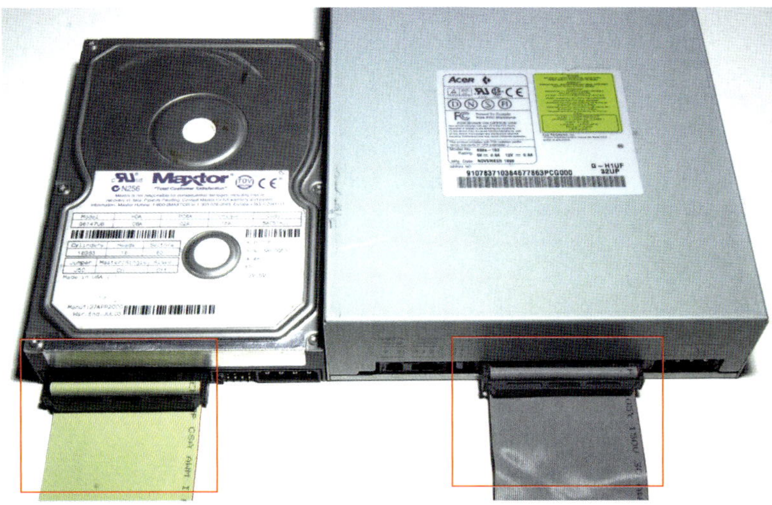

1 Um die beiden IDE-Laufwerke (Festplatte und optisches Laufwerk) anzuschließen, haben Sie zwei Optionen: Entweder schließen Sie sie als Master und Slave des ersten Strangs an, oder aber als Master der beiden Stränge. Im Beispiel wählen wir die zweite Option.

2 Nehmen Sie den ersten IDE-Port (IDE0) für die Festplatte und den zweiten (IDE1) für das optische Laufwerk. IDE-Kabel haben stets einen Sporn, der verhindert, dass Sie das Kabel falsch herum anstecken.

Hinweis

Manchmal heißen die Ports auf dem Motherboard nicht IDE0 und IDE1, sondern IDE1 und IDE2. In dem Fall kommt die Festplatte an IDE1 und das optische Laufwerk an IDE2.

3 Falls die Festplatte eine IDE-Platte ist, muss sie auf Master gejumpert sein. Manche Festplatten unterscheiden zwischen Master und *Master with Slave*. In dem Fall müssen Sie die erste Option wählen (außer, Sie wollen wirklich einen Slave an denselben Strang hängen). Das IDE-Kabel lässt sich nicht verpolen, weil es einen Sporn gibt. Außerdem sehen Sie, dass die rote Seite zu Pin 1 bzw. der Seite mit dem Stecker für das Stromkabel kommt.

4 Das optische Laufwerk am zweiten Strang muss auf Master gejumpert sein. Für den Anschluss des Kabels gilt das in Schritt 3 Gesagte.

Anschluss der Stromkabel

Ich habe den Anschluss der Stromkabel zu einem eigenen Schritt zusammengefasst.

1 Stecken Sie den Hauptstecker des Netzteils beim Motherboard ein. Eine Verpolung ist nicht möglich. Sie müssen drücken, bis der Stecker fühlbar einrastet.

2 Die Stromversorgung der Floppy erfolgt über einen solchen Stecker. Eine Verpolung ist nicht möglich.

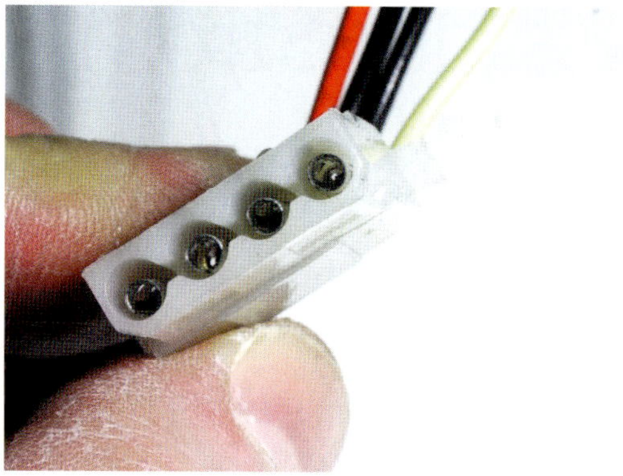

3 Die Stromversorgung der Floppy erfolgt über einen solchen Stecker. Eine Verpolung ist nicht möglich.

4 Checken Sie zum Schluss unbedingt noch einmal, dass das Stromkabel des CPU-Lüfters eingesteckt ist. Sie könnten es beim Bauen aus Versehen herausgezogen haben! Prüfen Sie dies sehr genau.

KAPITEL 13

Letzte Vorbereitungen

Sie haben das Schlimmste hinter sich. Ein paar Kleinigkeiten sind noch zu erledigen, bevor Sie den Rechner zum ersten Mal hochfahren lassen können.

Installation der Grafikkarte

Ich behandle aus zwei Gründen die Installation der Grafikkarte erst hier: Erstens gibt es Motherboards mit integrierter Grafik, und vielleicht haben Sie ja eine solches. Zweitens ist das die erste Steckkarte, die Sie installieren: Und das muss gefeiert werden!

1 Suchen Sie den AGP-Steckplatz. Das ist recht leicht. Erstens ist er ganz oben, zweitens ist er braun.

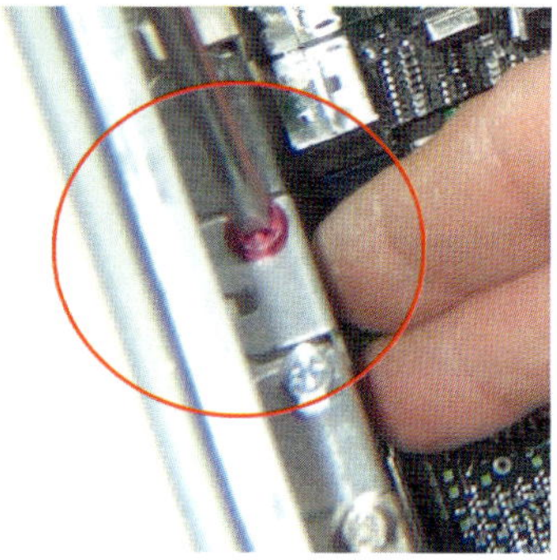

2 Entfernen Sie nun die Metallblende an der Gehäuserückseite die dem AGP-Steckplatz gegenüber liegt. Fast immer lässt sich die Blende abschrauben, nur bei sehr billigen Gehäusen kann es sein, dass die Blende nur vorgestanzt ist und herausgebrochen werden muss.

Achtung

Falls die Blende nur vorgestanzt ist, müssen Sie sie erst mit einem Schraubenzieher etwas herausdrücken und dann mit einer Zange nach leichten Drehbewegungen wegreißen. Seien Sie extrem vorsichtig! Die Kanten können messerscharf sein, ein Abrutschen kann zu einer Fleischwunde führen!

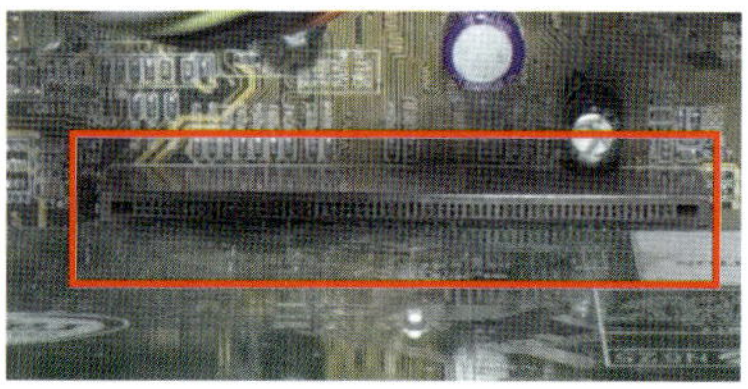

3 Setzen Sie dann die Karte ein. Achten Sie darauf, dass sie ihrer ganzen Länge nach einrastet.

Hinweis

Es gibt auch AGP-Steckplätze mit einer Verriegelungsvorrichtung. Sie verhindert nicht das Einstecken der Karte, wohl aber das Entnehmen. Seien Sie in jedem Fall beim Einstecken vorsichtig und wenden Sie nicht zuviel Kraft an, damit Sie nichts beschädigen.

4 Schrauben Sie dann die Karte fest.

Anschluss der Gehäusekabel

Dieser letzte Schritt kann ziemlich fummelig und nervig sein. Falls Sie in Eile sind: Das einzige Kabel, das unbedingt angeschlossen werden muss, ist POWER SW.

Achtung

Bei den meisten (Schalter, Lautsprecher) dieser Konnektoren ist die Polung egal. Dagegen müssen Sie bei LEDs folgende Regel beherzigen: Das farbige Kabel (das also weder weiß noch schwarz ist) muss beim Pin mit der niedrigsten Nummer angeschlossen werden. Die Pin-Nummerierung sehen Sie auf dem Motherboard, oder Sie finden sie in der Dokumentation.

1. Das Anschlusskabel der Taste, mit der Sie den PC einschalten, ist mit POWER SW oder PW SW beschriftet.

2. Auf dem Motherboard ist der Anschluss, wo dieses Kabel eingesteckt werden muss, mit PW SW, POWER SW oder PWBT (Power Button) markiert. Wie auch immer: Sehen Sie auf jedem Fall im Motherboard-Handbuch nach!

3. Schieben Sie den Kabelanschluss auf, und die Einschalttaste ist verbunden. Sie können das Kabel nicht verpolen.

4 Schließen Sie nun den Gehäuselautsprecher an, der mit SPK oder SPEAKER gekennzeichnet ist.

5 Auf dem Motherboard ist der Anschluss mit SPK o.ä. gekennzeichnet. Auch hier gilt: Sehen Sie im Handbuch nach!

6 Es ist zwar nicht schlimm, wenn Sie den Lautsprecher verpolen. Wenn Sie aber konsistent sein wollen: Das rote Kabel kommt auf den Pin mit der niedrigsten Nummer.

7 Das Kabel PW_LED oder POWER_LED für zur LED, die leuchtet, wenn der Computer eingeschaltet ist. Das schwarze oder weiße Kabel muss zum Minuspol, das farbige Kabel zum Pluspol. Die Polarität entnehmen Sie der Dokumentation des Motherboards.

8 Auf dem Motherboard sind die entsprechenden Anschlüsse mit PD+ und PD_G/PD_Y markiert. Der Konnektor hat zumeist drei Stecker, von denen nur zwei mit Kabeln bestückt sind. Der Mittelstecker ist also nur ein Dummy, und so gibt es auch Motherboards, die dort gar keinen Pin dort haben. Manchmal steht auf dem Motherboard auch nur PWD (oder PW_LED), wobei auf der einen Seite + und auf der anderen - steht.

9 Die zweite LED eines Computers steht für die Festplattenaktivität. Sie kann wertvolle Hinweise geben, ob ein PC abgestürzt ist oder noch arbeitet. Der Konnektor ist mit HDD_LED, HDD_LD oder IDE_LED beschriftet. Wie stets bei LEDs, müssen Sie auch hier auf die richtige Polung achten. Das farbige Kabel ist +, das schwarze oder weiße dagegen -.

10 Auf dem Motherboard heißt der Anschluss HD+ und HD- oder +HDLED-. Die Polarität ist jedenfalls erkennbar.

11 Zum Schluss schließen sie noch die Reset-Taste an. Der Konnektor ist mit RST_SW oder RESET_SW beschriftet. Mit Reset können Sie den PC neu booten lassen, ohne ihn auszuschalten. Machen Sie sich keine Sorgen um die Polung: Wie bei der Strom-Taste ist sie egal.

Anschluss an Monitor und Stromnetz

Wir kommen zum letzten mechanischen Schritt: die externen Anschlüsse.

Hinweis

Angesichts der Tatsache, dass wir immer noch am Installieren sind, würde es nicht viel Sinn machen, das Gehäuse nun zuzuschrauben. Vielleicht müssen Sie dort ja noch etwas erledigen – das ist sogar ziemlich wahrscheinlich.

1 Schließen Sie den Monitor-Stecker (er heißt VGA-Anschluss) an die VGA-Buchse der Grafikkarte an. Falls der Monitor mit einem VGA/VGA-Kabel geliefert wurde, müssen Sie beide Kabelenden anschließen (möglicherweise ist eine Richtung angegeben). Falls Sie einen LCD-Bildschirm mit DVI-Anschluss und eine DVI-Grafikkarte haben, sollten Sie unbedingt diese digitale Verbindung verwenden, die wesentlich bessere Bildqualität bietet.

2 Verbinden Sie das Stromkabel des Monitors erst mit dem Monitor, stecken Sie dann das andere Ende in einer Steckdose ein.

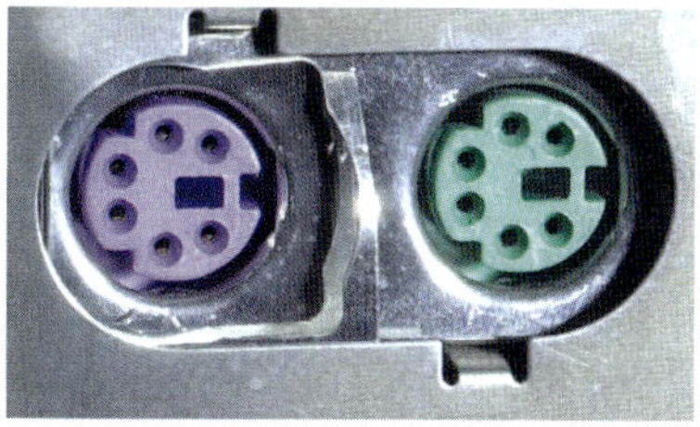

3 Stecken Sie Ihre PS/2-Maus am grünen und die PS/2-Tastatur beim lila Anschluss auf der PC-Rückseite ein.

4 Sollten Sie dagegen eine USB-Maus und/oder -Tastatur haben, müssen Sie die USB-Ports zum Anschluss verwenden.

5 Stecken Sie erst das Stromkabel auf der PC-Rückseite ein, dann den Stecker in eine Steckdose.

ZU GUTER LETZT

Sie hatten Probleme beim Zusammenbau? Eine Komponente hat nicht gepasst? *Lesen Sie noch einmal Teil 1. Vielleicht haben Sie Komponenten gekauft, die nicht zusammengehören.*

Sie hatten Probleme, die Flachbandkabel von Festplatte, optischem Laufwerk oder Floppy anzuschließen? *Vielleicht wollten Sie sie verkehrt herum hineinschieben. Lesen Sie noch einmal die entsprechenden Abschnitte.*

TEIL 3

Erster Rechnerstart und Software-Installation

Falls Sie der Bauanleitung genau gefolgt und auf keine speziellen Schwierigkeiten gestoßen sind, dann können Sie mit diesem dritten Teil weiter machen und die Softwareinstallation vornehmen.
Wir starten den Rechner zum allerersten Mal, installieren Windows und die Zusatzsoftware und nehmen die erste Optimierung vor.
Im vierten Teil werden wir dann Zusatzperipherie und die dazu nötige Software installieren. Bitte installieren Sie zunächst keine weitere Peripherie! Falls es nämlich Probleme gibt, würde das alles sehr verkomplizieren. Die einzige Ausnahme könnte ein Modem oder ein DSL-Adapter sein, um ins Internet zu kommen. Natürlich macht das nur Sinn, wenn der PC soweit funktioniert und Windows installiert ist.

KAPITEL 14

Erstes Starten, erste Einstellungen

Ehe wir uns an die Installation von Windows machen, erfahren Sie erst ein paar Dinge über das BIOS. Diese Informationen werden Ihnen stets nützlich sein. Zwar beschränkt sich dieses Kapitel auf die BIOS-Einstellungen, die Sie für die Betriebssysteminstallation wirklich benötigen, aber Sie erfahren dabei gleichzeitig, wie man Veränderungen im BIOS vornimmt.
Zudem kommen wir auf die Einstellungen eines RAID-Adapters zu sprechen. Man muss diesen vor der Installation des Betriebssystems konfigurieren, weswegen dies unbedingt an dieser Stelle besprochen werden muss. Natürlich betrifft dieses Kapitel nur diejenigen Leser, die einen RAID-Adapter sowie zwei (oder mehr) Festplatten für ihr RAID-Array haben. Wer sich einen Standard-PC mit nur einer Platte und ohne RAID gebastelt hat, kann den RAID-Abschnitt einfach überspringen.

Erstes Starten

Die Stromkabel sind eingesteckt, Sie haben sich vor den Bildschirm gesetzt. Schalten Sie nun Monitor und PC ein …

Achtung

Alle besseren Netzteile haben einen Netztrennschalter. Sie finden ihn neben dem Stromkabel. Der muss auf ON oder 1 stehen, damit man den Computer überhaupt mit der Fronttaste einschalten kann. Außerdem gibt es Motherboards, die den Start verweigern, wenn das Gehäuse offen ist. Dafür müssen aber die entsprechenden Konnektoren angeschlossen worden sein. Sehen Sie im Zweifelsfall im Handbuch des Motherboards unter CASE_OPEN oder CHASSIS nach.

Und das sollte passieren, wenn alles in Ordnung ist:

- Sie sollten einen Bildschirm sehen, der ungefähr so wie in der Abbildung aussieht.

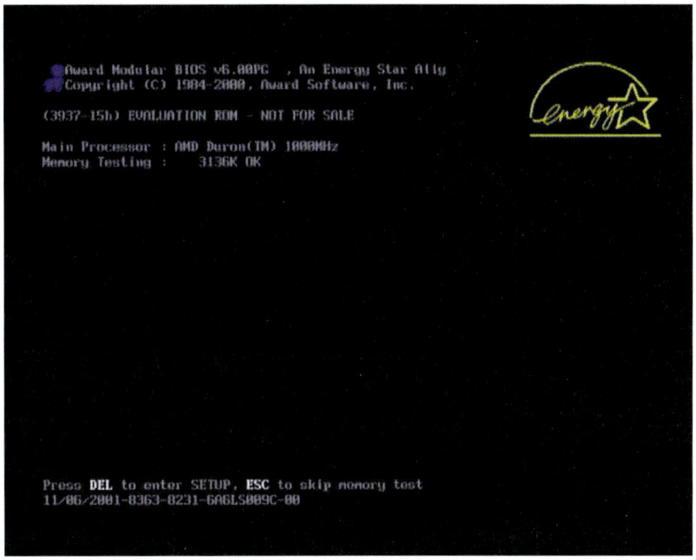

- Wenn der PC dann nicht mehr reagiert und irgendeine Fehlermeldung angezeigt wird: Kein Problem, das gehört so. Schließlich kann der PC noch gar kein Betriebssystem booten.

- Die angezeigte Fehlermeldung könnte lauten: **No boot sector, Insert disk, Boot failure** oder auch **Insert boot disk and press a key**. Das bedeutet nur, dass der Rechner die leere Festplatte gefunden hat und nichts mit ihr anzufangen weiß.

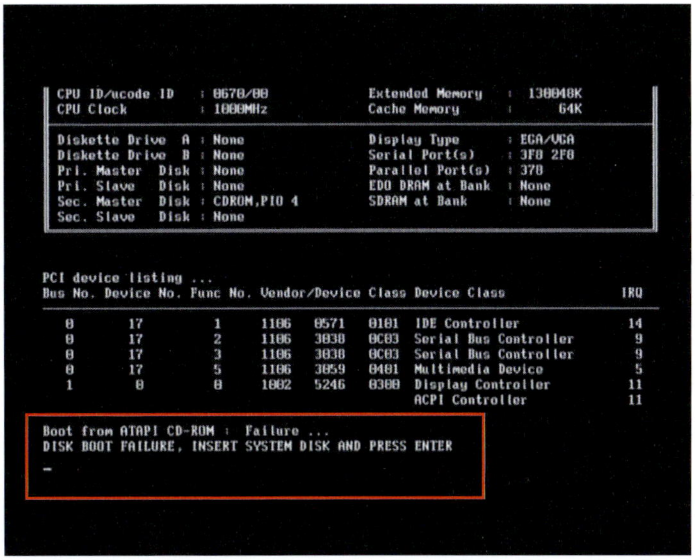

Hinweis

Bei den meisten Motherboards gibt es auf dem Board eine LED, die leuchtet, wenn am Motherboard Spannung anliegt. So kriegen Sie schnell heraus, wenn die Stromversorgung unterbrochen ist (Netzteil ausgeschaltet, Kabel nicht eingesteckt ...).

Folgende Fehler können sich beim Anschalten eines PCs bemerkbar machen:

- Das Floppylicht leuchtet dauerhaft. Schalten Sie den Computer aus, trennen Sie ihn vom Stromnetz, und drehen Sie das Floppykabel um: Sie hatten es verkehrt herum angesteckt.

- Wenn überhaupt nichts passiert, d. h. weder hören noch sehen Sie irgendetwas, dann trennen Sie den Rechner vom Netz und prüfen alle Verbindungen. Fangen Sie mit dem Anschluss der Stromtaste PW_SW bzw. POWER_SW an.

- Prüfen Sie dabei auch gleich, ob Sie den Lautsprecher korrekt angeschlossen haben. Wenn es beim Start Probleme gibt und der Lautsprecher angeschlossen ist, kann das Motherboard mit Piepsern die Fehlerursache mitteilen.

- Wenn der PC nicht startet, stattdessen aber zu piepsen beginnt, sehen Sie im Handbuch des Motherboards nach, was der Piepscode bedeutet. (Falls diese Informationen im Handbuch fehlen, müssen Sie auf der Herstellerwebsite suchen. Die Piepscodes heißen auf English Beep Codes.) Die Fehlermeldung könnte z. B. besagen, dass kein RAM oder keine Grafikkarte gefunden wurde. In diesem Fall ziehen Sie die entsprechende Komponente heraus und setzen sie noch einmal sehr sorgfältig ein. Im Zweifelsfall leihen Sie sich Hardware von Freunden, um die evtl. defekte Komponente zu isolieren.

Achtung

Prüfen Sie auf alle Fälle nach, dass der Netzteilstecker steckt und dass die Steckdose nicht etwa abgeschaltet ist (passiert leicht bei einer schaltbaren Steckdosenleiste). Und bei modernen Netzteilen könnte die Einschaltwippe auf 0 bzw. OFF stehen: Auch dann bleibt der PC natürlich tot.

BIOS-Konfiguration

Beim ersten Start müssen Sie ein paar BIOS-Einstellungen vornehmen. Das ist zumal bei Windows XP notwendig, denn das lässt sich nur von CD-ROM (nicht von Diskette) installieren.

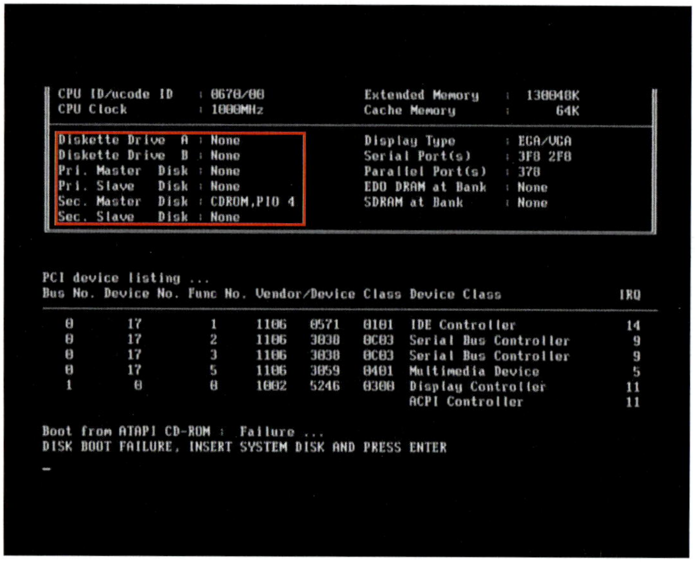

1 Zuerst prüfen Sie nach, dass auch wirklich Festplatte, Floppy und CD-ROM gefunden werden. Dies sehen Sie auf dem abgebildeten Bildschirm.

Info

Die Informationen, die direkt nach dem Einschalten des Rechners angezeigt werden, stammen aus dem BIOS. Der Prozessor erwacht und fragt das BIOS, was zu tun ist. Das BIOS ist ein kleines Programm, das in einem Flashspeicher auf dem Motherboard sitzt und beim Rechnerstart als erstes ausgeführt wird.

2 Gehen Sie nun ins BIOS (oder genauer: BIOS-Setup). Drücken Sie dazu die entsprechende Taste, die beim Booten angezeigt wird (fast immer [Entf] bei normalen PCs und [F2] bei Notebooks). Achtung: Sie müssen diese Taste normalerweise beim allerersten Rechnerbildschirm drücken. Starten Sie also den PC wieder, und drücken Sie sofort auf [Entf].

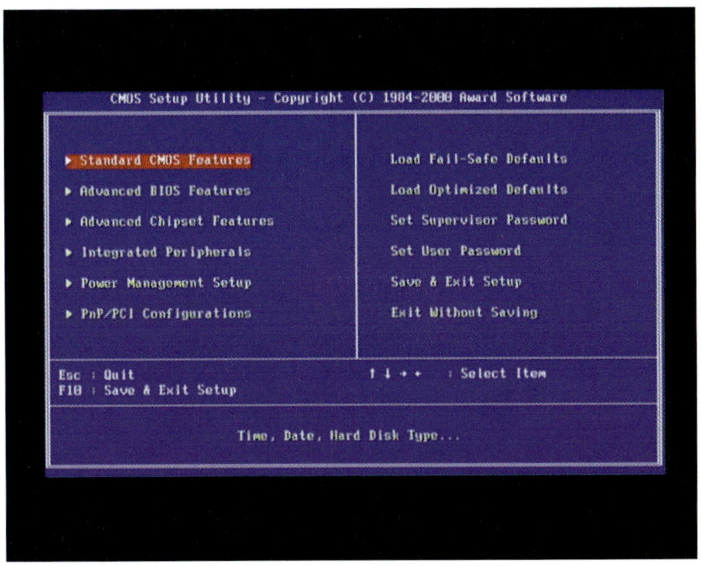

3 Im angezeigten Menü wählen Sie STANDARD CMOS FEATURES.

Achtung

Es kann sein, dass Ihr BIOS ganz anders aussieht: Es gibt mehrere BIOS-Hersteller, und auch die Entwicklung schreitet voran. In dem Fall müssen Sie Ihr BIOS allein erkunden und die Einstellungen suchen, die im Weiteren beschrieben werden.

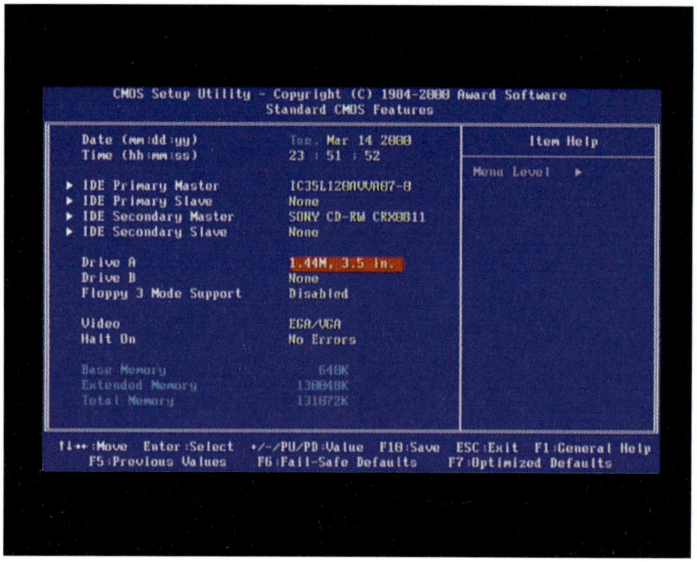

4 Ihnen wird eine Liste der installierten IDE-Laufwerke angezeigt. Falls Sie die empfohlene Installation verwendet haben, sollten Sie folgendes sehen:

- Als IDE PRIMARY MASTER sollte das Modell Ihrer Festplatte angezeigt werden.
- Als IDE SECONDARY MASTER sollte Ihr CD-ROM erscheinen.
- Die Anzeige bei DRIVE A ist leider wenig hilfreich: Sie erscheint nämlich auch dann, wenn das Diskettenlaufwerk nicht richtig installiert ist.

Hinweis

Wenn Festplatte und optisches Laufwerk wie vorgesehen erscheinen, können Sie in diesem Abschnitt weitermachen. Wenn nicht, dann schalten Sie den Rechner aus und trennen ihn vom Stromnetz. Prüfen Sie dann die IDE-Kabel und die Stromkabel der Laufwerke.

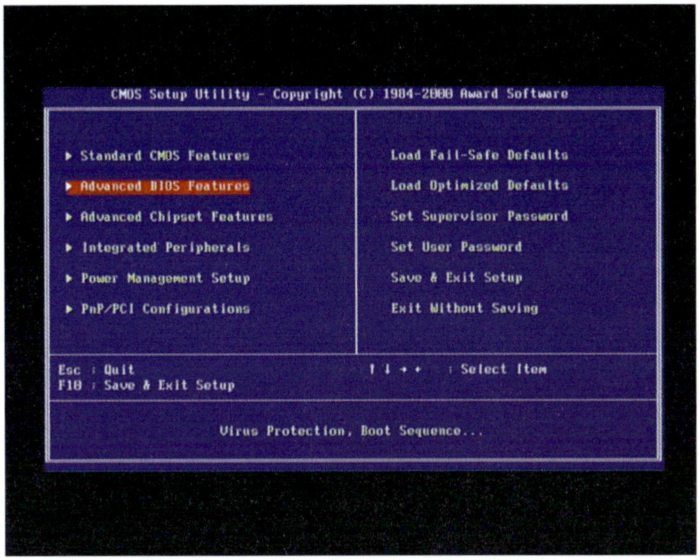

5 Um das optische Laufwerk als Bootlaufwerk festzulegen, verlassen Sie dieses BIOS-Menü, indem Sie Esc drücken. Wählen Sie dann die ADVANCED BIOS FEATURES.

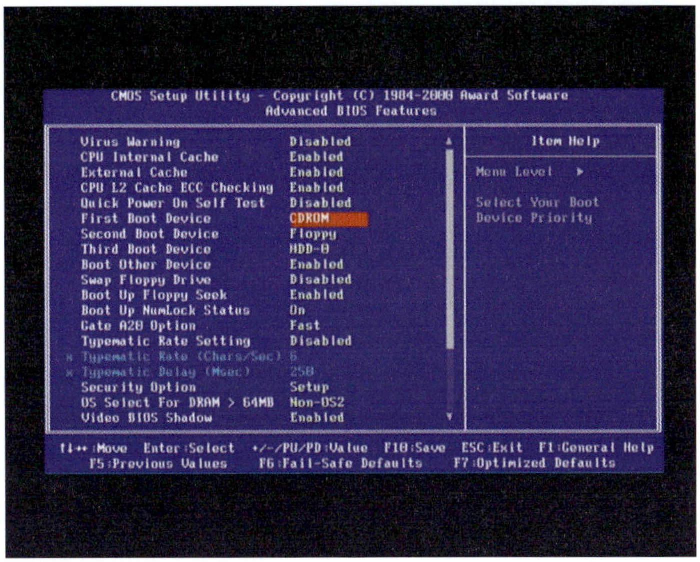

6 In diesem Menü gibt es einen Eintrag FIRST BOOT DEVICE. Damit legen Sie fest, von welchem Laufwerk der Rechner booten soll. Um Windows XP zu installieren, wählen Sie CDROM.

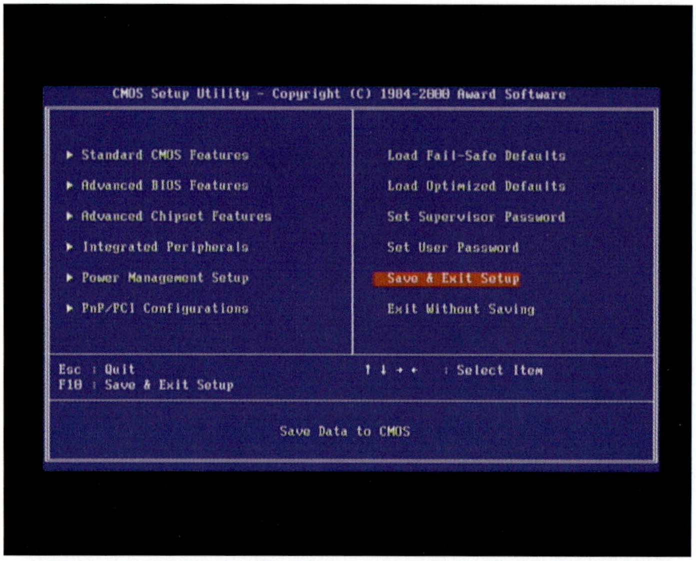

7 Verlassen Sie dann das Menü, indem Sie auf [Esc] drücken. Wählen Sie dann SAVE AND EXIT SETUP.

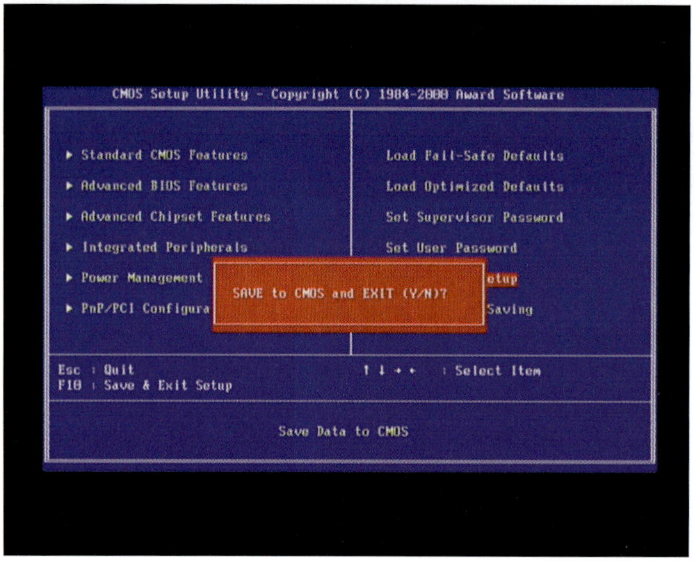

8 Sie müssen nun mit „Y“ bestätigen. Nun geht das BIOS aber davon aus, dass Sie eine amerikanische Tastatur verwenden, und da sitzt das „Y“ dort, wo in Deutschland das „Z“ ist. Kurzum: Drücken Sie auf [Z], und dann auf die Eingabetaste.

Hinweis

Bei manchen BIOS-Typen gibt es einen Eintrag BOOT SEQUENCE. Um z. B. mit einer Diskette zu starten, müssen Sie A, C wählen. Das BIOS versucht dann, erst von Diskette, und, falls dies nicht klappt, von Festplatte zu starten. Um Windows zu installieren, müssen Sie CDROM, C wählen.

IDE-RAID konfigurieren

IDE-RAID zu konfigurieren, ist nicht sonderlich schwer, wenn man einmal weiß, wie es geht. Hier im Beispiel wird ein Motherboard mit dem HPT370 verwendet.

Hinweis

Dieser Abschnitt ist etwas anders, weil er vor allem das Konzept der Installation von IDE-RAID erklären will. Sie müssen den RAID-Array konfigurieren, ehe Sie Windows installieren können.

Achtung

Dieser Abschnitt ist nur dann von Interesse für Sie, wenn Sie einen IDE-RAID-Chip auf dem Motherboard haben und diese Option nutzen wollen. Wie bereits erklärt, brauchen Sie dazu mindestens zwei Festplatten.

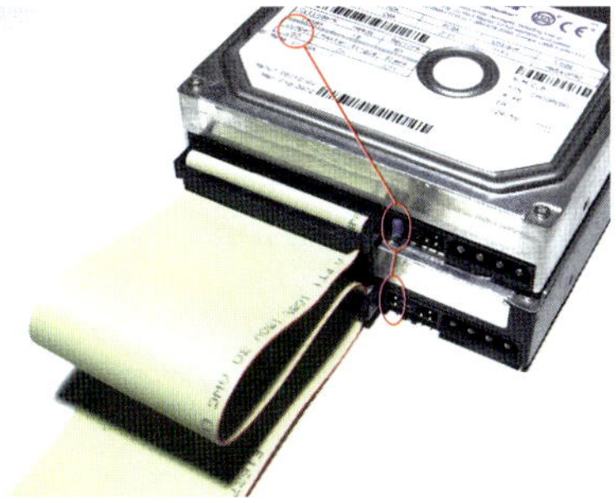

1 Wenn Sie Ihren PC mit nur einer Festplatte eingerichtet haben (wie in Teil 2 erklärt), schalten Sie ihn jetzt aus, trennen ihn vom Netz und bauen die zweite Festplatte als Slave am selben IDE-Kabel wie die erste ein.

2 Ziehen Sie das Kabel vom ersten IDE-Anschluss des Motherboards ab und stecken Sie ihn am ersten IDE-Anschluss des RAID-Controllers ein. Schalten Sie dann den PC wieder ein.

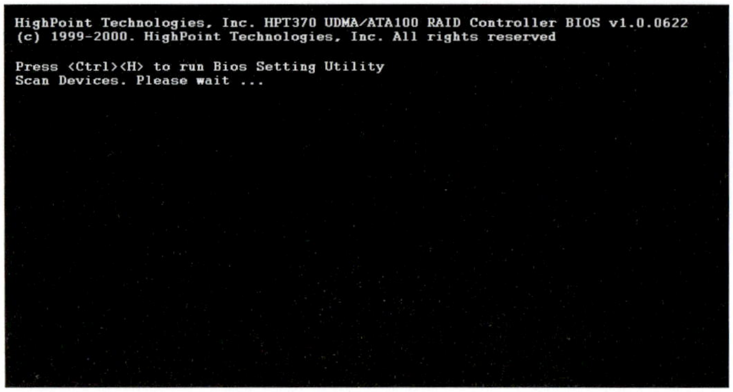

3 Ehe Sie partitionieren, formatieren und das Betriebssystem installieren können, müssen Sie erst das RAID-Array im BIOS des HPT370-Controllers konfigurieren. Auf den Festplatten dürfen sich keine wichtigen Daten befinden, denn bei der weiteren Konfiguration wird der ganze Inhalt der Platten gelöscht. Bei einem HighPoint-Controller müssen Sie die Tasten [Strg]+[H] zum richtigen Zeitpunkt drücken, um ins BIOS des Controllers zu kommen.

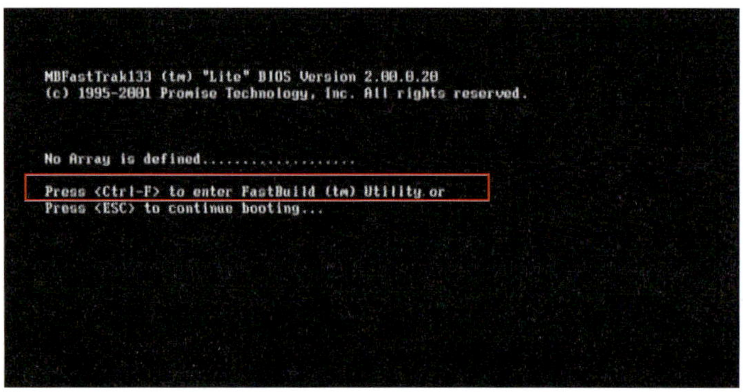

4 Bei Promise-Controllern lautet die Tastenkombination [Strg]+[F].

5 Um RAID0, d. h. Striping (zwei Festplatten tun so, als wären sie eine: doppelte Kapazität, fast doppelte Geschwindigkeit, doppeltes Ausfallrisiko) einzurichten, gehen Sie wie folgt vor, sobald Sie im Menü BIOS SETTING UTILITY sind:

- Um ein RAID-Array einzurichten, wählen Sie den ersten Eintrag. Für RAID0, wählen Sie die Option RAID0 und kommen dann zum Menü SELECT DISKS.
- Hier haken Sie dann die Platten an, die am RAID0-Array teilnehmen sollen. Die erste Festplatte erscheint als HDD0, die andere erscheint als HIDDEN („versteckt"). Nachdem Sie Ihre Auswahl getroffen haben, drücken Sie [Esc], gehen ins Menü CREATE RAID und antworten mit Y, wenn Sie gefragt werden, ob Sie den Inhalt der Platten löschen wollen (die ja neu und damit leer sein sollten).

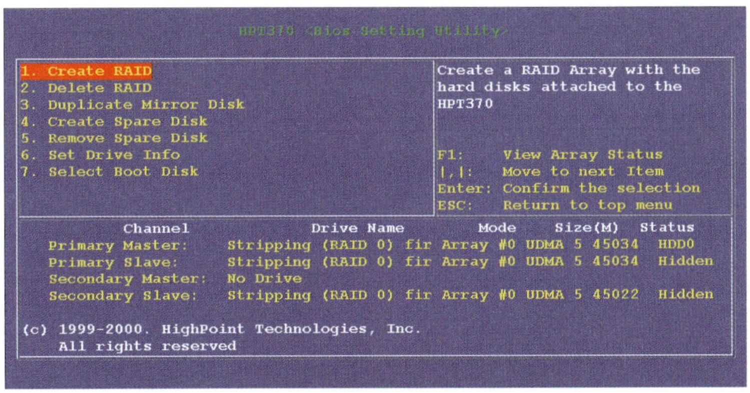

Hinweis

Um Windows XP zu installieren, muss als erstes von CD-ROM gebootet werden (vgl. Sie den letzten Abschnitt). Es ist ganz normal, dass die beiden RAID-Platten nicht im BIOS erscheinen, denn Sie hängen ja nicht an den normalen IDE-Ports des Motherboards.

6 Verlassen Sie dann das Controller-BIOS. Sie müssen neu starten. Sie können nun zur Installation des Betriebssystems übergehen.

KAPITEL 15

Installation des Betriebssystems

In diesem Kapitel, in dem es um die Installation des Betriebssystems geht, erfahren Sie auch, wie Sie Einstellungen hinsichtlich Icons, Fenstern, der Auflösung und der Farbtiefe verbessern können.
Windows XP (egal ob Home oder Pro) muss innerhalb von 30 Tagen aktiviert werden. Daher muss das eingestellte Datum Ihres Computers stimmen. Nach diesen 30 Tagen haben Sie keinen Zugriff mehr auf den Windows-Desktop, bis Sie das Produkt telefonisch oder per Internet aktiviert haben.

Vorbereitungen und Checks

Ehe Sie mit der Installation beginnen, müssen Sie überprüfen, ob alles korrekt vorbereitet ist.

- Die Windows XP-Packung beinhaltet eine Lizenznummer, die noch nie vorher verwendet wurde. Falls Sie die Schachtel eben erst gekauft haben, muss sie originalverschweißt sein.

- Wenn Sie ein RAID-Array verwenden, müssen Sie eine Diskette mit dem XP-Treiber zur Hand haben (und nicht mit einem 2000- oder 98/Me-Treiber!).

- Falls Sie zwei optische Laufwerke installiert haben, müssen Sie herauskriegen, welches zuerst erkannt wird (das ist der Slave am ersten Strang, oder, falls dort kein optisches Laufwerk hängt, der Master des zweiten Strangs). Von diesem Laufwerk wird gebootet, d. h. dort müssen Sie Ihre Windows XP-CD einlegen.

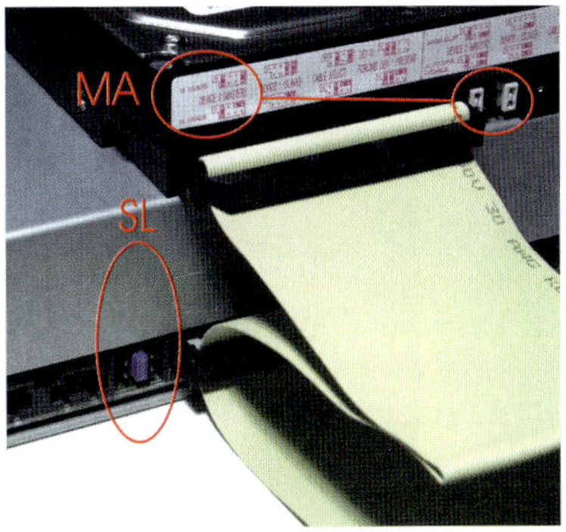

- Prüfen Sie nach, dass Sie wirklich alle CD-ROMs mit den Treibern und der Installationssoftware für alle Geräte zur Hand haben, die bereits installiert sind (d. h. für die Grafikkarte). Schließen Sie noch keinerlei USB-Geräte an (außer Maus und Tastatur).

- Falls die Grafik (oder weitere Optionen wie Audio, Firewire etc.) ins Motherboard integriert sind, finden Sie die Treiber auf der Motherboard-CD.

Installation von Windows XP

Schalten Sie Ihren PC ein und stecken Sie die Windows XP-CD-ROM ins Laufwerk.

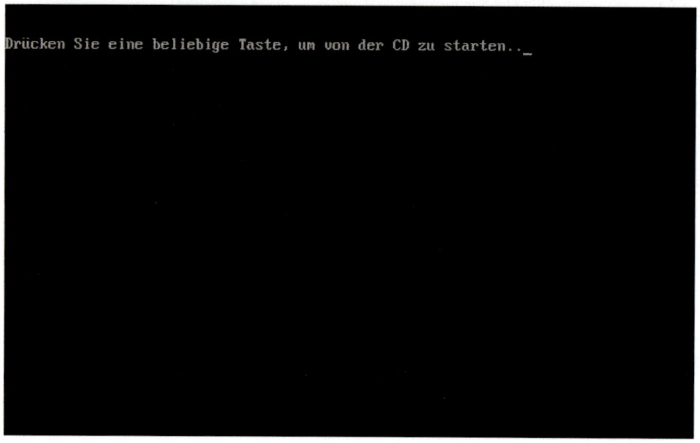

1 Falls Sie das BIOS-Setup richtig eingestellt haben (vgl. Kapitel 14), versucht der Rechner von CD-ROM zu booten und startet so die XP-Installation. Es kann sein, dass Sie aufgefordert werden, eine Taste zu drücken, damit von CD gestartet wird: Tun Sie dies.

Tipp

Falls Sie aus irgendeinem Grund nicht von CD booten können – etwa, weil Ihr Motherboard so alt ist, dass es das Booten von CD nicht unterstützt, suchen Sie **www.microsoft.com/germany/download** auf und laden sich die *Windows XP Setup Boot Disks* herunter.

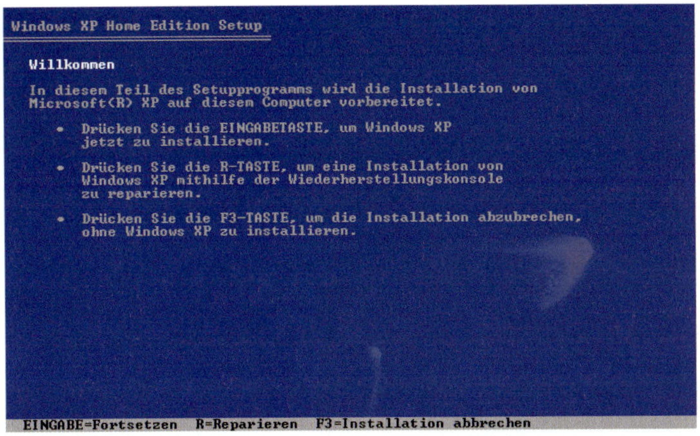

2 Wenn alles geklappt hat, sehen Sie den abgebildeten Bildschirm.

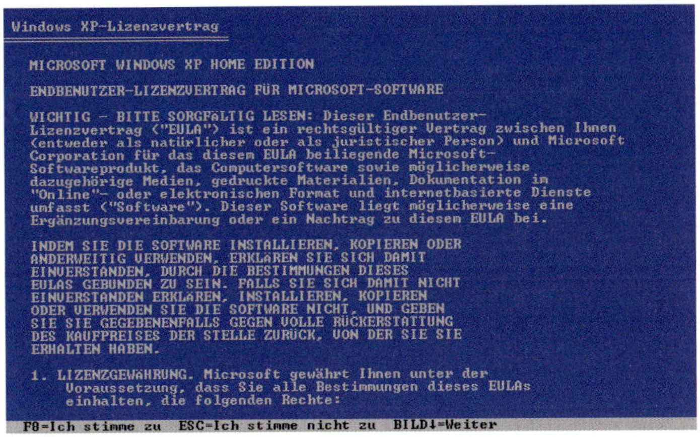

3 Drücken Sie die Eingabetaste, um mit der Installation zu beginnen. Sie müssen dann auf F8 drücken, um die Lizenz zu akzeptieren.

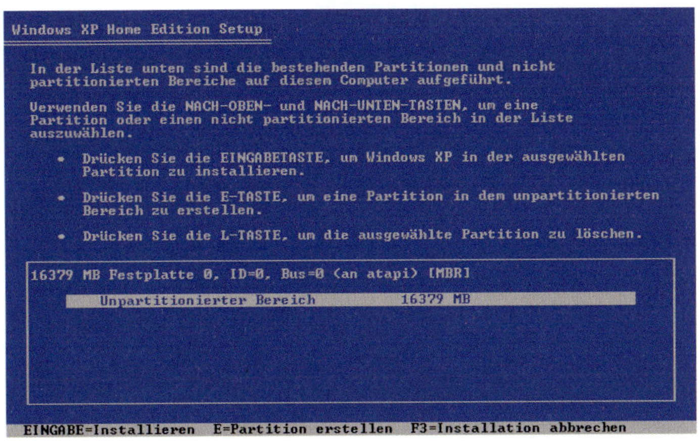

4 Falls Ihre Festplatte neu ist, ist sie noch unpartitioniert. Wenn Sie sich also eben erst Ihren PC zusammengeschraubt haben, sollten Sie diesen Bildschirm sehen.

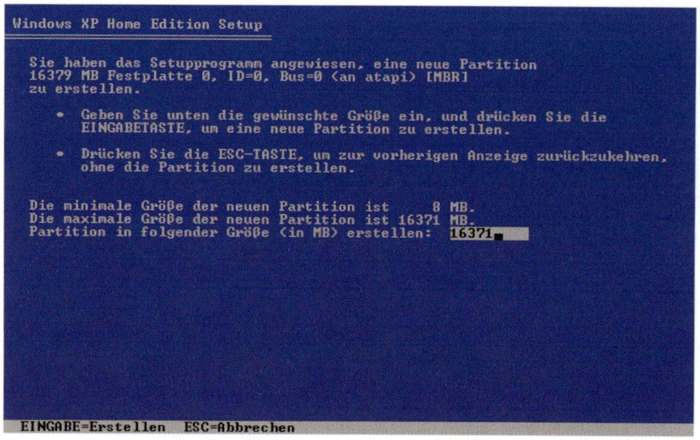

5 Sie können Windows XP nicht sofort installieren. Drücken Sie also nicht die Eingabetaste, sondern auf [E], um eine Partition zu erstellen. Sie kommen dann zu folgenden Bildschirm.

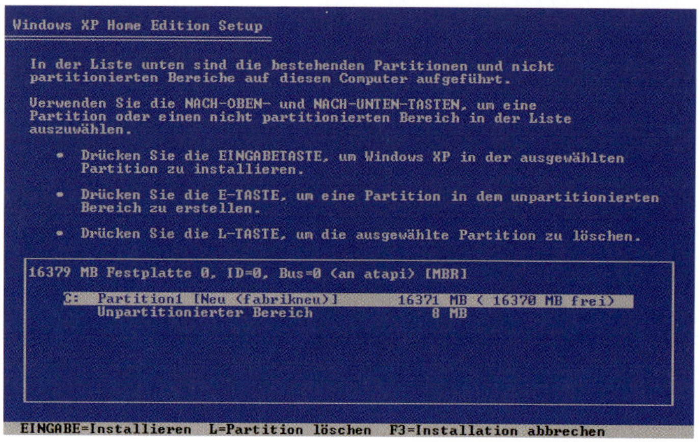

6 Falls Ihre Festplatte nicht allzu groß ist, können Sie das vorgeschlagene Maximum für die Partition verwenden. Ist Ihre Platte aber größer als 20 GB, sollten Sie die Partition mit Windows XP auf 10-12 GB begrenzen. Im abgebildeten Beispiel ist die Festplatte mit 16 GB relativ klein, sodass wir die vorgeschlagene Maximalkapazität übernehmen können. Um die Erstellung der Partition zu bestätigen, drükken Sie auf die Eingabetaste. Sie kommen dann in das Menü von Schritt 4 zurück, wo Sie nun aber eine Partition auswählen können, in die Windows XP installiert werden soll.

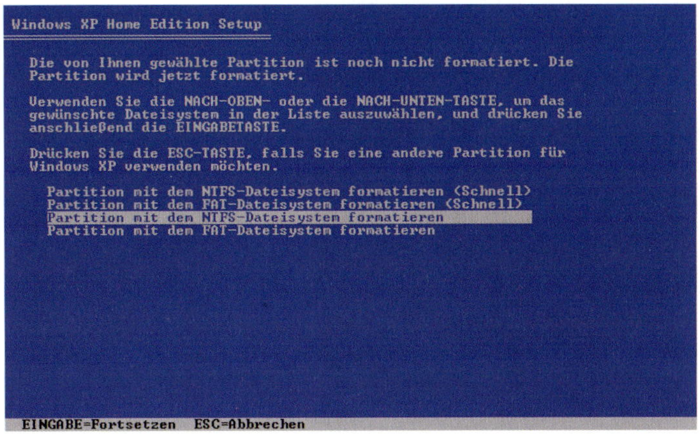

7 Nachdem Sie auf die Eingabetaste gedrückt haben, kommen Sie zu diesem Bildschirm, wo Sie die Formatierung der Partition bestimmen. Da Ihnen bei Multimedia-Anwendungen schnell Dateien mit mehr als 4 GB unterkommen, sollten Sie die Formatierung mit NTFS wählen (FAT32 hat eine Obergrenze von 4 GB für Dateien). Übrigens können Sie auch später noch FAT32-Partitionen zu NTFS konvertieren.

Hinweis

Sollten Sie sich eine besonders große Festplatte gekauft haben, dann lässt Ihnen Windows XP keine Wahl: Die einzige Option heißt NTFS.

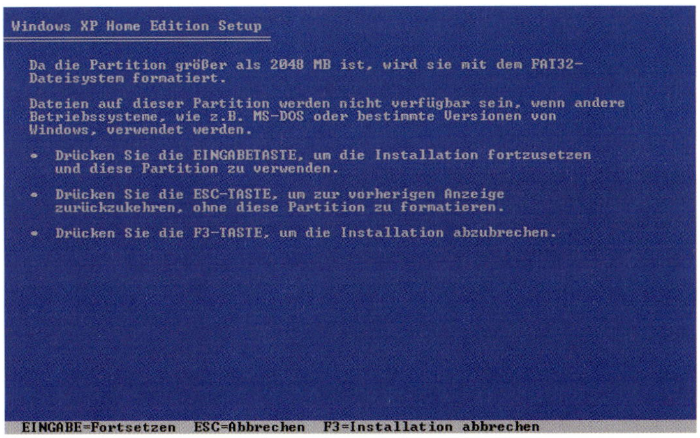

8 Falls Sie dennoch FAT32 gewählt haben, erscheint dieser Bildschirm. Bestätigen Sie ihn einfach mit der Eingabetaste.

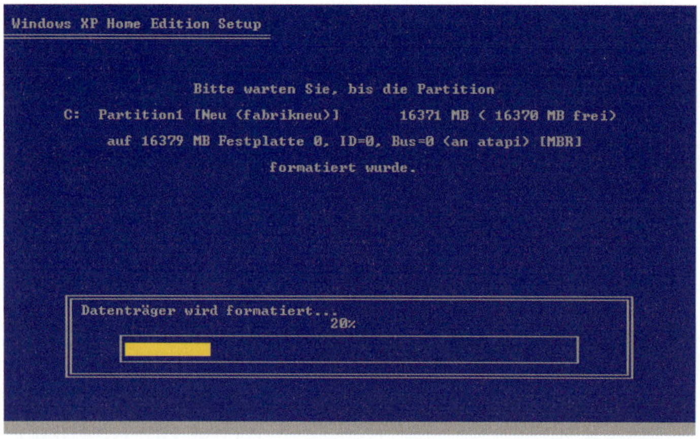

9 Danach beginnt die Formatierung.

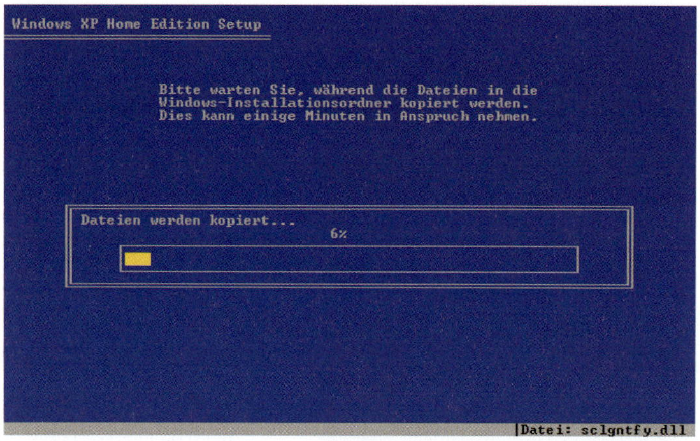

10 Dann werden die Installationsdateien auf die Festplatte kopiert. Dies ist ein großer Vorteil gegenüber Windows 98/Me: Sie werden später nicht ständig darum gebeten, die Windows-CD einzulegen.

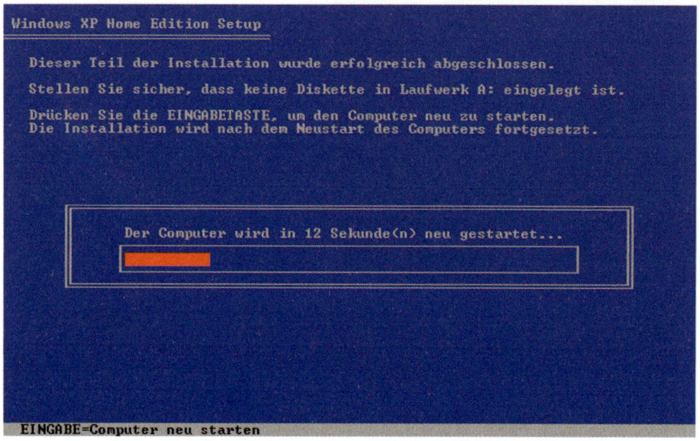

11 Eine Nachricht erscheint, dass Ihr PC nun neu starten will. Wenn Sie die Eingabetaste drücken, erfolgt der Neustart sofort.

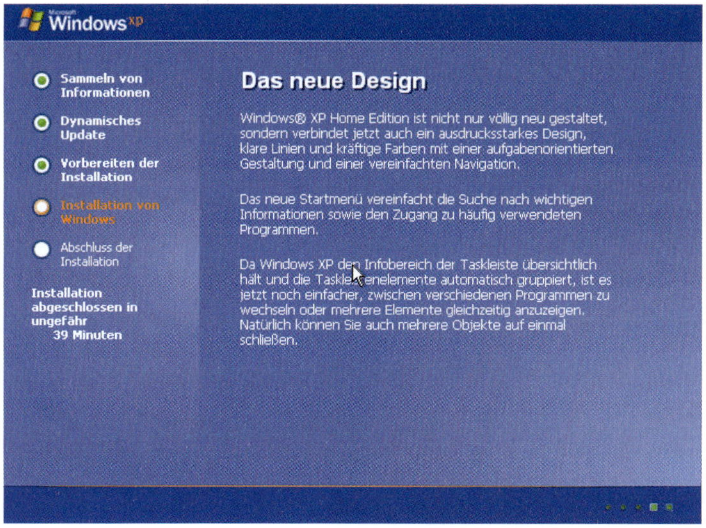

12 Danach beginnt der Hauptteil der Installation von Windows XP. Nach kurzer Zeit sollte der Mauszeiger erscheinen.

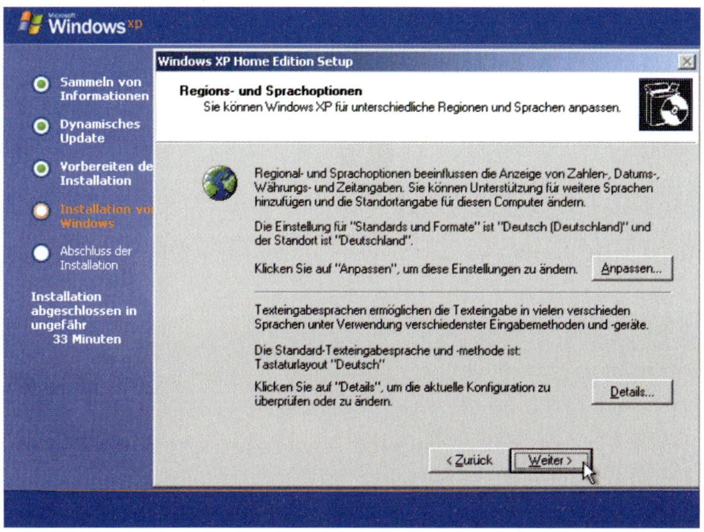

13 Bei diesem Bildschirm müssen Sie nichts verändern, jedenfalls, sofern Sie in Deutschland leben. Sollten Sie dagegen in der Schweiz, in Österreich, Luxemburg oder Liechtenstein wohnen, wählen Sie das entsprechende Gebietsschema aus. Es geht dabei um die Formate für Zahlen, Währungen, Uhrzeit, Datum usw.

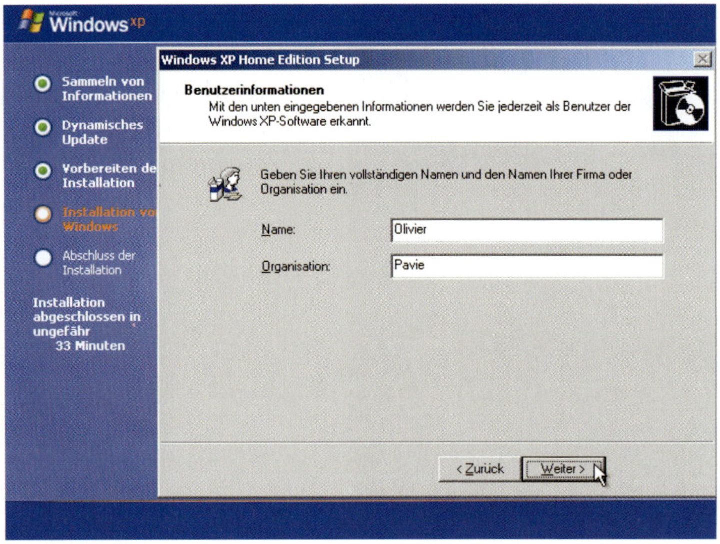

14 In diesem Dialog sollen Sie Namen und Organisation eintragen. Lassen Sie das Organisationsfeld nicht frei: Manche Programme lassen sich nicht mit freiem Organisationsfeld installieren, und was Sie hier eintragen, wird später stets automatisch vorgeschlagen.

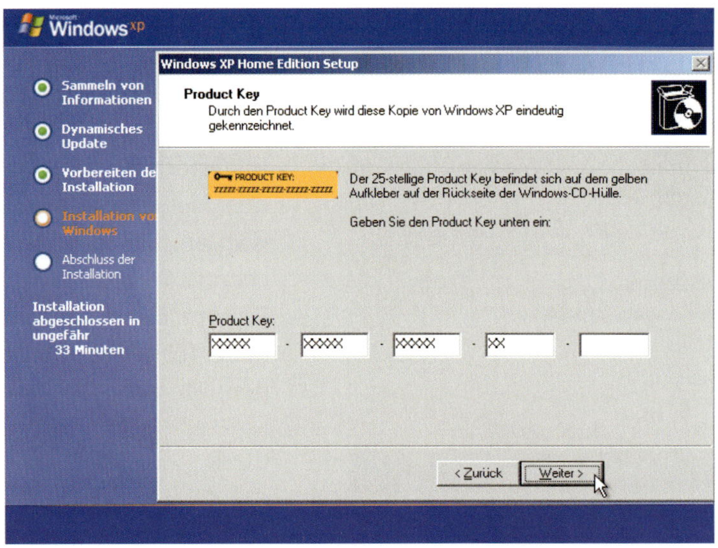

15 Geben Sie dann Ihren Lizenzschlüssel ein.

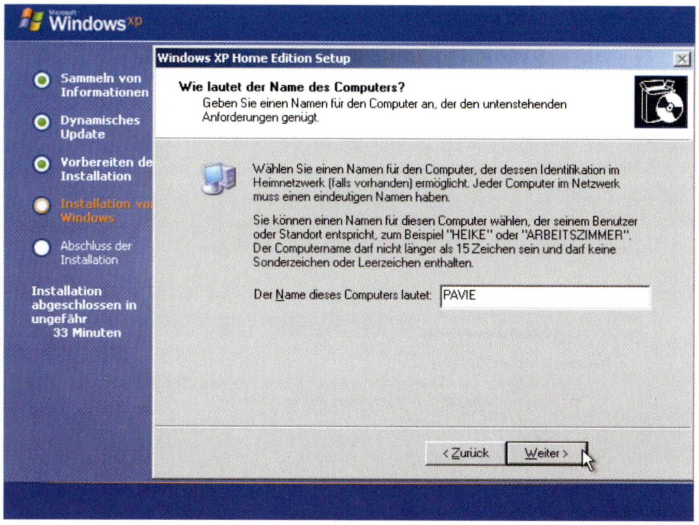

16 Wählen Sie einen Namen für Ihren Computer. Ich empfehle Ihnen, etwas anderes als den komplizierten Vorschlag von Windows XP zu verwenden. Wenn Sie XP Pro installieren, müssen Sie zudem ein Administratorkennwort festlegen. Falls der PC bei Ihnen zu Hause steht, lassen Sie dieses Feld am besten frei. Ansonsten vergeben Sie ein wirklich sicheres Passwort (also etwa *x2Vqe3aS1* und nicht *Claudia*).

Hinweis

Nach der Installation funktioniert Windows XP ohne Aktivierung nur 30 Tage lang. Die Aktivierung kann per Internet oder telefonisch erfolgen. Nach massiven Eingriffen in die Hardware (z. B. Installation auf einem ganz anderen Computer, oder Austausch des Motherboards) ist nur eine telefonische Aktivierung möglich. Das Unangenehme an der telefonischen Registrierung ist, dass eine irrwitzig schnelle Roboterstimme den Code herunterrattert, den Sie eintippen sollen: Eine Herausforderung selbst für Schnelltipper!

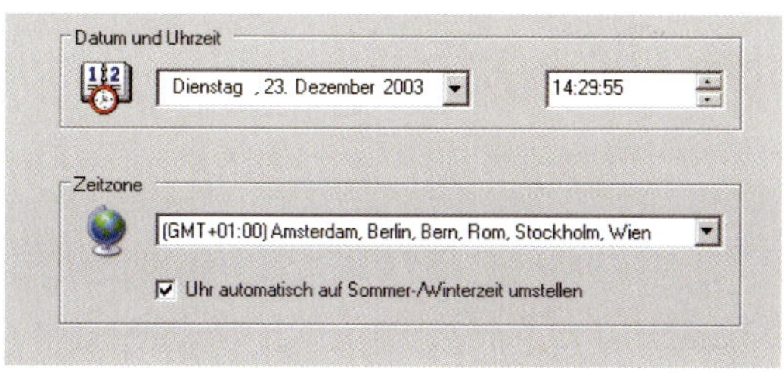

17 Im nächsten Bildschirm können Sie die Computeruhr einstellen. Tun Sie dies sorgfältig: Erstens ist das wegen der 30-Tage-Frist vor der Aktivierung wichtig, zweitens wegen der Systemwiederherstellung, deren Wiederherstellungspunkte mit Zeitinformationen versehen sind.

Hinweis

Ein Wiederherstellungspunkt ist eine Momentaufnahme Ihres Systems zu einem ganz bestimmten Zeitpunkt. Falls eine Installation Ihr System zerschießt oder sonst irgendetwas passiert, können Sie zum alten Zustand zurückkehren.

18 Danach werden weitere Dateien kopiert. Schließlich erscheint der abgebildete Bildschirm, sofern Sie einen Netzwerkadapter auf dem Motherboard integriert haben. Falls Sie den Computer gar nicht vernetzen wollen, brauchen Sie die Voreinstellungen nicht zu verändern. Auch ansonsten können Sie einfach auf *Weiter* klicken, denn wir kommen auf die Konfiguration im Netzwerkkapitel zurück.

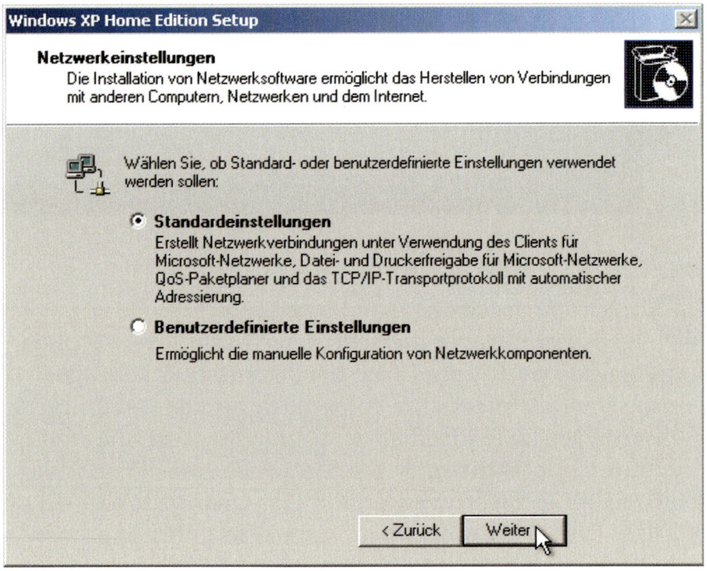

Achtung

Es ist nicht sonderlich schwer, den Namen der Arbeitsgruppe nachträglich zu ändern. Die Domänenmitgliedschaft führt allerdings zu tiefgreifenden Veränderungen. Seien Sie also vorsichtig.

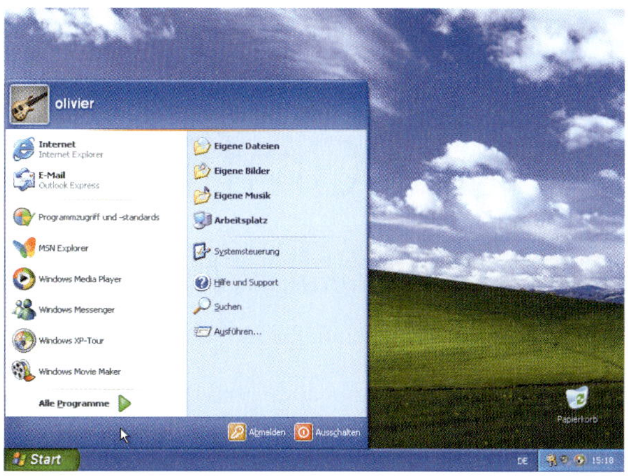

19 Nur bei Windows XP Pro: Sie müssen noch den Namen der Arbeitsgruppe angeben, in der Ihr Rechner Mitglied sein soll. Alle Rechner, die gemeinsamen Zugriff auf Drucker und/oder Dateien haben, sollten in derselben Arbeitsgruppe Mitglied sein. Wenn Sie nicht wissen, was die zweite Option („Domäne") bedeutet, sollten Sie nicht auf Idee kommen, sie anzuwählen.

20 Die Installation endet, nachdem Sie die Namen eventueller Mitbenutzer eingegeben haben.

21 Wenn alles geklappt hat, sehen Sie den Windows XP-Desktop. Die Auflösung und die Zahl der Farben hängt davon ab, ob Windows Ihre Grafikkarte erkannt hat. Grafikkarten müssen auf spezielle Weise konfiguriert werden, um voll funktionsfähig zu sein. Sie brauchen einen „Treiber".

KAPITEL 16

Installation von zusätzlichen Treibern

Um die Einrichtung Ihres Computers abzuschließen, müssen Sie die Treiber installieren, die er für die integrierte Hardware braucht.
Wichtig ist vor allem der Grafikkartentreiber. Sie brauchen ihn, um Windows mit mehr als einer Minimalauflösung und einer sehr begrenzten Zahl von Farben nutzen zu können sowie um die Zusatzfunktionen der Karte zu verwenden (Videoausgang, Tuner, DVD-Softwareplayer ...).
Dann müssen Sie Chipsatz-Treiber installieren. Windows läuft zwar auch ohne sie, aber erst mit den Chipsatz-Treibern erzielen Sie optimalen Festplattendurchsatz usw.
Außerdem kann es sein, dass auf Ihrem Motherboard bestimmte Geräte integriert sind, die Windows zunächst als unbekannt anzeigt und die erst benutzbar sind, wenn Treiber installiert wurden. Dies ist regelmäßig bei Soundchips der Fall, seltener bei Netzwerkadaptern.

Die Treiber der Grafikkarte

Damit die Grafikkarte voll funktional ist, braucht sie ihre Steuersoftware, Treiber genannt, die zusammen mit der Karte geliefert wurde.

1. Sobald Windows startet, entdeckt es die neue Grafikkarte und will nach den Treibern suchen. Wenn Sie die mit der Karte gelieferte CD zur Hand haben, sollte das Ganze mehr oder weniger automatisch ablaufen – zumindest bei Windows XP.

2. Wenn Windows die Treiber nicht findet, drücken Sie [Esc] und folgen den weiteren Schritten.

3. Bei den meisten Karten liegt eine Installations-CD bei. Normalerweise sollte die automatisch starten, wenn Sie sie einlegen. Ansonsten rufen Sie den ARBEITSPLATZ auf (bei Windows XP müssen Sie zunächst auf START klicken) und doppelklicken dann auf die Datei *Setup.exe* oder *Install.exe* auf der CD.

4. Ansonsten wählen Sie START, SYSTEMSTEUERUNG. Doppelklicken Sie dort auf SYSTEM und wählen den Reiter HARDWARE. Dort klicken Sie auf GERÄTE-MANAGER.

5. Klicken Sie auf GRAFIKKARTE, dann dort mit der rechten Maustaste auf Ihre Karte, und wählen Sie TREIBER AKTUALISIEREN.

6. Wählen Sie SOFTWARE VON EINER LISTE ODER BESTIMMTEN QUELLE INSTALLIEREN. Geben Sie dann das Laufwerk mit der Treiber-CD an. Wenn Windows eine Überstimmung zwischen der Hardware und dem gefundenen Treiber entdeckt, schlägt es ein Modell vor.

7. Nach Abschluss der Installation brauchen Sie dann nur noch auf FERTIG STELLEN zu klicken. Die Anzeige ändert sich erst, wenn Sie Windows neu gebootet haben.

Die Treiber der Motherboard-CD-ROM

Jedem Motherboard liegt eine Treiber-CD bei. Falls Sie IDE-RAID haben, sollte zudem eine Diskette beiliegen.

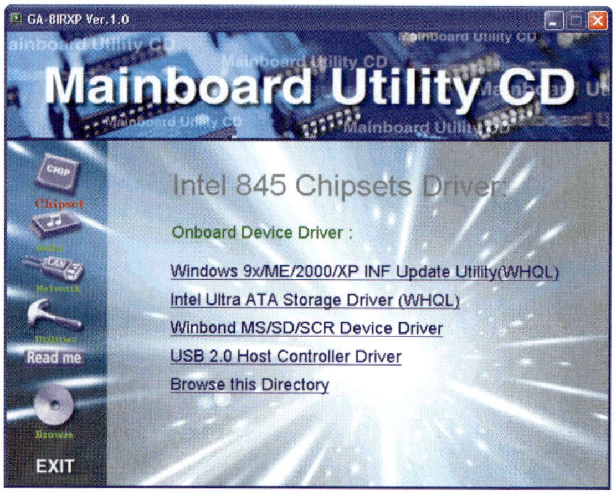

1 Wenn Sie die CD ins Laufwerk legen, sollte ein Auswahlbildschirm erscheinen.

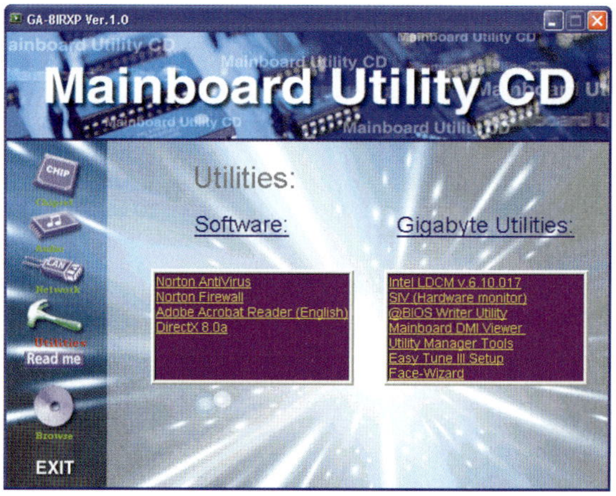

2 Manchmal finden Sie die Treiber sogar in Untermenüs.

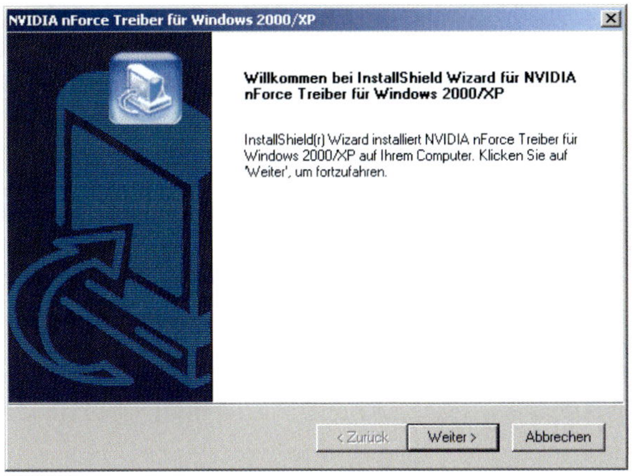

3 Klicken Sie die Treiber, die Sie installieren wollen, an. Die Treiber der Motherboard-CD verbessern die Leistung bestimmter Geräte (z. B. Festplattendurchsatz) oder erwecken bestimmte Peripherie überhaupt erst zum Leben (z. B. Soundchips). Achtung: Booten Sie wirklich jedes Mal neu, wenn Ihnen dies die Installationsroutine empfiehlt.

Hinweis

Folgende Treiber könnten sich auf der Motherboard-CD befinden:

Audio (falls ein Soundchip auf dem Motherboard ist). Ohne Treiber bekommen Sie keinen Sound. Lesen Sie auch den Abschnitt zu den Audiotreibern in Teil 4.

AGP-Treiber-Update.

IDE-Busmaster-Treiber. Erhöht den Festplattendurchsatz ungemein.

USB-Hostcontroller-Treiber. Für die USB2.0-Ports des Motherboards.

RAID-Utilitys (HighPoint oder Promise). Mit diesen Tools kontrollieren Sie RAID-Ports und -Platten.

KAPITEL 17

Softwareinstallation und Windows-Optimierung

In diesem letzten Kapitel zur Installation und Einrichtung Ihres neuen PCs installieren wir erste Programme und optimieren die Windows-Einstellungen, ehe wir weitere Hardware hinzufügen. Falls Sie jetzt dringend einen Internetzugang brauchen, springen Sie zur Modem- bzw. DSL-Installation (mehr dazu in Teil 4).

Software installieren

Natürlich wissen Sie schon, wie man Software installiert, jedenfalls prinzipiell. Hier finden Sie noch ein paar zusätzliche Informationen, die Ihnen von Nutzen sein könnten.

1 So gut wie alle Programme werden heute auf CD oder DVD geliefert, sofern Sie sie nicht aus dem Internet herunterladen. Für die Standardfunktionen Textverarbeitung und Tabellenkalkulation können Sie die Profi-Suite Microsoft Office oder die wenig umfangreiche Sammlung Works Suite verwenden. Die preisgünstigste Alternative ist natürlich das kostenlose OpenOffice

2 Fast immer reicht es, die CD bzw. DVD ins optische Laufwerk zu schieben. Die Installation startet dann automatisch.

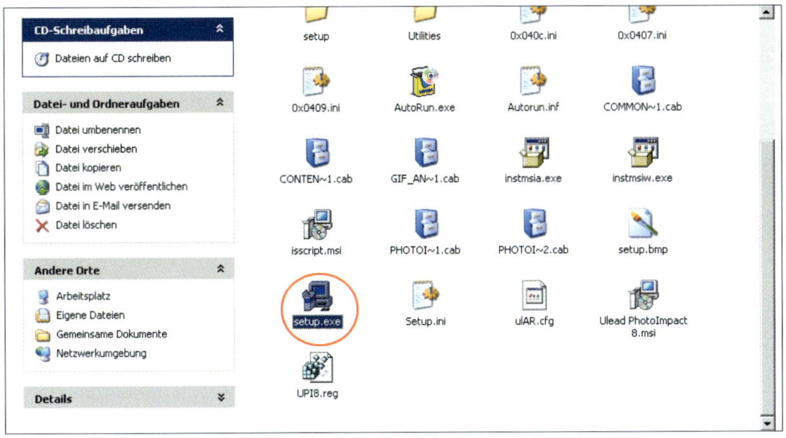

3 Falls die Installation nicht automatisch beginnt, öffnen Sie den ARBEITSPLATZ (bei XP müssen Sie zunächst auf START klicken) und doppelklicken auf das Icon des Leselaufwerks, um den Inhalt der CD-ROM zu sehen. Sie finden dort ein Programm namens *Setup.exe* oder *Install.exe*, auf das Sie doppelklicken. Das Setup, das Sie anklicken müssen, hat dasselbe Icon (Schachtel vor Computer, beides weiß und blau) wie in der Abbildung.

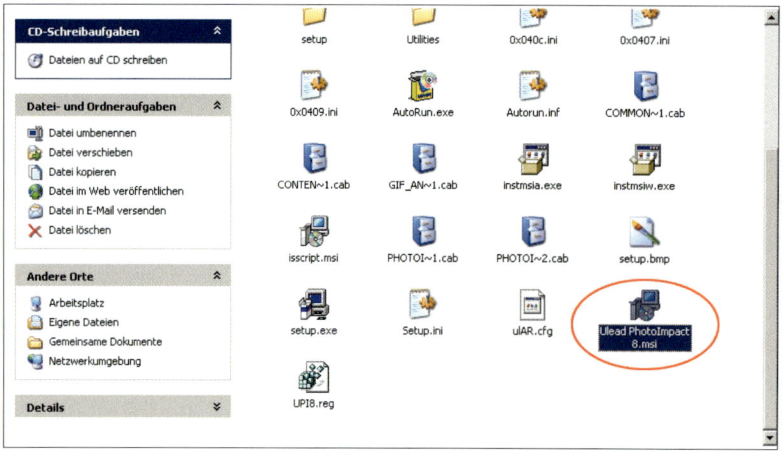

4 Es kann sein, dass Software mit Hilfe einer Datei mit der Endung .msi installiert wird (oft bei Microsoftprodukten). MSI-Dateien leiten bei Windows Me und XP automatisch die Installation ein. Bei Windows 98 muss dafür INSTMSI nachinstalliert werden.

Hinweis

Normalerweise müssen Sie bei einer Softwareinstallation keine Einstellungen verändern. Klicken Sie einfach immer auf OK; WEITER und FERTIG STELLEN.

Brennsoftware installieren

Windows XP beinhaltet zwar ein Brennmodul, das aber nicht sehr leistungsfähig ist. Wer ein bisschen mehr mit dem Brenner vorhat, braucht eine ernsthafte Brennsuite. Die beiden meistverkauften Programme sind Nero und Easy CD & DVD Creator.

Achtung

Achten Sie unbedingt darauf, dass Ihre Brennsoftware XP-kompatibel ist. Falls ein entsprechender Vermerk auf der Schachtel fehlt, fragen Sie beim Hersteller nach. Falls die Installation eines solchen Produkts fehlschlägt, kann dies schwer behebbare Probleme nach sich ziehen. Schlimmstenfalls funktioniert dann nicht einmal mehr die eingebaute Brennroutine von Windows XP.

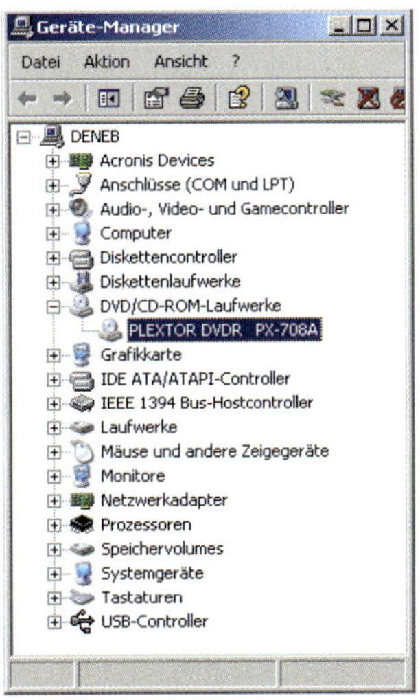

1 Falls Windows Ihren Brenner wenigstens als Leselaufwerk erkennt, finden Sie ihn im GERÄTE-MANAGER unter DVD/CD-ROM-LAUFWERKE. Um dies zu prüfen, klicken Sie mit der rechten Maustaste auf den Arbeitsplatz, wählen EIGENSCHAFTEN, dann HARDWARE und GERÄTE-MANAGER.

2 Ihr Brennprogramm sollte dem Brenner beiliegen (ansonsten müssen Sie es separat kaufen). Die beiden führenden Produkte sind Ahead Nero und Roxio Easy CD & DVD Creator. Andere Programme liegen selten Brennern bei.

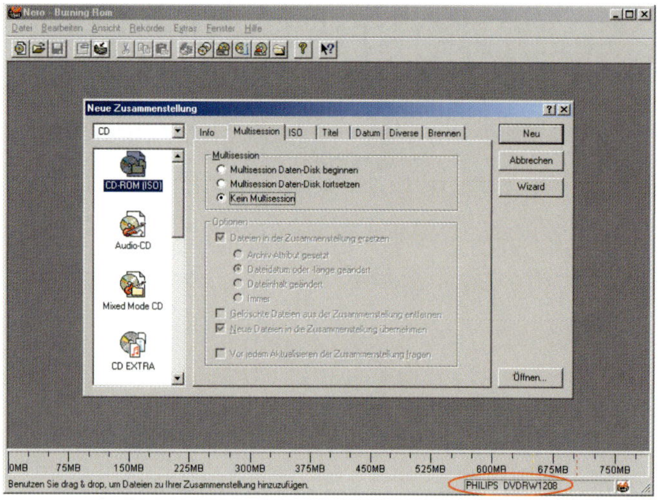

3 Starten Sie Ihr Brennprogramm. Sie sehen dann, ob die Software Ihren Brenner erkannt hat. Nero wie Easy CD & DVD Creator zeigen diese Information unten am Bildschirm an.

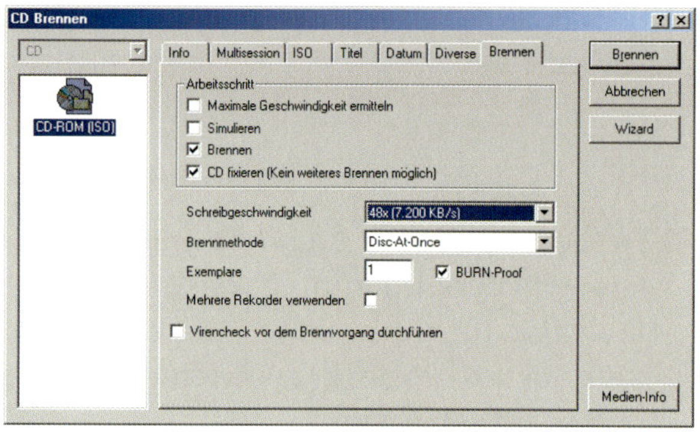

4 Falls Ihr Brenner nicht erkannt wurde, dann benutzen Sie nicht die neueste Version des Brennprogramms. Für jeden Brenner ist nämlich ein eigener Treiber erforderlich, weswegen es ständig Updates für Brennprogramme gibt. Suchen Sie auf der Herstellerwebsite nach Updates. Wenn Ihr Brenner aber erkannt wurde, versuchen Sie testweise, eine CD zu brennen.

Windows optimieren

Ein PC mit seinem Betriebssystem und seinen Programmen ist keine statische Einheit. Veränderungen gibt es ständig – Updates, Patches für Fehler, Sicherheits-Hotfixes.

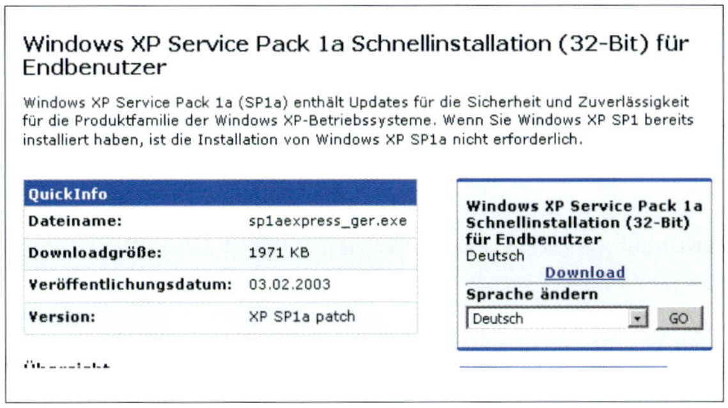

1 Falls Sie keinen Breitband-Internetzugang haben, können Sie große Updates wie Service Packs auch auf den Heft-CDs der diversen Computermagazine finden.

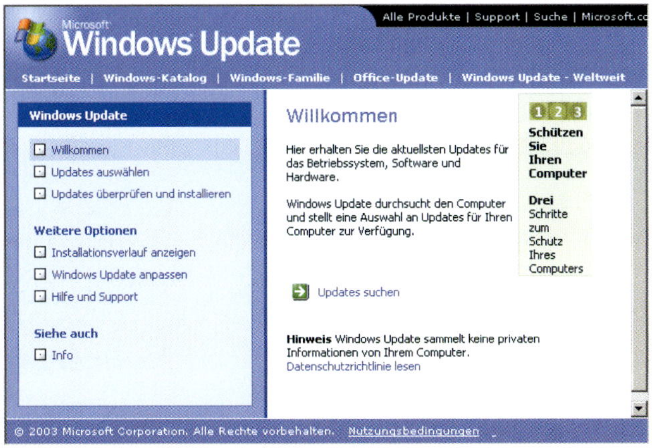

2 Zu den Updates von Microsoft gehören auch neue Versionen des Internet Explorers. Damit surfen sie nicht nur besser im Internet – oft werden im Hintergrund noch viele andere Dinge korrigiert. Neue Browserversionen finden Sie ebenfalls auf Heft-CDs. Alternativ können Sie auch windowsupdate.microsoft.com aufsuchen, wohin Sie auch über START, WINDOWS UPDATE gelangen.

Hinweis

Auf der Windows-Updateseite finden Sie übrigens nicht nur Patches und Hotfixes: Dort gibt es manchmal auch aktualisierte Gerätetreiber.

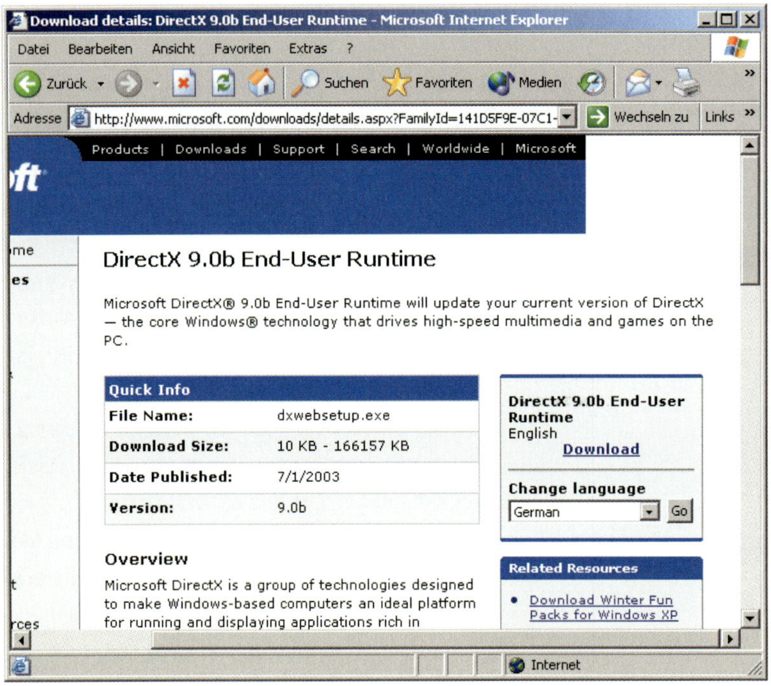

3 Sie sollten stets die aktuelle DirectX-Version installiert haben. Diese Software ist für die Multimedia-Ressourcen Ihres Rechners zuständig, wie für Sound und 3D-Anzeige. DirectX finden Sie auf Heft-CDs oder unter **www.microsoft.com/directx**.

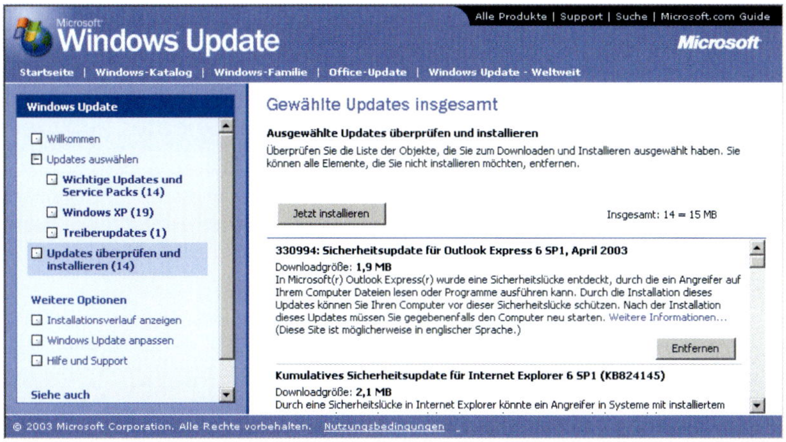

4 Um ein frisch installiertes Windows upzudaten, fangen Sie am besten mit einer Heft-CD an: Installieren Sie den aktuellen Service Pack, den Internet Explorer und DirectX. Besuchen Sie dann Windows Update und installieren alle vorhandenen Updates. Das kann eine lange Liste sein, was für einen Modem-Benutzer durchaus eine längere Downloadpause bedeuten kann.

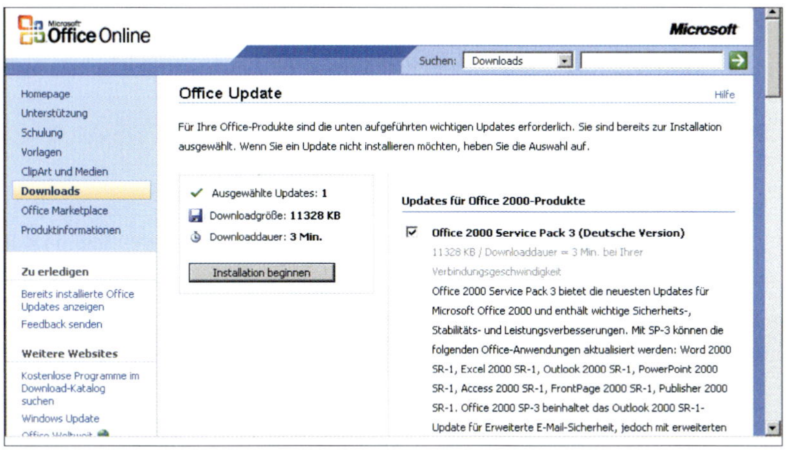

5 Bei Microsoft können Sie sich auch Updates für die Office-Elemente Word, Excel, Access, Outlook, PowerPoint usw. herunterladen. Die URL ist **http://officeupdate.microsoft.com**.

6 Für praktisch alle Programme, die Sie auf Ihrem Rechner installiert haben bzw. installieren werden, gibt es regelmäßig Updates (ca. zweimal im Jahr, im ersten Jahr auch öfter). Virenscanner brauchen sogar wöchentliche Updates, um weiter gegen aktuelle Schädlinge zu schützen.

Hinweis

Nicht nur die installierte Software lässt sich updaten: Auch die Steuersoftware Ihres Motherboards, das BIOS, kann aktualisiert werden. Diese Updates kann man auf der Herstellerwebsite herunterladen. Für bestimmte aktuelle Peripherie kann ein solches Update unumgänglich sein. Allerdings kann das relativ kompliziert werden, da man ein BIOS normalerweise unter DOS, nicht unter Windows flasht. Überlassen Sie dies im Notfall einem erfahrenen Freund.

Achtung

Flashen Sie niemals Ihr Motherboard-BIOS, wenn Sie nicht 100%ig sicher sind, die richtige Version zu verwenden. Im schlimmsten Fall fährt der Rechner nicht mehr hoch, und Sie haben keine Möglichkeit, selbst Ihren Fehler zu korrigieren.

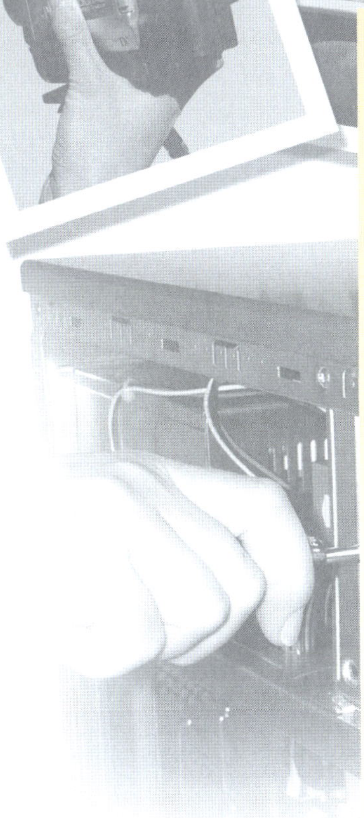

ZU GUTER LETZT

Sie haben ein Problem bei der Installation von Windows. Vermutlich funktioniert irgendein Hardware-Teil nicht unter der von Ihnen installierten Windows-Version. Prüfen Sie die Dokumentation.

Sie haben Ihre Festplatte korrekt installiert, doch sie wird nicht gefunden. Offenbar kommt Ihr BIOS nicht mit dieser Platte klar. Das passiert vor allem bei sehr großen Platten und etwas älteren BIOS-Versionen. Normalerweise besteht die Lösung darin, eine neuere BIOS-Version zu flashen. Lassen Sie dies nötigenfalls vom Händler erledigen.

Was Sie auf jeden Fall tun sollten: Besuchen Sie regelmäßig Windows Update und suchen nach neuen Patches. Am besten nutzen Sie die automatische Updatesuche von Windows.

TEIL 4

Personalisierung Ihres PCs

Dieser vierte Teil erklärt Ihnen, wie Sie Peripheriegeräte und Erweiterungskarten in Ihren PC installieren. Wie bereits mehrfach gesagt, sollten Sie dies erst dann tun, wenn Ihr PC funktioniert, d. h. wenn Teil 3 dieses Buchs abgeschlossen ist. Die Ausnahme ist die Einrichtung des Internetzugangs, denn der ist zum Einspielen der Patches notwendig. Aber auch das kann erst erledigt werden, wenn der PC schon funktioniert.

KAPITEL 18

Installation der Soundkarte

Ich erkläre nun, wie Sie eine Soundkarte installieren. Wenn Sie ein Motherboard mit integriertem Sound verwenden, finden Sie hier alle Informationen hinsichtlich Verkabelung und Einstellungen. Ansonsten finden Sie hier alle Auskünfte, von der Installation bis zur Lautsprecheraufstellung.

Einbau der Soundkarte

Die Soundkarte ist eine geradezu klassische Erweiterungskarte. Allerdings gibt es besonders viele Buchsen, was verwirrend wirken kann.

1 **Schalten Sie Ihren PC aus,** und ziehen Sie ihn vom Stromnetz ab. Öffnen Sie das Gehäuse, und suchen Sie sich einen freien PCI-Steckplatz aus.

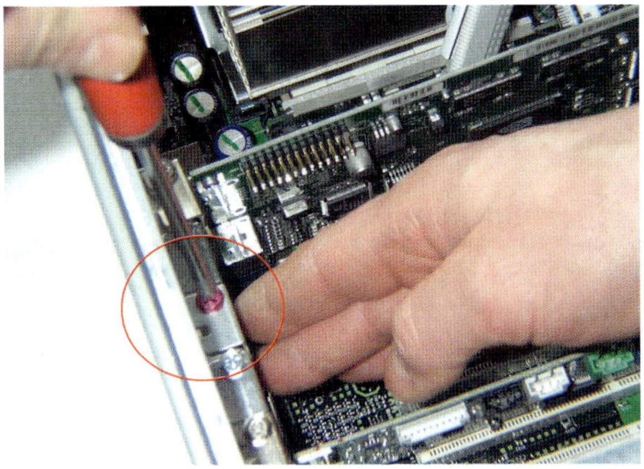

2 **Entfernen Sie die Metallblende** an der Rückseite des PCI-Steckplatzes. Fast immer ist sie festgeschraubt. Falls sie vorgestanzt ist und weggebrochen werden muss, müssen Sie extrem vorsichtig sein – die Kanten können messerscharf sein!

Achtung

Falls die Blende vorgestanzt ist, ziehen Sie am besten zuerst Arbeitshandschuhe an. Drücken Sie sie dann mit einem Schraubenzieher etwas heraus, und reißen Sie sie mit einer Zange ab, indem Sie drehende Bewegungen ausführen. Passen Sie dabei sowohl auf Ihre Hände als auch aufs Motherboard auf!

3 Ehe Sie die Karte einstecken, sehen Sie sich zunächst an, welche Audiokabel der Karte für interne Anschlüsse beiliegen. Fast immer gibt es ein Kabel, um ein optisches Laufwerk anzuschließen.

4 Verbinden Sie diesen Ausgang mit dem CD-IN der Soundkarte. Falls Sie einen integrierten Soundchip haben, müssen Sie in der Motherboard-Dokumentation nachsehen, wo sich CD-IN befindet.

Hinweis

Manche optische Laufwerke haben einen digitalen Ausgang, SPDIF genannt. Falls Ihre Soundkarte einen SPDIF-Eingang hat, können Sie diese Buchsen verbinden. Ansonsten verwenden Sie eben den analogen Audio-Ausgang. Das macht nicht viel aus: Zumeist werden Sie Musik ohnehin digital über die IDE-Schnittstelle schicken.

5 Nachdem Sie die interne Verkabelung erledigt haben, setzen Sie die Karte senkrecht auf den Steckplatz. Achten Sie darauf, dass die Unterkante der Rückblende der Karte nicht auf dem Motherboard aufsitzt. Drücken Sie nun die Karte hinein und achten Sie darauf, dass sie über ihre ganze Länge einrastet.

6 Schrauben Sie die Karte fest. Schließen Sie das Gehäuse wieder, stecken Sie das Kabel an, und springen Sie zum nächsten Abschnitt.

Hinweis

High-End-Karten haben oft eine so genannte Break-Out-Box im 5,25"-Format. Man baut eine solche Box in einem Laufwerksschacht auf der Vorderseite ein und verbindet sie über ein Flachbandkabel mit der Karte. Daraufhin stehen alle Anschlussmöglichkeiten auf der Vorderseite zur Verfügung. Doch beachten Sie genau die Anleitung der Karte: Es kann sein, dass bestimmte interne Audioeingänge entweder mit der Break-Out-Box oder mit der Karte selbst verbunden werden können.

Treiberinstallation

Wie die meisten Erweiterungen Ihres PCs braucht auch die Soundkarte einen Treiber, damit sie korrekt funktionieren kann. Lesen Sie unbedingt im Handbuch der Karte den Abschnitt zur Treiberinstallation – dort können wirklich wichtige Informationen stehen.

1 Schalten Sie Ihren PC an. Sobald Windows startet, entdeckt es die neue Soundkarte und will nach den Treibern suchen. Wenn Sie die mit der Karte gelieferte CD zur Hand haben, sollte das Ganze mehr oder weniger automatisch ablaufen.

2 Wenn Windows die Treiber nicht findet, drücken Sie [Esc] und folgen den weiteren Schritten.

3 Den meisten Karten liegt eine Installations-CD bei. Normalerweise sollte die automatisch starten, wenn Sie sie einlegen. Ansonsten rufen Sie den ARBEITSPLATZ auf (bei Windows XP müssen Sie zunächst auf START klicken) und doppelklicken dann auf die Datei *Setup.exe* oder *Install.exe* auf der CD.

4 Ansonsten wählen Sie START, SYSTEMSTEUERUNG. Doppelklicken Sie dort SYSTEM und wählen den Reiter HARDWARE. Dort klicken Sie auf GERÄTE-MANAGER.

5 Klicken Sie auf AUDIO-, VIDEO- UND GAMECONTROLLER, dann dort mit der rechten Maustaste auf die Soundkarte, und wählen Sie TREIBER AKTUALISIEREN.

6 Wählen Sie SOFTWARE VON EINER LISTE ODER BESTIMMTEN QUELLE INSTALLIEREN. Geben Sie dann das Laufwerk mit der Treiber-CD an. Wenn Windows eine Überstimmung zwischen der Hardware und dem gefundenen Treiber entdeckt, schlägt es ein Modell vor.

7 Nach Abschluss der Installation brauchen Sie nur noch auf FERTIG STELLEN zu klicken.

Verkabeln der Soundkarte

Sie müssen noch die Lautsprecher anschließen, um etwas hören zu können. An Soundkarten können Sie einen Verstärker mit Lautsprechern oder ein Audiosystem mit einem Subwoofer mit integriertem Verstärker sowie vier oder fünf Satellitenlautsprechern anschließen.

1 Ein einzelnes Paar Stereolautsprecher schließt man mit einer Stereo-Miniklinke (3,5 mm) an. Genauso werden auch Systeme mit drei Lautsprechern (der dritte ist ein Subwoofer) angeschlossen.

2 Systeme mit vier oder fünf Lautsprechern (heute eher selten) werden mit zwei Miniklinken an die Soundkarte angeschlossen. Ein Kasten (der zugleich zumeist als Subwoofer dient) wird mit den Satelliten verbunden.

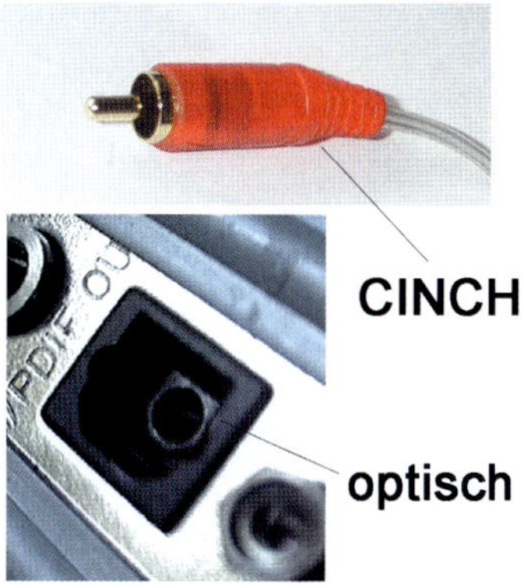

3 5.1-Systeme (Dolby Digital, DTS) werden entweder mit drei Miniklinken oder einem Digitalanschluss (SPDIF, entweder Cinch oder optisch) mit der Soundkarte verbunden.

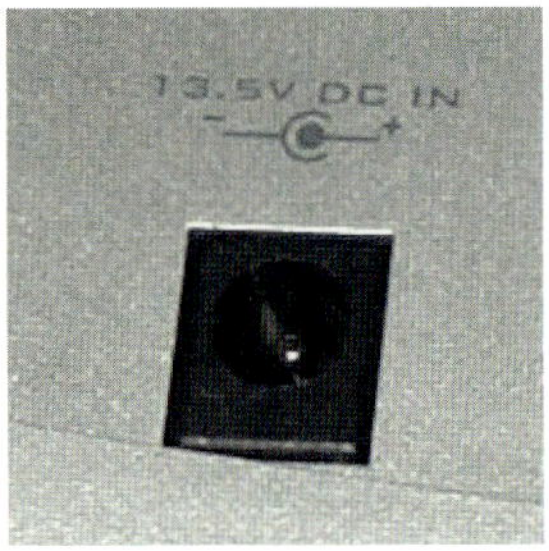

4 Sie können nicht einfach normale (passive) Lautsprecher an eine Soundkarte anschließen, Sie brauchen wirklich verstärkte (aktive) Lautsprecher oder einen Kopfhörer. Aktivlautsprecher haben einen eigenen Netzstecker (bzw. einen Anschluss für ein externes Netzteil).

5 Oft lassen sich Lautsprecher über eine kabelgebundene Fernbedienung an- und abschalten.

6 Es kann vorkommen, dass die Cinch-Stecker nicht richtig in der Soundkarte stecken. Dann klingt der Sound ziemlich merkwürdig. Oft merkt man das nicht sofort, zumal wenn vier oder fünf Lautsprecher im Einsatz sind.

Soundeinstellungen

Ihr PC hat eine Lautstärkeregelung, die ungefähr so wie ein Mischpult funktioniert. Jede Tonquelle kann eingestellt werden. Man muss aber wissen, um was es dabei jeweils geht. Treffen Sie diese Einstellungen, und lernen Sie dabei Ihr Audiosystem kennen!

1 Doppelklicken Sie auf das Lautsprechersymbol im Systemtray rechts unten. Wenn dies dort fehlt, springen Sie zu Punkt 6.

2 Im erscheinenden Dialogfenster prüfen Sie die Lautstärke von SUMME und WAVE. Die zugehörigen Checkboxen dürfen nicht angehakt sein.

3 Falls die Lautstärkeregler nicht angezeigt werden, wählen Sie OPTIONEN, EIGENSCHAFTEN.

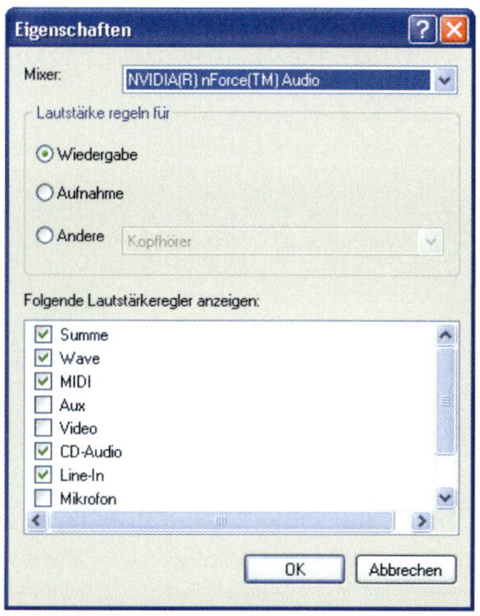

4 Prüfen Sie nach, dass SUMME, WAVE und alle anderen Einstellungen, die Sie interessieren, für WIEDERGABE und AUFNAHME angehakt sind.

5 Bei High-End-Karten kann die Zahl der Audiokontrollen sehr hoch sein.

6 Falls der Lautsprecher nicht im Systemtray angezeigt wird, wählen Sie START, SYSTEMSTEUERUNG.

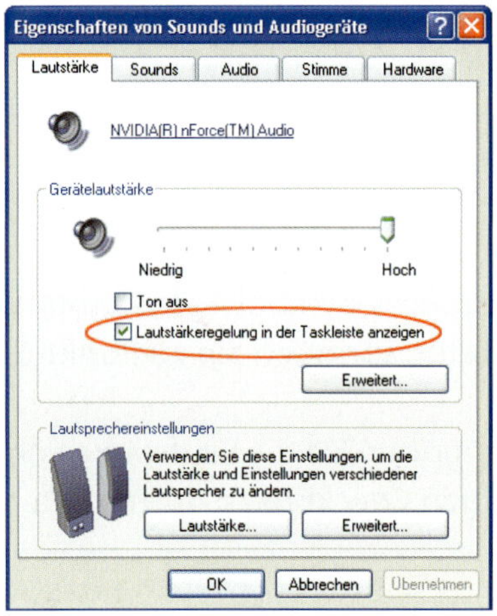

7 Wählen Sie dann SOUNDS UND AUDIOGERÄTE, und setzen Sie den Haken bei LAUTSTÄRKEREGELUNG IN DER TASKLEISTE ANZEIGEN.

8 Wenn Sie schon einmal hier sind: Klicken Sie auf den Button ERWEITERT, und wählen Sie aus dem erscheinenden Menü Ihre Lautsprecheraufstellung.

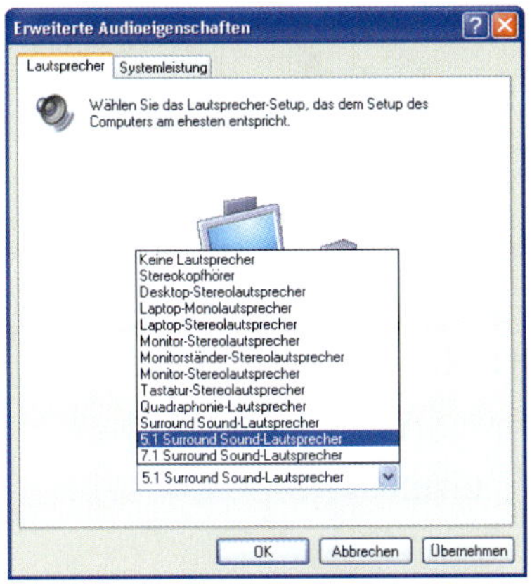

9 Wenn Sie z. B. 5.1-Surround Sound-Lautsprecher wählen, dann werden die Ihnen auch visuell angezeigt.

Info

Der Fader regelt die Lautstärke-Balance zwischen den Front- und Back-Lautsprechern.

10 Abhängig vom Treiber Ihrer Soundkarte kann es auch einen Fader-Regler geben.

11 Z. B. erlaubt es die LiveWare (der Treiber der SoundBlaster-Karten von CreativeLabs), die Lautstärke der Ausgänge mit dem Regler FAD zu bestimmen. Voraussetzung ist, dass Sie eingestellt haben, dass Sie vier Lautsprecher verwenden.

12 Bei manchen Soundkarten sind Cinch-Buchsen mehrfach belegt, z. B. einerseits als SPDIF-Ausgang, andererseits als Line-Out eines Mehrlautsprechersystems. Sie müssen softwaremäßig regeln, wie der Ausgang verwendet werden soll.

KAPITEL 19

Installation der Netzwerkkarte

Eine Netzwerkkarte, egal ob nun Ethernet oder WLAN, gehört einfach zu einem modernen PC. Damit können Sie eine Verbindung zu anderen Rechnern herstellen, ein Ethernet-DSL-Modem anschließen oder einen DSL-Router nutzen. Allerdings ist die Konfiguration einer Ethernetkarte nicht ganz einfach. Daher werden in diesem Kapitel nicht nur der Einbau und die Treiberinstallation sehr genau erklärt, sondern auch die Konfiguration einer solchen Karte.
Es gibt verschiedene Netzwerknormen, doch wir besprechen hier Ethernet mit RJ45-Steckern. Aber selbst hier gibt es zwei Spielarten: Einfaches Ethernet namens 10BaseT mit 10 Mbit/s und Fast Ethernet namens 100BaseTX mit 100 Mbit/s. Ein 10/100-kompatibler Hub kann mit beiden Kartensorten kommunizieren. Es gibt Ethernetkarten auch im geradezu antiken ISA-Format, aber hier werden nur die modernen PCI-Karten besprochen.
WLAN-, d.h. schnurlose Verbindungen werden von Windows XP sehr erleichtert.

Einbau der Netzwerkkarte

Der Einbau ist sehr einfach – da haben Sie Schlimmeres hinter sich gebracht.

1 Eine Ethernetkarte besitzt eine RJ45-Buchse. Eine WLAN-Karte hat gar keine Anschlussmöglichkeit, sondern nur eine Antenne.

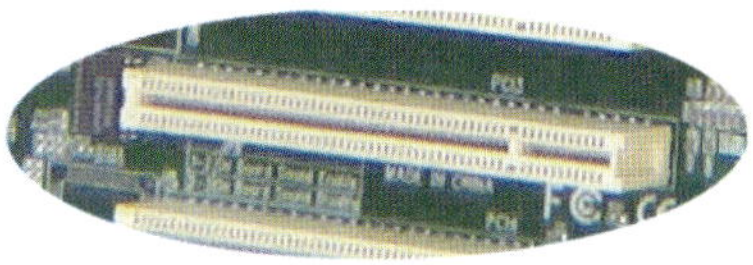

2 Schalten Sie den PC aus, und ziehen Sie dann das Netzkabel. Suchen Sie sich einen freien PCI-Steckplatz aus.

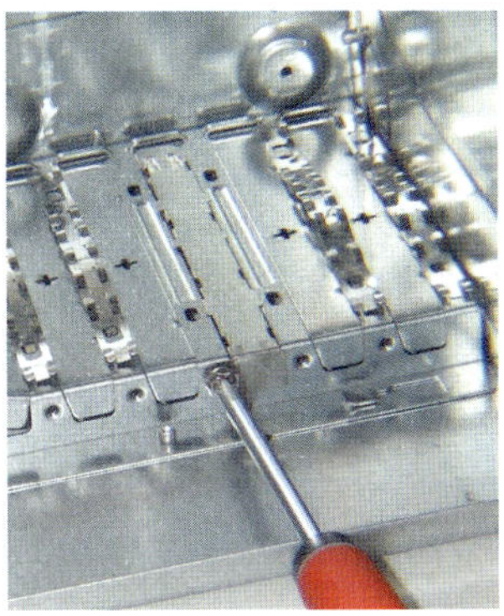

3 Entfernen Sie die Metallblende am Gehäuserücken, die dem gewählten PCI-Steckplatz entspricht.

4 Sobald Sie die Blende entfernt haben, drücken Sie die Karte in den Steckplatz. Achten Sie darauf, dass sie auf ihrer ganzen Länge einrastet.

5 Schrauben Sie die Karte fest, und schließen Sie das Gehäuse wieder. Stecken Sie das Netzkabel ein, und schalten Sie den PC ein.

XP-Treiber installieren

Mit einem brandneuem PC wie dem Ihrigen dürften Sie keinerlei Probleme bei der Treiberinstallation haben. Meistens wird Windows die Netzwerkkarte ohnehin automatisch finden und installieren! Bei WLAN dagegen müssen Sie schon selbst aktiv werden ...

Hinweis

Für den ungewöhnlichen Fall, dass Windows die Karte nicht automatisch erkennt, brauchen Sie die Treiber-CD bzw. heruntergeladene Treiber. Sobald Windows die Treiber haben will, lassen Sie es nach Möglichkeit automatisch nach den Treibern suchen.

1 Nach dem Neustart von Windows dürfte die Karte automatisch erkannt werden. Sie müssen dann nur noch die Treiber-CD einlegen und Windows anweisen, die Treiber selbst zu suchen.

2 Wenn Windows XP die Karte nicht automatisch findet, müssen Sie auf Fehlersuche gehen: Vielleicht sitzt die Karte nicht richtig im Erweiterungsplatz. Oder Sie versuchen probeweise, die Karte in einen anderen Erweiterungsplatz zu stecke (vorher müssen Sie den Rechner ausschalten und ausstecken, versteht sich!).

Achtung

Wann immer Sie an Ihrem Rechner herumbasteln: Vergessen Sie niemals, dass selbst bei ausgeschaltetem Rechner Restspannung anliegt! Ziehen Sie daher immer, immer den Netzstecker!

3 Normalerweise sollte aber Windows XP einfach den Treiber installieren. Vielleicht wird auch ein Neustart des Rechners fällig.

IP-Adressen unter Windows XP konfigurieren

So konfigurieren Sie Ihren PC unter Windows XP fürs Netzwerk.

1 Wählen Sie START, SYSTEMSTEUERUNG.

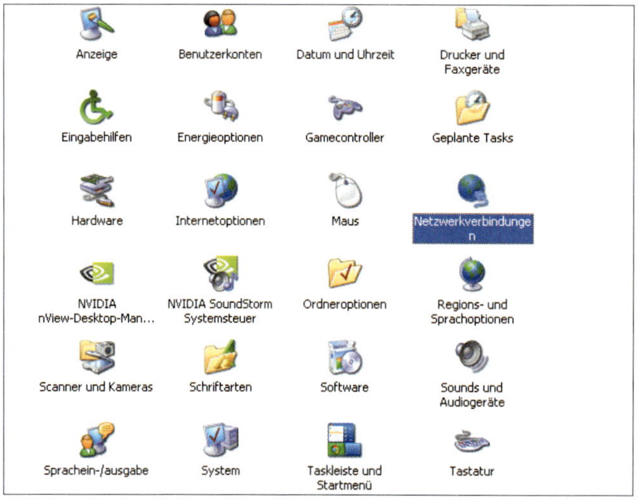

2 Doppelklicken Sie auf NETZWERKVERBINDUNGEN.

3 Bewegen Sie den Zeiger auf die LAN-VERBINDUNG. Dieses Icon muss automatisch angezeigt werden, wenn die Netzwerkkarte korrekt installiert ist. Klicken Sie die LAN-Verbindung mit der rechten Maustaste an, und wählen Sie EIGENSCHAFTEN.

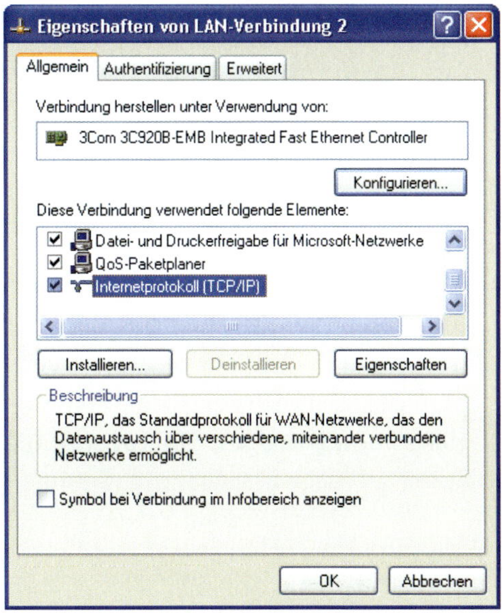

4 Im erscheinenden Dialogfenster steht oben der Name der Netzwerkkarte. Suchen Sie in der Auswahlliste darunter, die mit DIESE VERBINDUNG VERWENDET FOLGENDE ELEMENTE überschrieben ist, den Eintrag INTERNETPROTOKOLL (TCP/IP). Doppelklicken Sie darauf.

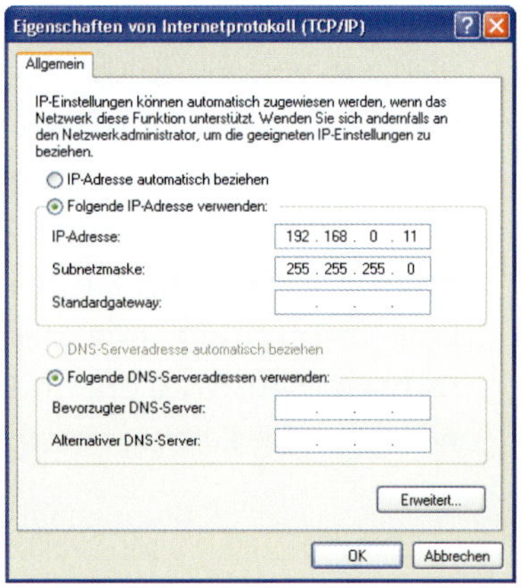

5 Falls der PC, den Sie gerade konfigurieren, den Internetzugang über einen anderen Windows-Rechner herstellen soll, dann verwenden Sie folgende Einstellungen: Bei FOLGENDE IP-ADRESSE VERWENDEN geben Sie beim ersten Rechner 192.168.0.11 ein. Für alle Computer ist die SUBNETZMASKE identisch, und zwar 255.255.255.0.

Tipp

Um Probleme bei der Anzeige anderer Rechner von einem XP-Computer aus zu vermeiden, gehen Sie in den EIGENSCHAFTEN DER LAN-VERBINDUNG in den Reiter AUTHENTIFIZIERUNG. Haken Sie hier IEEE 802.1X- AUTHENTIFIZIERUNG FÜR DIESES NETZWERK AKTIVIEREN ab.

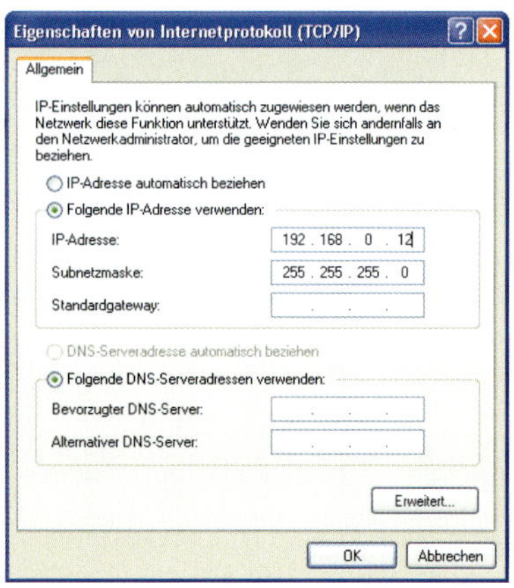

6 Geben Sie beim zweiten Rechner 192.168.0.12 an, usw. Sie können die letzte Zahl bis 255 erhöhen, aber ändern Sie nicht 192.168.0. Wie bereits gesagt, bleibt die SUBNETZMASKE stets 255.255.255.0. Bei den DNS-Servern müssen Sie die IP-Adressen der DNS-Server Ihres Providers angeben, unter STANDARDGATEWAY tragen Sie 192.168.0.1 ein.

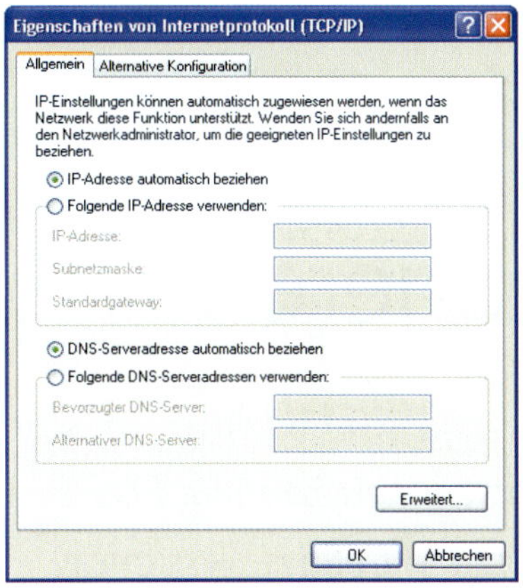

7 Falls Sie einen DSL-Router benutzen, um den Internetzugang herzustellen, dann müssen Sie nur IP-ADRESSE AUTOMATISCH BEZIEHEN und DNS-SERVERADRESSE AUTOMATISCH BEZIEHEN anhaken.

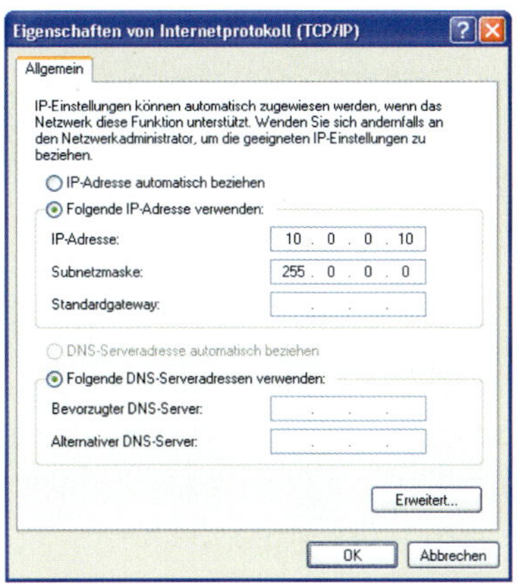

8 Wenn Sie ein DSL-Modem mit Ethernetanschluss verwenden, müssen Sie in der Dokumentation dieses Geräts nachsehen, welche IP-Adresse Sie eintragen müssen.

Computername und Domänenzugehörigkeit unter Windows XP konfigurieren

Der Computername und der Name der Arbeitsgruppe sind wichtig, um mit anderen Rechnern im selben Netzwerk kommunizieren zu können. Das funktioniert prinzipiell genauso wie bei den anderen Windows-Versionen, nur die Art und Weise der Konfiguration hat sich ein wenig verändert.

1 Wählen Sie START, SYSTEMSTEUERUNG.

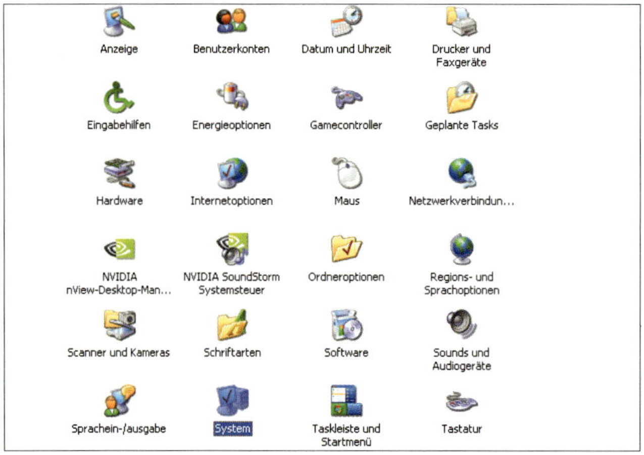

2 Doppelklicken Sie auf das Icon SYSTEM.

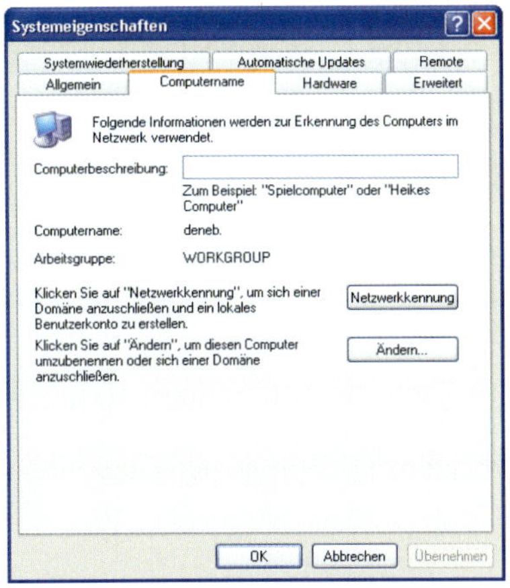

3 Wählen Sie im erscheinenden Dialogfenster den Reiter COMPUTERNAME.

Achtung

Im Abschnitt MITGLIED VON dürfen Sie nicht die Option DOMÄNE aktivieren – außer, Sie befinden sich in einem echten Netzwerk mit Domänencontroller usw. Wenn Ihnen das nichts sagt, dann lassen Sie den Radiobutton unbedingt bei ARBEITSGRUPPE.

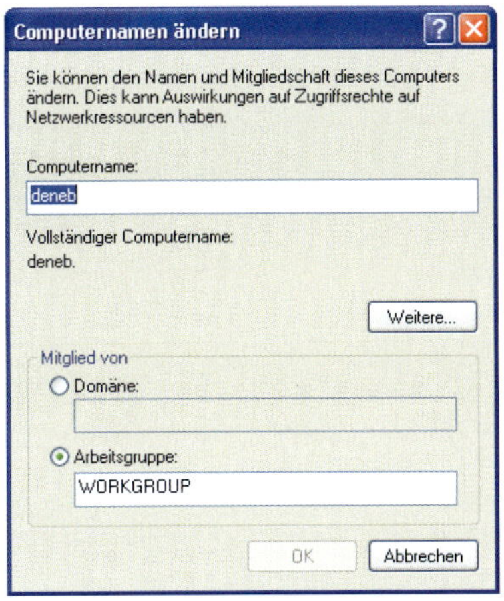

4 Um den Namen des Computers bzw. den seiner Arbeitsgruppe zu ändern, klicken Sie auf den Button ÄNDERN.

5 Unter COMPUTERNAME tragen Sie einen Namen ein, der Ihnen bei der Identifikation hilft – besonders wichtig, wenn es mehrere Rechner in verschiedenen Zimmern oder gar Etagen gibt. In Firmen bieten sich Zimmernummern an, im Privathaushalt eher die Vornamen der Familienmitglieder o. ä.

6 Es ist ziemlich egal, was Sie unter ARBEITSGRUPPE eintragen – solange bei allen Rechnern im gleichen Netzwerk dasselbe steht!

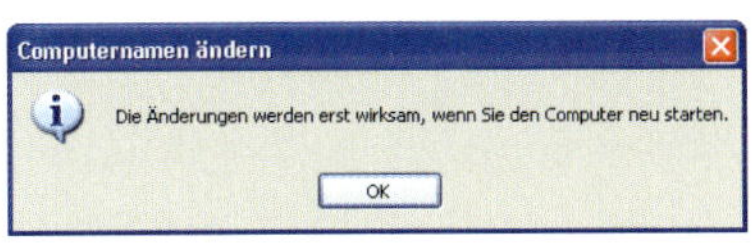

7 Bestätigen Sie Veränderungen mit OK. Falls Sie den Computernamen geändert haben, verlangt Windows einen Neustart. Bei einer Veränderung des Arbeitsgruppennamens ist dagegen kein Reboot nötig.

Besonderheiten von WLAN

Windows XP hat im Gegensatz zu früheren Betriebssystemversionen eine eingebaute WLAN-Unterstützung. Allerdings klappt das Ganze nur, wenn die Treiber der WLAN-Karte mitspielen..

- Sofern die Treiber der WLAN-Karte wirklich XP-kompatibel sind, sehen die Eigenschaften der WLAN-Verbindung wie in der Abbildung aus. Es gibt eine Checkbox namens WINDOWS ZUM KONFIGURIEREN DER EINSTELLUNGEN VERWENDEN.

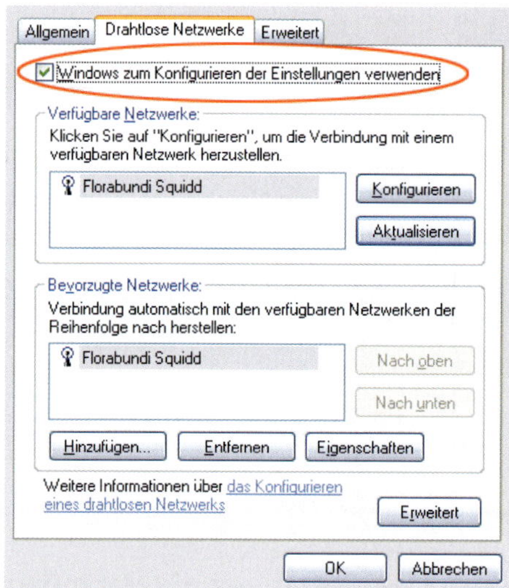

Hinweis

Sehen Sie unbedingt auf der Website des Herstellers Ihrer WLAN-Karte nach, ob es neuere Treiber bzw. eine neuere Firmware gibt. Denn WLAN entwickelt sich schnell (zumal in Sachen Sicherheit), und wenn Sie stets die neueste Software installieren, verfügen Sie über wirklich alle aktuellen Funktionen. Die Checkbox WINDOWS ZUM KONFIGURIEREN DER EINSTELLUNGEN VERWENDEN erscheint übrigens wirklich nur dann, wenn Sie Ihr Windows XP per Windows Update aktuell halten und 100%ig XP-kompatible WLAN-Treiber installiert haben.

- Mit den Eigenschaften der WLAN-Verbindung in Windows XP ist es kinderleicht, die SSID Ihres Netzwerks festzulegen, von Ad Hoc (Punkt-zu-Punkt-Verbindung zweier PCs) auf Infrastructure (echtes Netzwerk mit Access Point) umzuschalten, automatisch aktive WLAN-Netzwerke in Ihrer Umgebung zu finden usw.

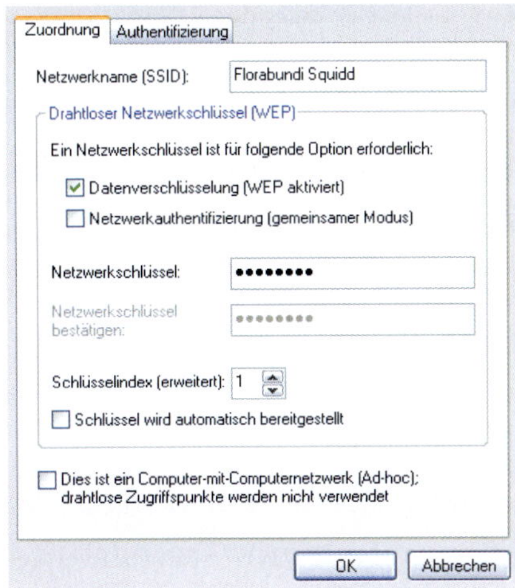

- Es gibt mehrere Sicherheitslösungen für WLAN, so auch WPA (Wi-Fi Protected Access). Dafür ist oft ein Firmware- und/oder Treiberupdate notwendig.

KAPITEL 20

Installation eines externen Modems sowie Konfiguration des Internetzugangs

Viele Anwender glauben, dass es ziemlich einfach sei, ein externes Modem zu installieren. Das stimmt zwar, wenn man das Ganze mit der Installation eines internen Geräts vergleicht. Aber der Teufel sitzt im Detail: ein mieser Treiber, Windows findet ein Modem, das Sie gar nicht haben usw. Je nach Windows-Version geschehen erstaunliche Dinge: Es werden zwei Modems gefunden, obwohl Sie nur eins haben, nur Teile der Treibersuite werden installiert usw. Wir kommen auch auf den Internetzugang per Modem zu sprechen: Es nicht immer einfach, die Zugangssoftware des Providers zum Laufen zu bekommen.

Identifizieren der seriellen und der USB-Ports

Es gibt zwei verschiedene Typen von seriellen Ports, dazu USB, das eigentlich eine dritte Art von seriellem Port ist.

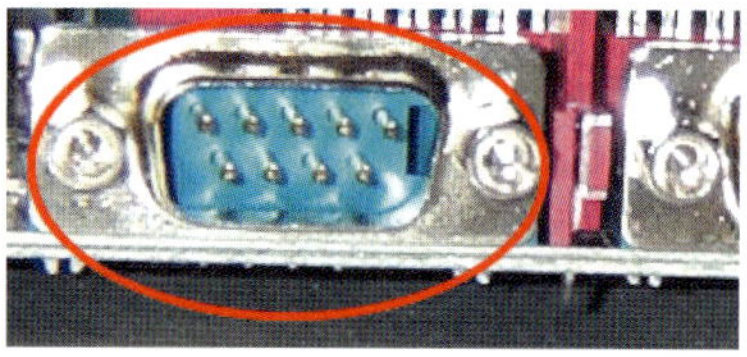

1 Die seriellen Ports eines modernen PCs sind Anschlüsse vom Typ DB9 und sitzen auf der Rückseite des PCs.

Hinweis

Es ist oft einfacher, ein Modem am seriellen Port anzuschließen. Wenn es Probleme mit USB gibt – zumal wenn das Modem falsch erkannt wird –, sind Fortgeschrittenenkenntnisse notwendig. Auf die Tücken von USB (und wie man mit Ihnen fertig wird) kommen wir im ISDN/DSL-Kapitel zu sprechen.

2 An alten PCs gibt es serielle Anschlüsse in einer anderen, größeren Bauform, die DB25 heißt.

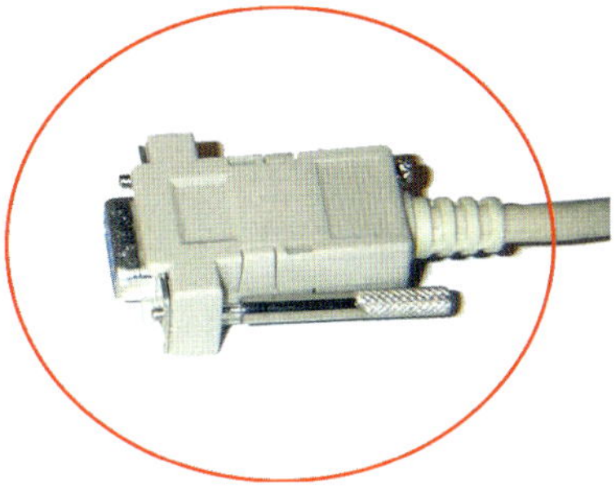

3 Um ein serielles Modem anschließen zu können, muss der Stecker natürlich in den seriellen Port Ihres PCs passen.

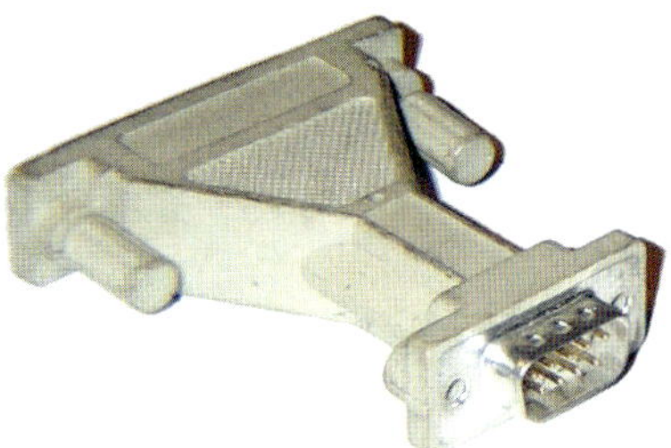

4 Es gibt serielle Adapter, mit denen man einen DB9-Anschluss in einen DB25 verwandeln kann, und umgekehrt. Falls Sie einen solchen Adapter verwenden müssen, nehmen Sie nach Möglichkeit den, der Ihrem Modem beilag, oder suchen Sie Rat bei der Hotline des Modemherstellers: Sonst kann es passieren, dass die Verbindung nicht klappt (zumal, wenn Sie einen Adapter verwenden, der für Mäuse gedacht ist).

Achtung

Verwenden Sie unbedingt das serielle Kabel, das mit Ihrem Modem geliefert wurde, selbst wenn es Ihnen zu lang oder zu kurz ist – nur selten lässt es sich so einfach durch ein beliebiges anderes serielles Kabel ersetzen!

Anschluss des Modems

Sie können ein serielles Modem auch im laufenden Betrieb an den Computer anstecken. Sie können sich also das Ausschalten des Rechners sparen.

Hinweis

Sie sollten das Modemkabel stets ausstecken, wenn Sie nicht gerade im Internet sind. Das verhindert, dass sich ein Dialer einfach so einwählen kann.

Hinweis

Falls Sie ein USB-Modem haben, müssen Sie höchstwahrscheinlich die Treibersoftware installieren, ehe Sie das Modem anstecken. Sehen Sie in jedem Fall in der Dokumentation des Geräts nach.

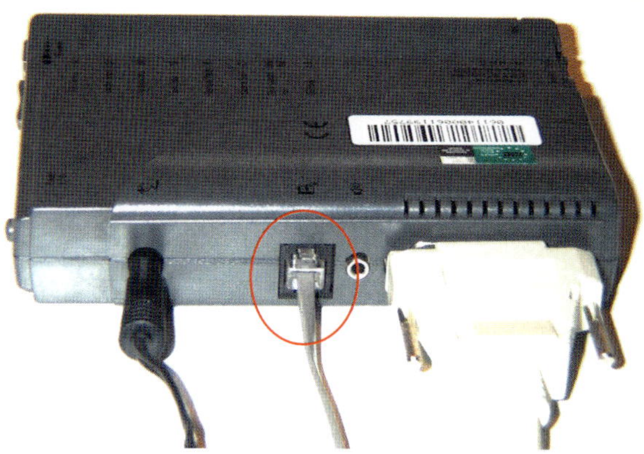

1 Nachdem Sie das Modem an den PC angeschlossen haben, verbinden Sie noch den „Line"-Anschluss des Modems mit dem Telefonanschluss (TAE-Dose). Zum Schluss müssen Sie nur noch das Netzteil des Modems einstecken.

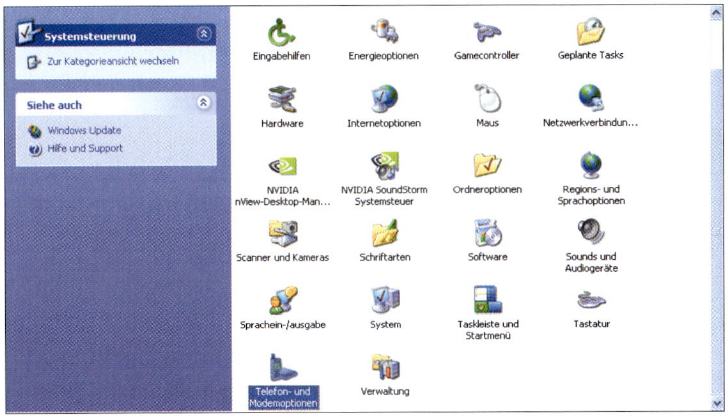

2 Es kann sein, dass das Modem nach dem Einschalten automatisch von Windows XP entdeckt wird. Ansonsten müssen Sie seine Installation selbst einleiten. Wählen Sie START, SYSTEMSTEUERUNG und doppelklicken Sie dann die TELEFON- UND MODEMOPTIONEN. Klicken Sie auf den Reiter MODEMS.

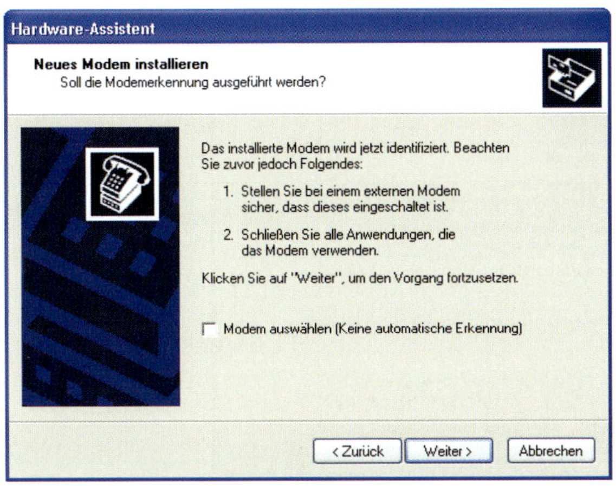

3 Klicken Sie auf den Button HINZUFÜGEN, um Ihr Modem zu installieren. Es öffnet sich ein Assistent. Im ersten Dialog gibt es eine Checkbox, um die automatische Erkennung zu verhindern und stattdessen selbst ein Modem anzugeben. Doch lassen Sie den Assistenten vorerst machen: Setzen Sie keinen Haken, und klicken Sie stattdessen gleich auf WEITER.

4 Falls Sie nicht ein Modem erstinstallieren, sondern ein vorhandenes Gerät ersetzen wollen, wird dieses bereits in den Telefon- und Modemoptionen angezeigt. Entfernen Sie alle Modems, die Sie nicht mehr verwenden. Markieren Sie den jeweiligen Namen, und klicken Sie dann auf ENTFERNEN.

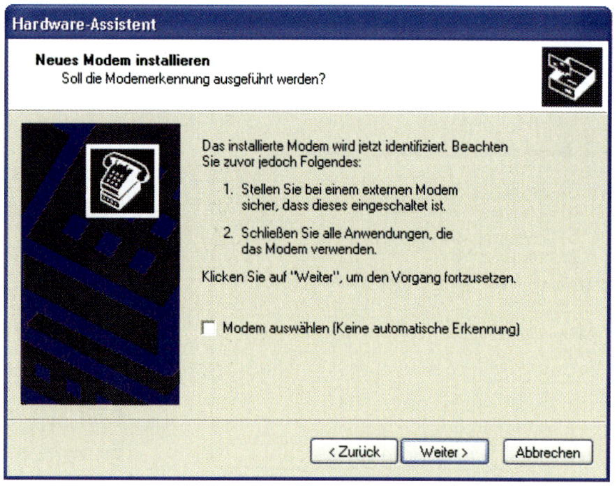

5 Es kann sein, dass sich der Assistent von Schritt 3 bereits automatisch geöffnet hat. Das passiert dann, wenn zuvor kein Modem und keine andere Internetverbindung eingerichtet wurde.

Hinweis

Wenn Windows das Modem nicht automatisch entdeckt, könnte dies an folgenden Dingen liegen:

- Das Modem ist nicht angeschlossen (Kabelproblem!) oder ausgeschaltet.
- Eine PDA-Software (für Palm oder PocketPC) verwendet und blockiert denselben seriellen Port.
- Der serielle Port wurde im BIOS deaktiviert.
- Das Modem hat ein Hardware-Problem.

Diese letzte Möglichkeit kommt bei neuen Modems praktisch nie vor, kann aber bei alten, falsch konfigurierten Geräten auftreten. Folgen Sie dann der Installationsprozedur einfach weiter. Falls die Modemerkennung sofort abbricht, dürfte ein Verkabelungsproblem vorliegen.

6 Windows sucht nun ihr Modem. Der Vorteil dieser Lösung ist, dass Sie nicht aufpassen müssen, an welchem seriellen Port Ihr Modem angeschlossen ist: Windows wird ein Modem finden (nicht unbedingt das richtige), aber es wird es am richtigen seriellen Port entdecken.

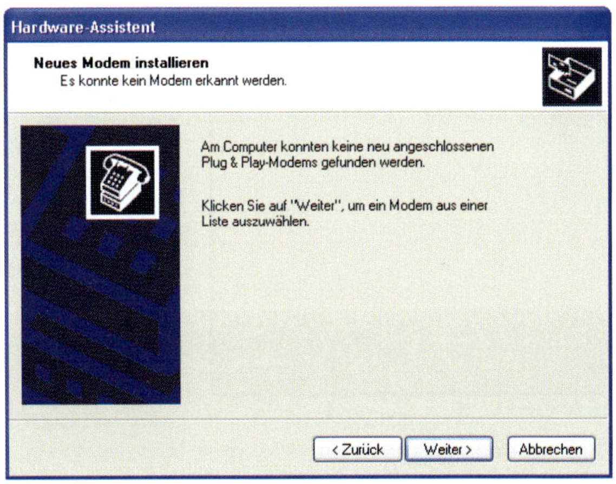

7 Klicken Sie auf WEITER, selbst dann, wenn Windows das Modem nicht gefunden hat. Windows sucht nämlich nur nach Plug-and-Play-Modems, und wenn Ihr Modem nicht PnP-fähig ist, wird es auch nicht gefunden.

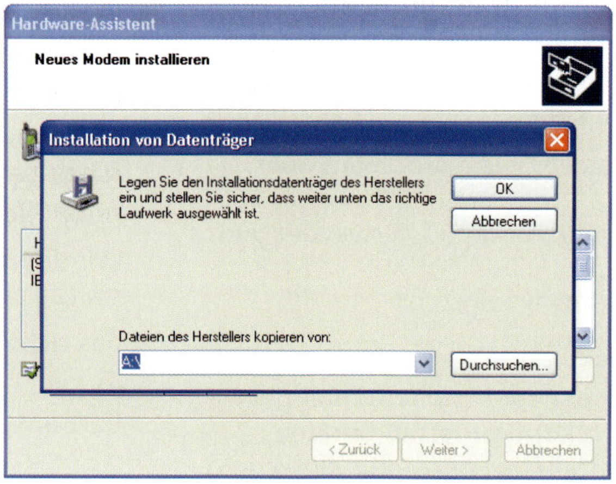

8 Das nächste Dialogfenster zeigte eine Liste von Standardmodems. Falls Ihr Modem darunter ist (wählen Sie erst die Marke, dann das Modell), dann klicken Sie auf WEITER. Falls nicht und Sie den Treiber auf Diskette oder CD haben, klicken Sie auf DATENTRÄGER.

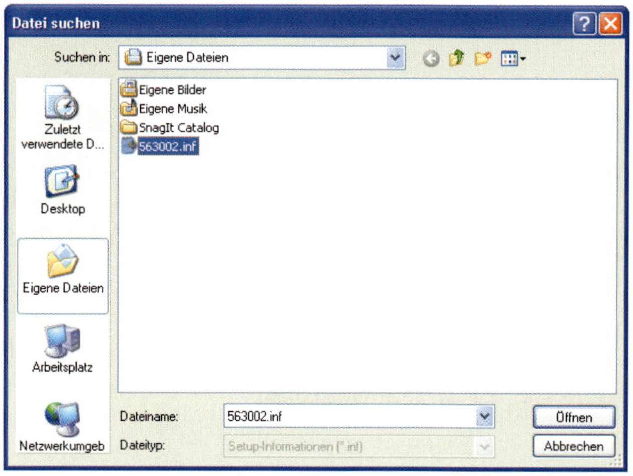

9 Falls der Treiber tatsächlich auf Diskette vorliegt, können Sie ihn gleich anwählen. Ansonsten klicken Sie auf DURCHSUCHEN und wählen die CD (oder das Download-Verzeichnis). Suchen Sie dort, bis Sie eine INF-Datei gefunden haben.

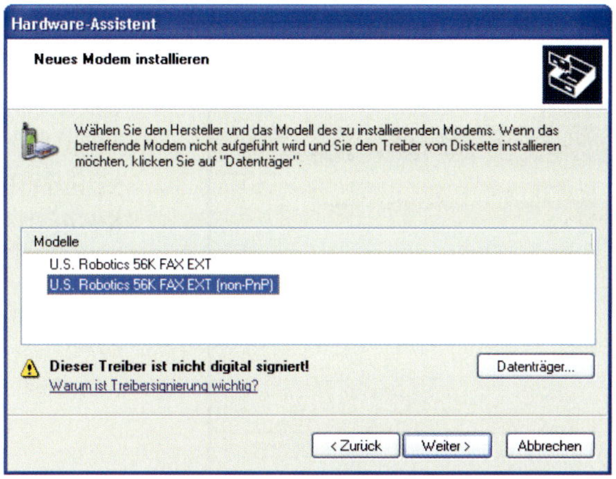

10 Wählen Sie diese INF-Datei aus. Sollten es gleich mehrere sein, versuchen Sie es mit der ersten. Nun erscheint eine Liste mit mehreren Modellen, die in dieser Treiberdatei enthalten sind.

Tipp

Falls Ihr Modell nicht in der Liste der ersten INF-Datei enthalten ist, dann probieren Sie eben die nächste usw.

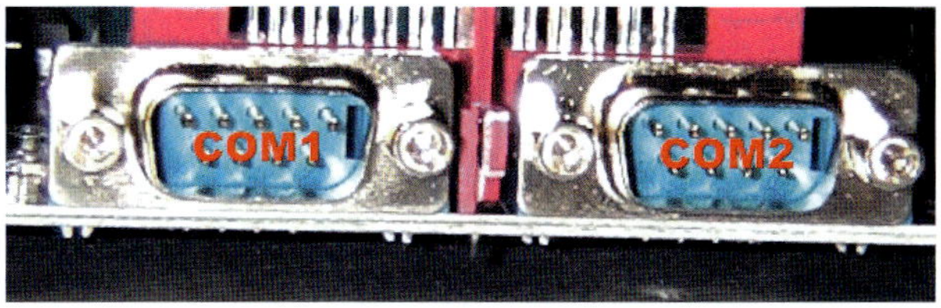

11 Wählen Sie das richtige Modell aus, und klicken Sie auf WEITER. Sie müssen dann angeben, an welchem seriellen Port das Modem hängt. Wenn Sie sich hinter einen PC mit zwei DB9-Ports stellen, dann ist normalerweise der linke COM1 und der rechte ist COM2.

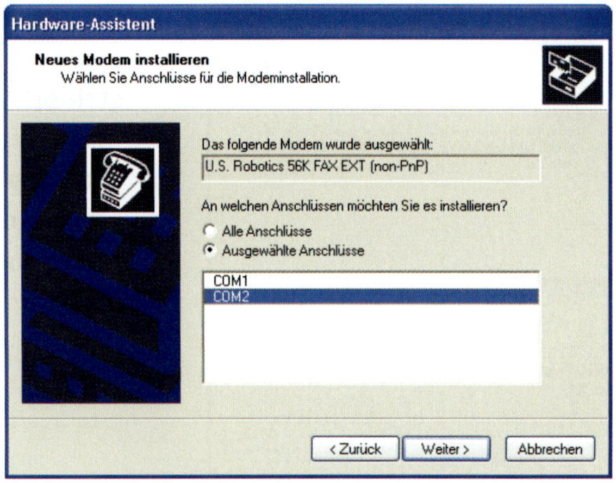

12 Wählen Sie den richtigen seriellen Port aus, und klicken Sie auf WEITER. Sie müssen dann einen Moment warten und dann auf FERTIG STELLEN klicken.

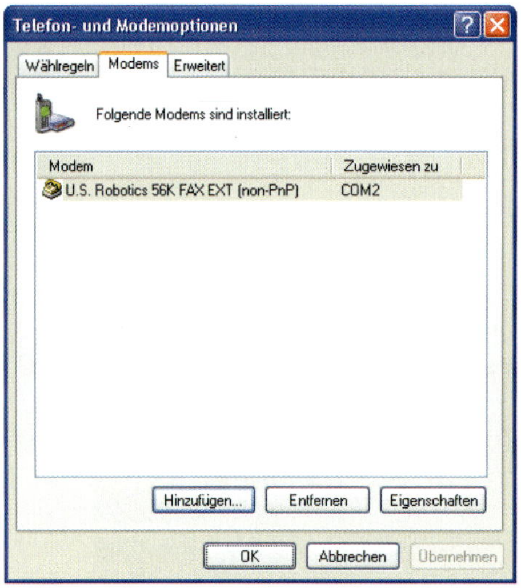

13 Das neue Modem erscheint bei den Telefon- und Modemoptionen. Markieren Sie ihr Modem, und klicken Sie auf EIGENSCHAFTEN. Wählen Sie dann den Reiter DIAGNOSE.

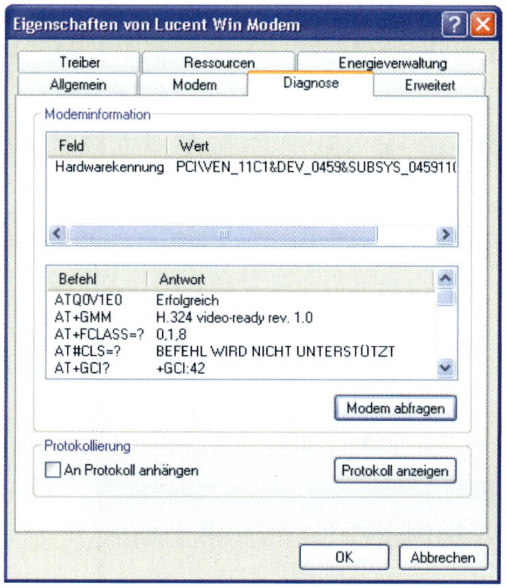

14 Sie sehen hier nun die Hardwarekennung Ihres installierten Modems angezeigt. Klicken Sie auf MODEM ABFRAGEN – wenn alles geklappt hat, sehen Sie dann im unteren Bereich eine Liste möglicher Parameter.

Hinweis

Die Parameter, die in der letzten Abbildung dargestellt sind, lassen sich manuell korrigieren. Sie müssen über eine sehr ausführliche Anleitung mit den korrekten Werten verfügen und können dann vom Computer aus via HyperTerminal auf das Modem zugreifen. Dies ist indes eine Operation für Fortgeschrittene. Ich wollte an dieser Stelle lediglich auf die theoretische Möglichkeit hinweisen.

15 Wir sind bereits auf die gröbsten Probleme eingegangen. Falls Windows nach der Installation der richtigen Treiber immer noch meckert, das Modem fehle, dann ist es falsch angeschlossen oder wirklich defekt.

Internetzugang unter Windows XP konfigurieren

Der Internetzugang funktioniert bei allen Windows-Versionen prinzipiell gleich. Bei Windows XP müssen Sie sich allerdings an ein paar neue Konfigurationsmethoden gewöhnen.

1 Wählen Sie START, SYSTEMSTEUERUNG.

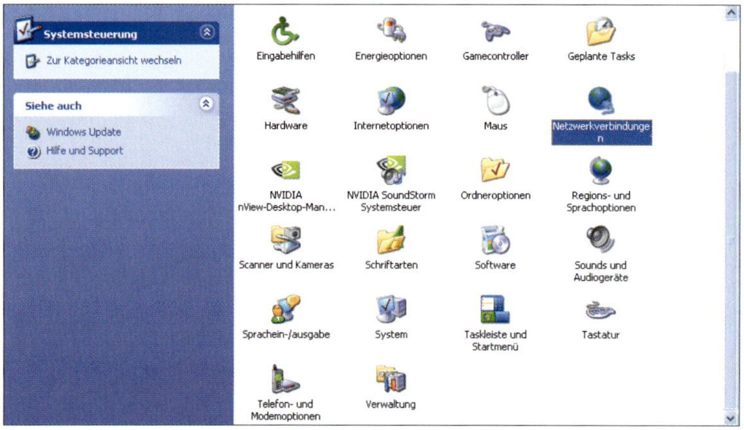

2 Doppelklicken Sie das Icon NETZWERKVERBINDUNGEN.

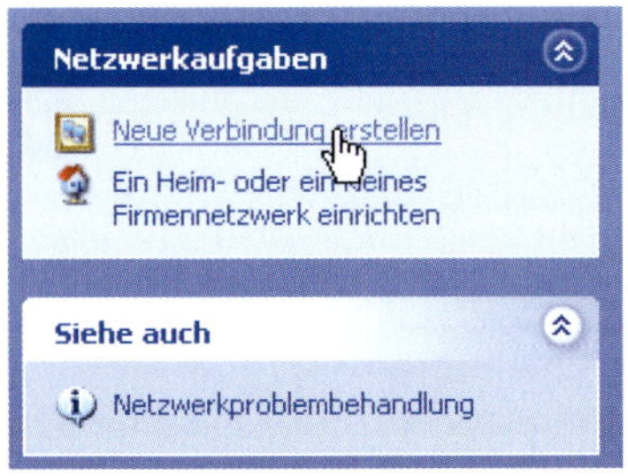

3 Um eine neue Internetverbindung mit einem Modem zu erzeugen, klicken Sie auf NEUE VERBINDUNG ERSTELLEN im Bereich NETZWERKAUFGABEN (linke Seite).

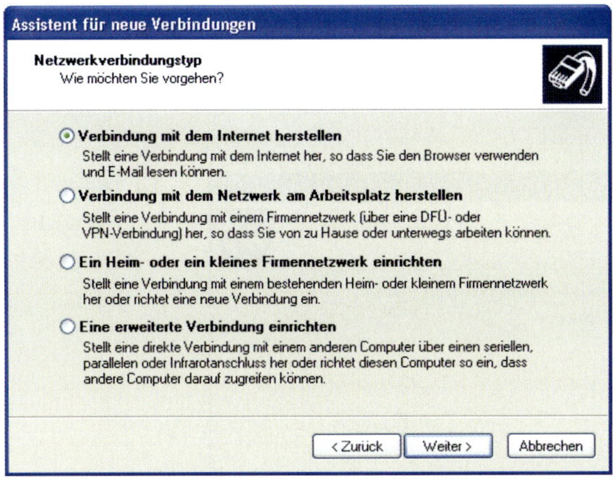

4 Damit starten Sie den ASSISTENTEN FÜR NEUE VERBINDUNGEN. Klicken Sie auf WEITER und wählen Sie dann VERBINDUNG MIT DEM INTERNET HERSTELLEN.

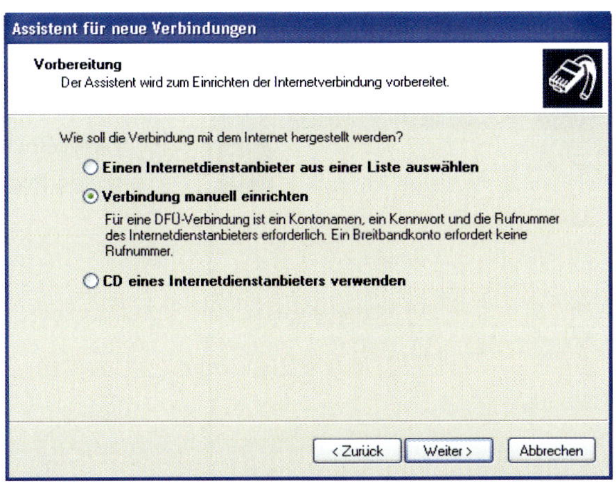

5 Klicken Sie auf WEITER, und wählen Sie VERBINDUNG MANUELL EINRICHTEN.

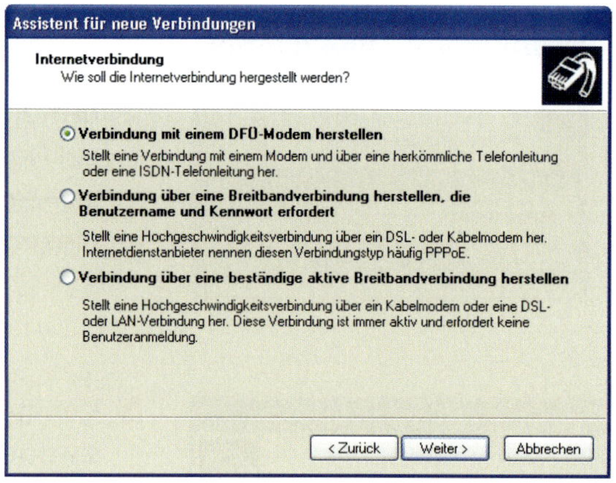

6 Klicken Sie auf WEITER, und wählen Sie VERBINDUNG MIT EINEM DFÜ-MODEM HERSTELLEN.

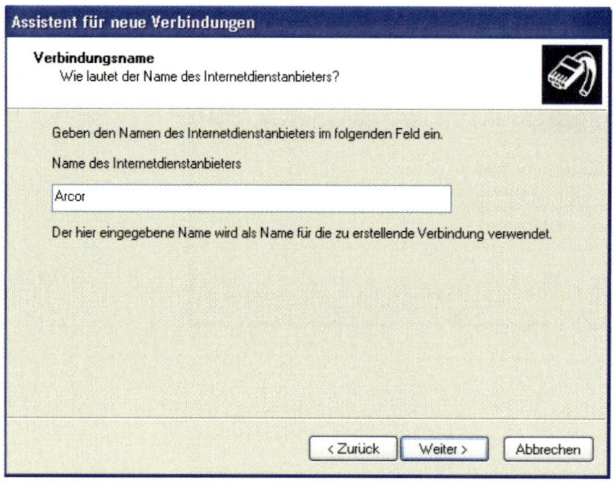

7 Geben Sie den Namen des Providers an, in unserem Beispiel Arcor.

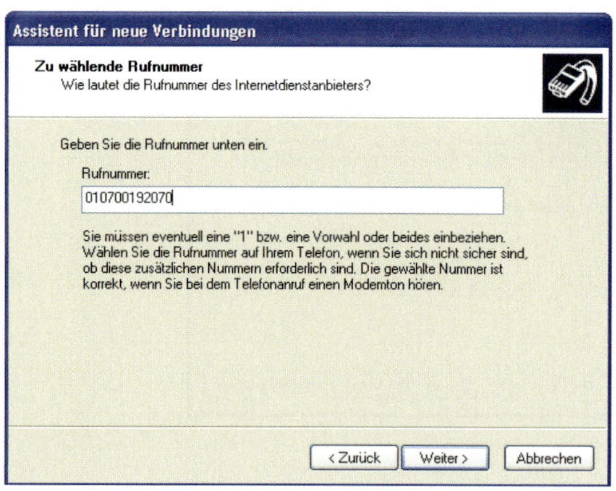

8 Im nächsten Bildschirm geben Sie die Einwahlnummer Ihres Providers an.

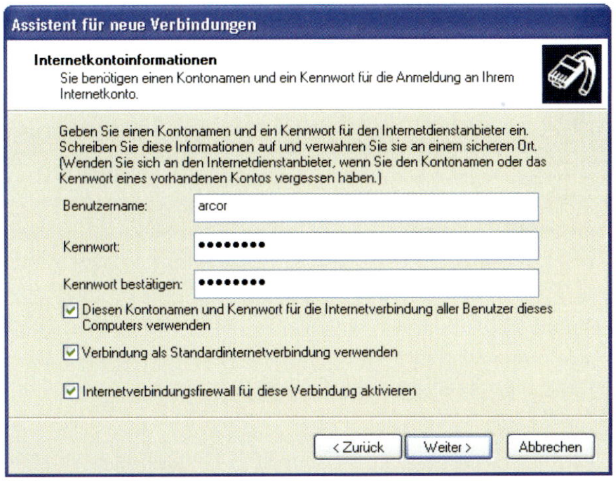

9 Klicken Sie auf WEITER. Im nächsten Bildschirm müssen Sie Ihre Anmeldedaten eingeben, und zwar genau so, wie Sie Ihnen vom Provider übermittelt wurden. Beachten Sie dabei die Groß- und Kleinschreibung genau! Passen Sie auch auf, dass Sie nicht aus Versehen die Feststelltaste gedrückt haben.

10 Klicken Sie auf WEITER. Haken Sie VERKNÜPFUNG AUF DEM DESKTOP HINZUFÜGEN an. Klicken Sie zum Schluss auf FERTIG STELLEN. Falls nun ein Verbindungsfenster aufspringt, klicken Sie es mit ABBRECHEN weg.

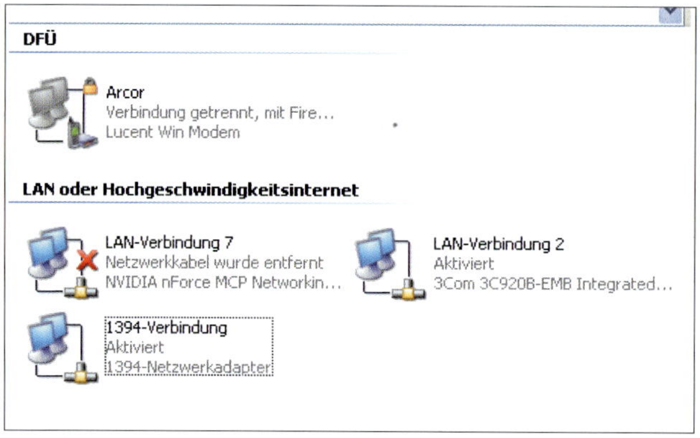

11 Wenn Sie sich jetzt wieder die NETZWERKVERBINDUNGEN anzeigen lassen, sollte dort Ihre neue Verbindung erscheinen.

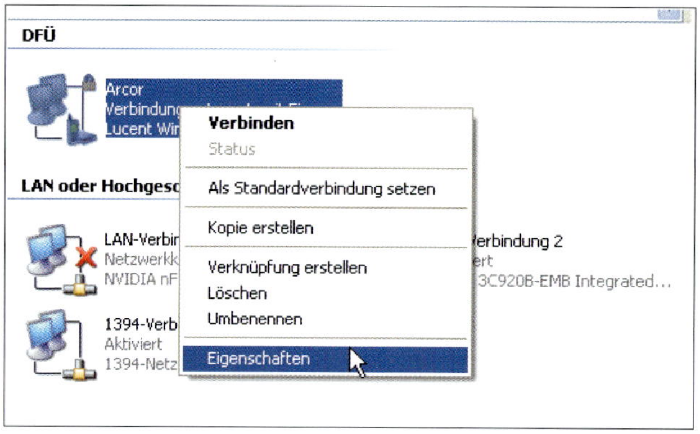

12 Überprüfen Sie nun die Einstellungen. Klicken Sie dazu Ihre Verbindung mit der rechten Maustaste an, und wählen Sie EIGENSCHAFTEN.

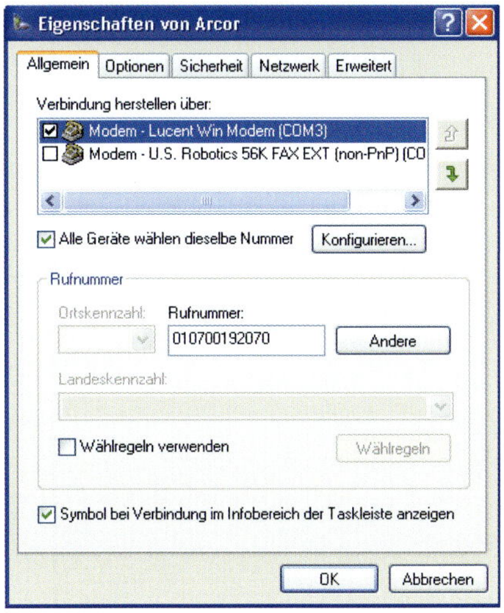

13 Im Reiter Allgemein sehen Sie, über welches Modem und welche Einwahlnummer die Verbindung läuft. Die Wählregeln sollten normalerweise abgehakt bleiben. Symbol bei Verbindung im Infobereich der Taskleiste zeigen ist sehr sinnvoll, denn dann wissen Sie, wann Ihr Telefon belegt ist und Sie Geld für die Internetverbindung zahlen.

14 Im Reiter Optionen sollten Sie die beiden Checkboxen ganz oben angehakt lassen. Mit Name, Kennwort, Zertifikat usw. abfragen erscheint bei jeder Einwahl das entsprechende Dialogfenster.

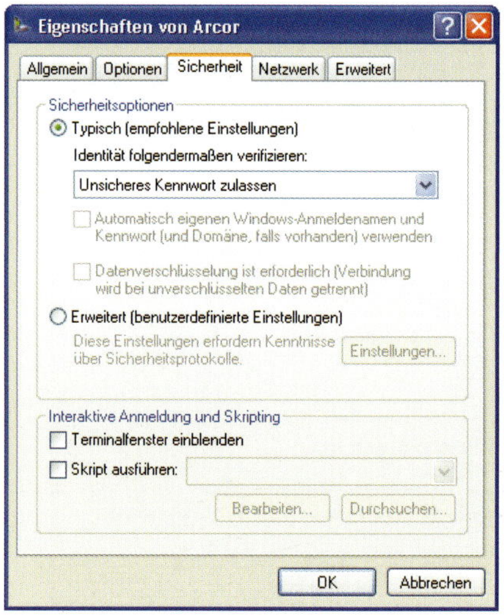

15 Die Voreinstellungen im Reiter Sicherheit sollten in 99% aller Fälle so belassen werden.

16 Unter Netzwerk können Sie auf die Eigenschaften von Internetprotokoll (TCP/IP) zugreifen. Wenn Sie dort die DNS-Server festlegen, beschleunigen Sie Ihren Internetzugriff ein klein wenig. Doppelklicken Sie also auf den Eintrag Internetprotokoll (TCP/IP).

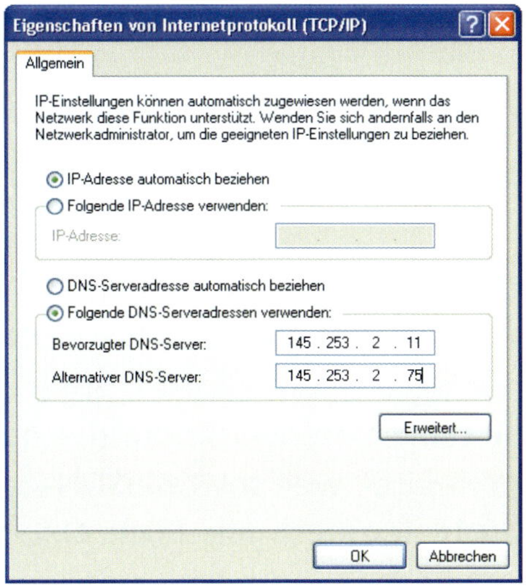

17 Im erscheinenden Dialogfenster lassen Sie den Radiobutton bei IP-ADRESSE AUTOMATISCH BEZIEHEN. Falls Sie Probleme bei der Internetverbindung haben, klicken Sie auf ERWEITERT und entfernen den Haken bei IP-HEADERKOMPRIMIERUNG VERWENDEN. Unten markieren Sie FOLGENDE DNS-SERVERADRESSEN VERWENDEN, und tragen die DNS-Server Ihres Providers an. Falls Ihnen diese nicht mitgeteilt wurden, belassen Sie die Markierung eben bei DNS-SERVERADRESSE AUTOMATISCH BEZIEHEN.

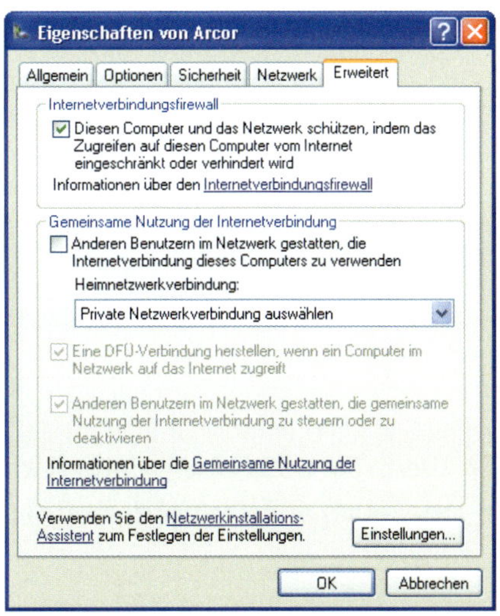

18 Im Reiter ERWEITERT können Sie die GEMEINSAME NUTZUNG DER INTERNETVERBINDUNG aktivieren. Die anderen Computer müssen dann mit dem Rechner, der die DFÜ-Verbindung herstellt, in einem Netzwerk verbunden sein.

KAPITEL 21

Installation von ISDN und DSL und Konfiguration des Internetzugangs

ISDN und DSL sind zwei ganz verschiedene Dinge. Mit ISDN erreichen Sie max. 8 KB/s Datendurchsatz, mit normalem DSL das 12fache. ISDN ist ein digitales Telefonieverfahren, mit dem sowohl Daten als auch Sprache übertragen werden können, DSL dagegen ist eine reine Datenverbindung. Ich behandle dennoch beide Zugangsarten in einem Kapitel, weil sowohl ISDN-Adapter als auch DSL-Adapter (fast immer, wenn auch eigentlich fälschlich, DSL-Modems genannt) gleichermaßen per USB an den Rechner angeschlossen werden. Es gibt zwar auch DSL-Modems mit Ethernetanschluss, doch die sind heute eher selten. Die Konfiguration des Internetzugangs ist ein wenig unterschiedlich, doch darauf gehe ich noch genauer ein.

Was Sie über USB wissen müssen

Bevor Sie sich an die Installation Ihres ISDN- oder DSL-Adapters machen können, müssen Sie erst nachprüfen, ob Ihr Rechner USB-Ports hat und ob diese im BIOS aktiv geschaltet sind.

1 Wenn Sie USB haben, dann finden Sie auf der Rückseite (manchmal auch auf der Vorderseite) des PCs Anschlüsse dieser Form.

2 Es ist leider nicht möglich, von außen einen USB1.1-Anschluss von einem USB2.0-Anschluss zu unterscheiden. Allerdings ist dies in unserem Fall nicht weiter schlimm: Selbst für DSL reicht die Bandbreite von USB1.1 völlig.

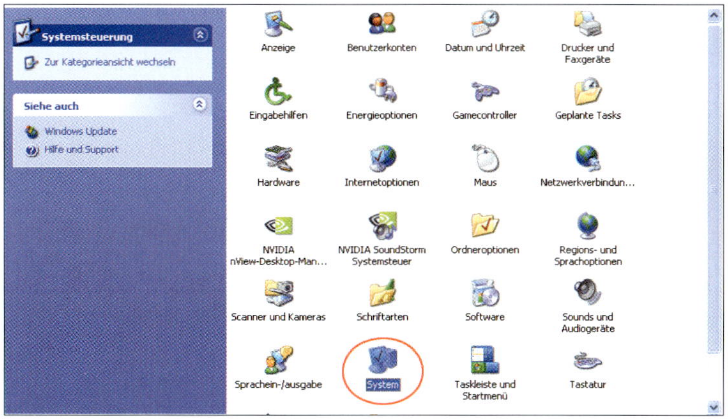

3 Um zu überprüfen, dass der USB-Port aktiviert ist, wählen Sie START, SYSTEMSTEUERUNG. Doppelklicken Sie dann SYSTEM.

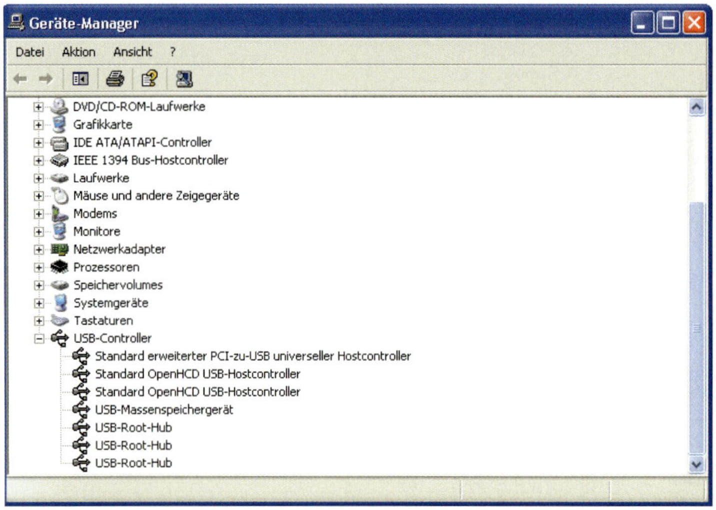

4 Klicken Sie im Reiter HARDWARE auf GERÄTE-MANAGER. Öffnen Sie USB-CONTROLLER: Wenn dort keine gelben oder roten Zeichen zu sehen sind, ist alles korrekt installiert.

Achtung

Ein rotes X auf einem Gerät bedeutet, dass es vom System aufgrund großer Probleme abgeschaltet wurde, oder dass Sie es selbst deaktiviert haben. Versuchen Sie zunächst, das Gerät erneut zu aktivieren. Ein gelbes Ausrufezeichen bedeutet, dass es zwar ein Problem gibt, aber das Gerät wohl dennoch funktioniert.

5 Falls Sie im Geräte-Manager keine USB-CONTROLLER finden, aber am Gehäuse eindeutig USB-Ports sind, dann sind die Ports wahrscheinlich im BIOS deaktiviert worden. Machen Sie dies rückgängig, indem Sie ins BIOS gehen. Drücken Sie dazu eine bestimmte Taste, sobald der Rechner bootet. Die Taste ist fast immer [Del] = [Entf], aber sie wird ohnehin beim Booten angezeigt.

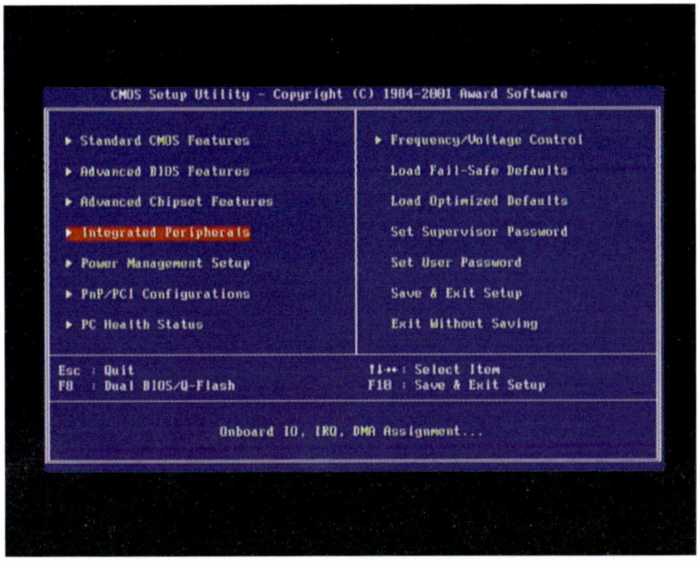

6 Gehen Sie im BIOS-Setup zu den Integrated Peripherals.

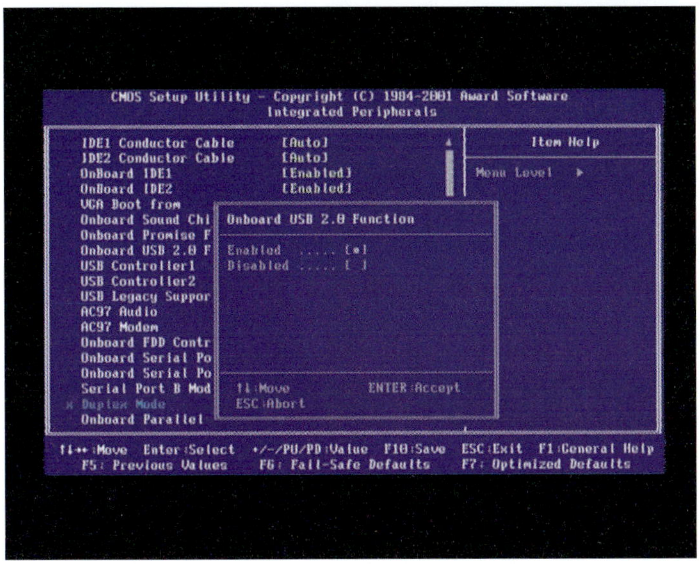

7 Setzen Sie die USB-Controller auf Enabled (angeschaltet).

Hinweis

Sind die USB-Ports im BIOS aktiv, aber dennoch im Geräte-Manager unsichtbar, könnte es sein, dass es ein Hardwareproblem gibt (d. h., die USB-Ports sind intern nicht verkabelt). Ansonsten besteht die Möglichkeit, dass es Schwierigkeiten mit dem Treiber gibt. Sehen Sie im Geräte-Manager nach, ob ein unbekanntes Gerät angezeigt wird. Das könnte der USB-Controller sein. Die Treiber müssen Sie sich dann vom Hersteller des Mainboards oder der USB-Erweiterungskarte besorgen.

8 Benutzen Sie Esc und dann SAVE AND EXIT SETUP, um Ihre Änderungen zu speichern und das BIOS-Setup wieder zu verlassen.

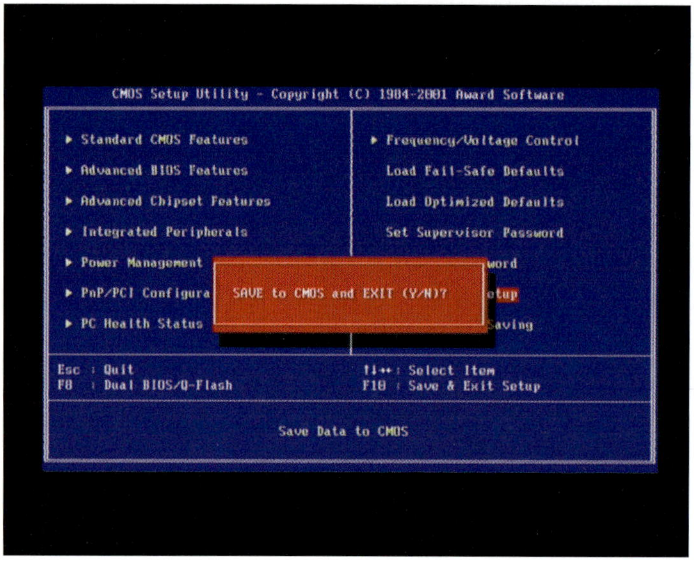

9 Bestätigen Sie. Dazu müssen Sie die Taste Z drücken, wo auf einer englischen Tastatur das Y für Yes wäre, gefolgt von der Eingabetaste. Danach sollte der USB-Controller aktiv sein.

Treiberinstallation

Bei USB-Geräten muss man meist (aber keineswegs immer) die Treiber vor dem Anschluss des Geräts installieren. Das Nähere entnehmen Sie der Dokumentation des Geräts.

Hinweis

Es gibt USB-Geräte mit eigener Stromversorgung und solche, denen der Strom, der über den USB-Port kommt, reicht. Wenn Sie aber mehrere solcher USB-Geräte, die ihren Strom aus der USB-Schnittstellte ziehen, nebeneinander an einen USB-Hub ohne eigene Stromversorgung hängen – z. B. einen Tastaturhub –, dann kann das zu Problemen, ja zu massiven Abstürzen führen. Schließen Sie daher USB-Modems ohne Netzteil stets an einem USB-Hub mit Netzteil (z. B. am Monitor) an.

1. Sehen Sie sich zunächst in aller Ruhe die Dokumentation Ihres Adapters an. Es kann sein, dass Sie zuerst die Treiber-CD einlegen und dann das Gerät anstecken sollen – wenn das dort so steht, dann tun Sie das auch. Oft muss man aber erst die Treiber installieren, den Rechner neu booten und dann den Adapter anschließen.

2. Wenn Sie erst das Modem anschließen sollen, legen Sie zunächst die CD ins optische Laufwerk. Stecken Sie dann den ISDN- oder DSL-Adapter an einem freien USB-Port ein.

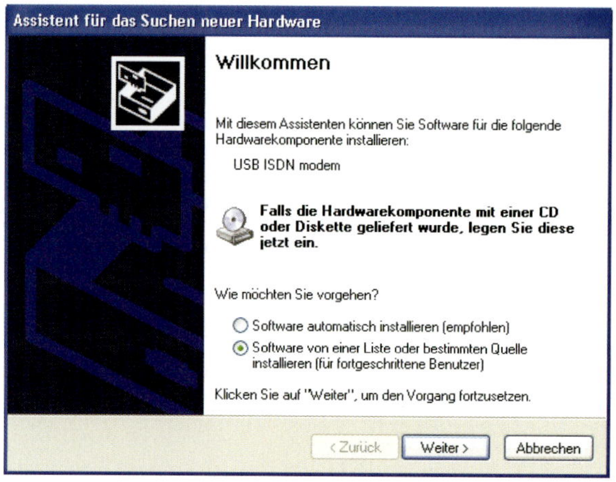

3 Falls der Adapter von Windows erkannt wird, erscheint eine Meldung wie in der Abbildung.

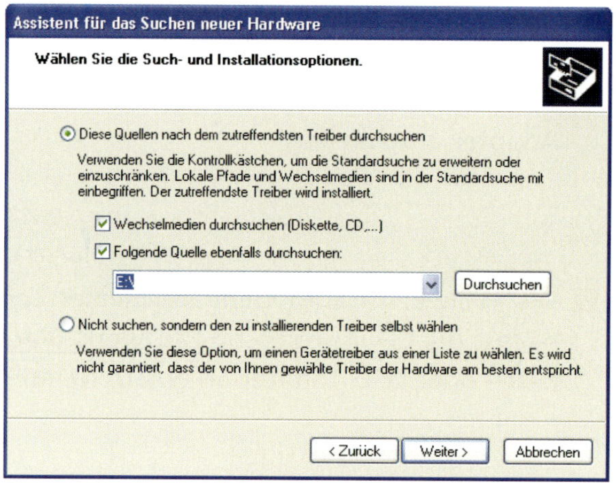

4 Der Computer sucht nach den Treibern auf der Hersteller-CD. Falls der PC die Treiber selbst nicht findet, setzen Sie den Haken bei FOLGENDE QUELLE EBENFALLS DURCHSUCHEN und klicken auf DURCHSUCHEN.

5 Wählen Sie das optische Laufwerk und durchsuchen Sie seine Unterverzeichnisse. Oft sind die Treiber in einzelnen Verzeichnissen abgelegt, die nach den jeweiligen Windows-Versionen benannt sind. Wählen Sie den entsprechenden Ordner für Ihr Windows, und bestätigen Sie.

6 Es kann sein, dass Sie während der Installation die Windows-CD brauchen. Das sollte aber nur bei Windows 98 und Me, nicht aber bei XP passieren.

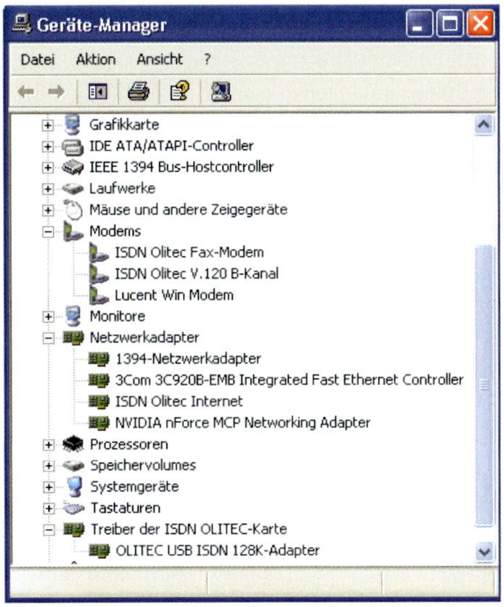

7 Wählen Sie nun START, SYSTEMSTEUERUNG. Doppelklicken Sie SYSTEM, und klicken Sie auf den Reiter HARDWARE. Klicken Sie dann GERÄTE-MANAGER. Wenn die Installation geklappt hat, sollte dort Ihr Adapter zu finden sein, und zwar ohne gelbe oder rote Markierung. Das Beispielgerät hat sich sogar mehrfach eingetragen: Unter MODEMS, unter NETZWERKADAPTER, und mit einem ganz eigenen Eintrag.

Internetzugang mit einem USB-ISDN- oder -DSL-Adapter

Während die Konfiguration eines ISDN-Adapters stets mehr oder weniger gleich verläuft, kann es bei DSL größere Unterschiede geben.

1 Sobald Sie den Adapter mit USB-Anschluss einstecken, sucht und installiert Windows die Treiber. Sie können getrost eventuelle Proteste von Windows, der Treiber sei nicht signiert, ignorieren.

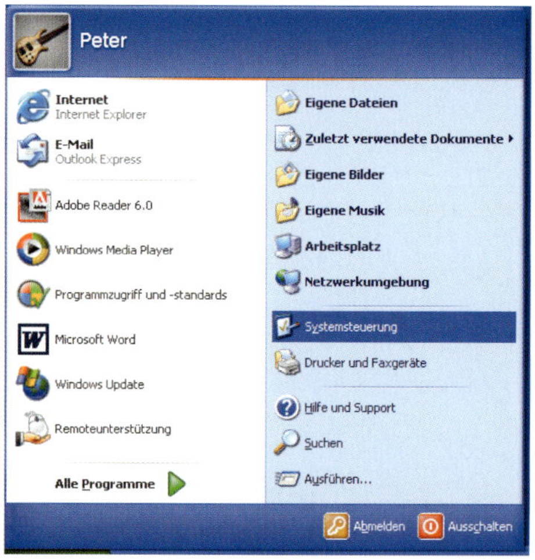

2 Wählen Sie dann START, SYSTEMSTEUERUNG.

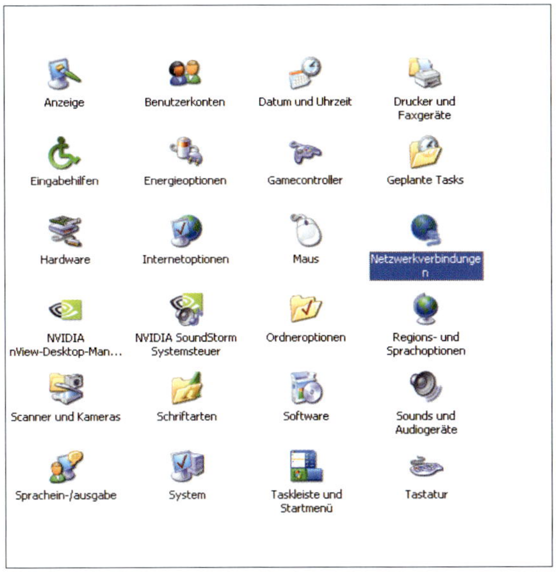

3 Doppelklicken Sie auf NETZWERKVERBINDUNGEN.

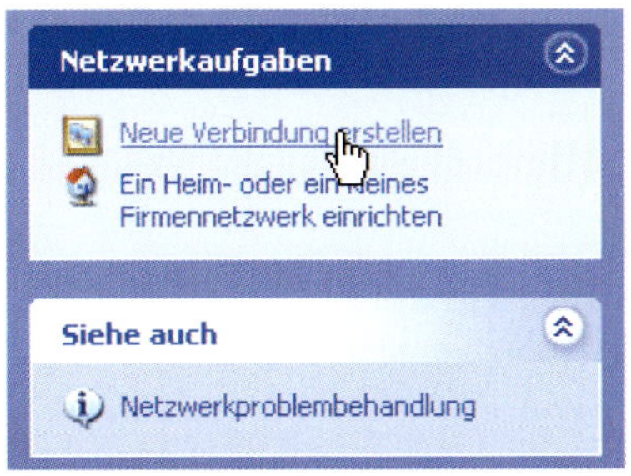

4 Klicken Sie im linken Bereich auf NEUE VERBINDUNG ERSTELLEN.

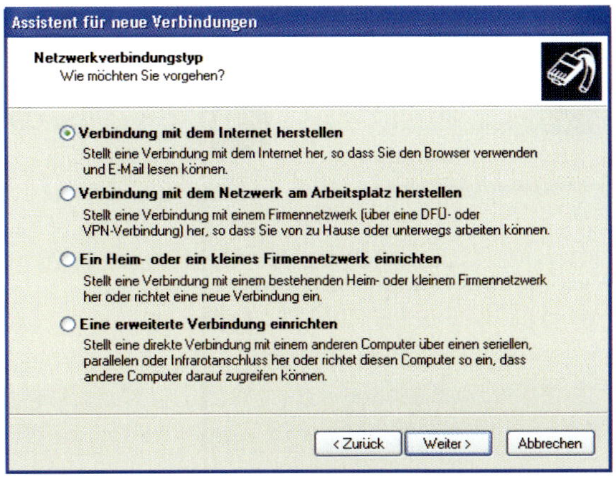

5 Damit starten Sie den ASSISTENTEN FÜR NEUE VERBINDUNGEN. Klicken Sie auf WEITER und wählen Sie dann VERBINDUNG MIT DEM INTERNET HERSTELLEN.

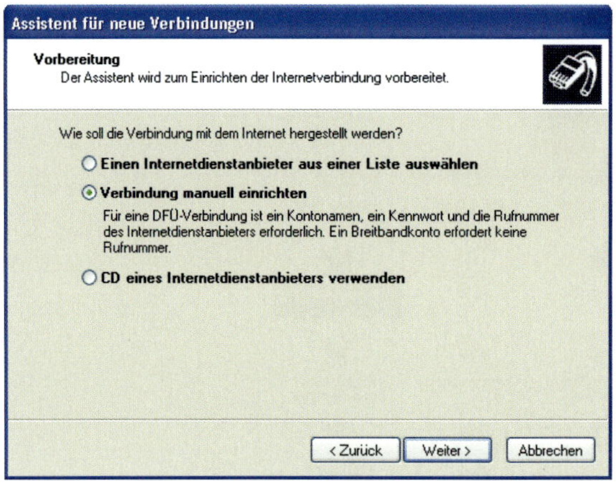

6 Wählen Sie VERBINDUNG MANUELL EINRICHTEN.

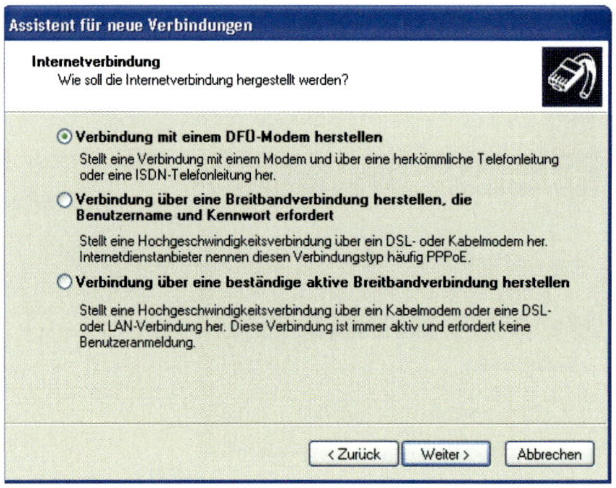

7 Wählen Sie nun VERBINDUNG MIT EINEM DFÜ-MODEM HERSTELLEN, falls Sie ISDN verwenden, bzw. VERBINDUNG ÜBER EINE BREITBANDVERBINDUNG HERSTELLEN, DIE BENUTZERNAME UND KENNWORT ERFORDERT, falls Sie DSL benutzen.

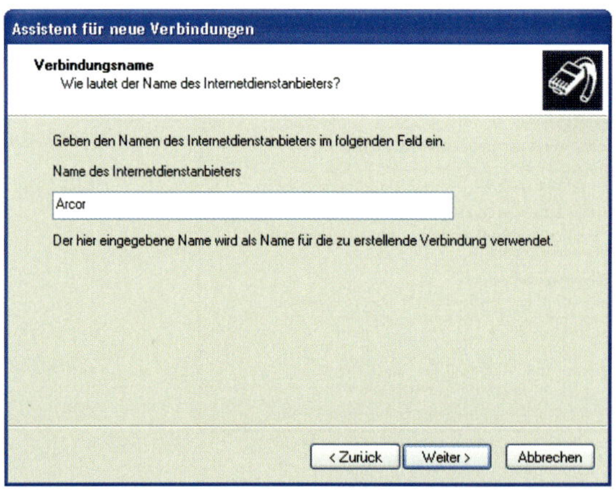

8 Geben Sie den Namen Ihres Providers ein.

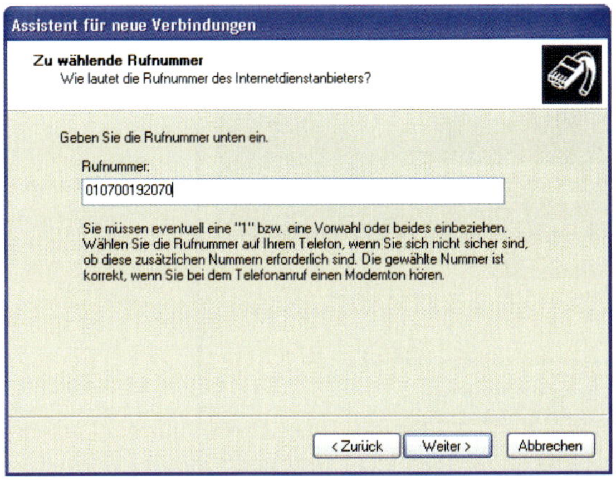

9 Der nächste Bildschirm erscheint nur, wenn Sie einen ISDN-Adapter einrichten (bei DSL gibt es keine Einwahlnummer). Geben Sie die Einwahlnummer ein, die Ihnen Ihr Provider mitgeteilt hat.

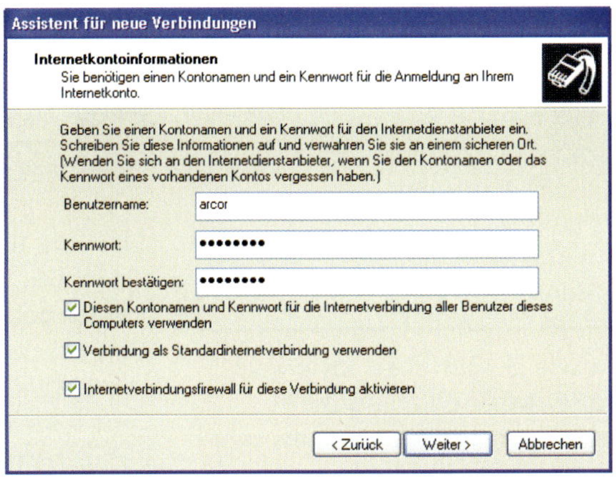

10 Geben Sie nun Ihren Benutzernamen und Ihr Passwort ein, und zwar genau in der Form, wie Sie Ihnen vom Provider mitgeteilt wurden. Beachten Sie dabei die Groß- und Kleinschreibung. Übrigens kann ist der Benutzername manchmal eine sehr merkwürdige Form annehmen, z. B. bei der Kombination DSL/T-Online. Fragen Sie notfalls bei der Provider-Hotline nach.

11 Setzen Sie den Haken bei VERKNÜPFUNG AUF DEM DESKTOP HINZUFÜGEN, und klicken Sie dann auf FERTIG STELLEN.

12 Daraufhin öffnet sich automatisch das Verbindungsfenster. Wenn Sie wollen, können Sie sofort Ihre Verbindung testen: Klicken Sie einfach auf VERBINDEN.

Achtung

Alle ISDN-Adapter werden wie beschrieben installiert. Bei DSL-Modems kann es aber große Unterschiede geben! Lesen Sie also unbedingt die Anleitung Ihres DSL-Modems sehr sorgfältig, und folgen Sie ihr gewissenhaft.

Tipp

Sollte der Verbindungsaufbau scheitern, könnte es durchaus sein, dass das nur an einem falsch eingegebenen Benutzernamen und Passwort liegt. Geben Sie die Daten nochmals sehr gewissenhaft ein. Wie bereits oben gesagt, kann der Benutzername bei DSL oft recht merkwürdig sein. So lautet er z. B. für T-Online-DSL-Kunden: Anschlusskennung, dann ohne Leer- oder Trennzeichen T-Online-Nummer, dann #0001@t-online.de („t-online.de“ in Kleinbuchstaben!). Das Ergebnis ist also ein Ungetüm mit mehr als 20 Stellen!

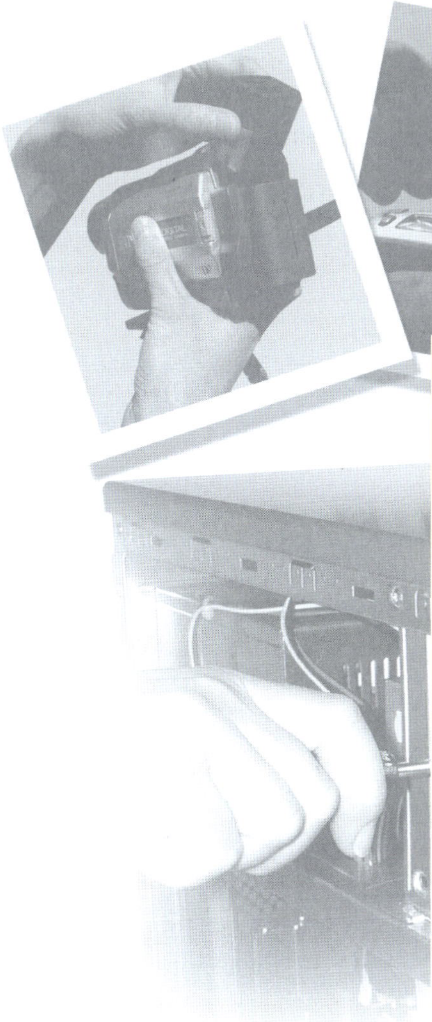

ZU GUTER LETZT

Wenn Sie einen USB-Drucker installieren wollen und dabei Probleme haben, dann prüfen Sie wie im Abschnitt ISDN/DSL beschrieben, ob die USB-Ports im BIOS deaktiviert wurden. *Befolgen Sie genau die Anleitung des USB-Druckers (oder auch USB-Scanners), ob Sie zuerst die Treiber installieren oder zuerst das Gerät einstecken sollen.*

Ihre DSL-Verbindung kommt nicht zustande? *Das kann viele Ursachen haben. Fragen Sie bei der Telekom, ob die Leitung bereits geschaltet ist. Prüfen Sie, ob das DSL-Modem korrekt installiert ist (Geräte-Manager!). Checken Sie noch einmal alle Kabel durch. Und prüfen Sie vor allem die Groß- und Kleinschreibung von Benutzernamen und Passwort.*

TEIL 5

Windows für Multimedia-Hobbys

In diesem fünften Teil, der sich explizit an Einsteiger richtet, werden Sie endlich nach all den Bastel- und Installationsarbeiten etwas von Ihrem neuen PC haben. Es gibt zu jedem der Themen, die wir hier streifen, eigene Bücher – wenn Sie sich also tiefer einarbeiten wollen: nur zu! In den kleinen Workshops dieses Teils verwenden wir einfache Programme, die entweder bereits Teil von Windows sind oder für relativ wenig Geld gekauft werden können. Sie sollen einfach mit Ihrem neuen PC durchstarten können und wissen, wo die gröbsten Lücken von Windows sind. Ich nenne ab und zu ein paar zusätzliche Tools, mit denen Sie etwas mehr erledigen können.

KAPITEL 22

Video-Capturing und -schnitt, DVD-Video

In diesem Kapitel stelle ich Ihnen ein paar Beispiele für Video-Capturing und -schnitt sowie DVD-Authoring mit Windows vor. Ich benutze dazu teils integrierte Tools, teils Kaufsoftware. Windows Movie Maker 2.0 (Bestandteil von Windows XP) ist das derzeit am wenigsten flexible Tool, weil es für die erstellte CD ein proprietäres Format benutzt (DVDs kann man damit gar nicht erstellen).

Capturing

Capturen können Sie, sofern Sie die richtige Software haben, von einem DV-Camcorder, einer TV-Tuner-Karte mit WDM-Treibern, einer Webcam mit WDM-Treibern, einem Analog-Digital-Wandler usw. Alle Videoschnittprogramme haben eine Capturingfunktion eingebaut.

- Bei Windows Movie Maker (die verbesserte Version 2.0 können Sie kostenlos herunterladen) starten Sie das Capturing, indem Sie auf den Link VIDEO VON GERÄT AUFNEHMEN klicken. Im erscheinenden Dialogfenster werden alle Peripheriegeräte und Videoquellen angezeigt, die WDM-Treiber verwenden und damit von Windows XP erkannt werden. Die richtigen Captu-

ringeinstellungen hängen sowohl von den Fähigkeiten des Peripheriegeräts als auch denen des Rechners ab. Wenn Sie eine hohe Capturingauflösung und viele Bilder pro Sekunde einstellen, dann werden die Bilder bei einem schwachen Recher qualitativ minderwertig sein. Sie können bei Windows Movie Maker das Dateiformat nicht einstellen: WMV ist vorgegeben, Sie können nur Bitrate und Auflösung bestimmen.

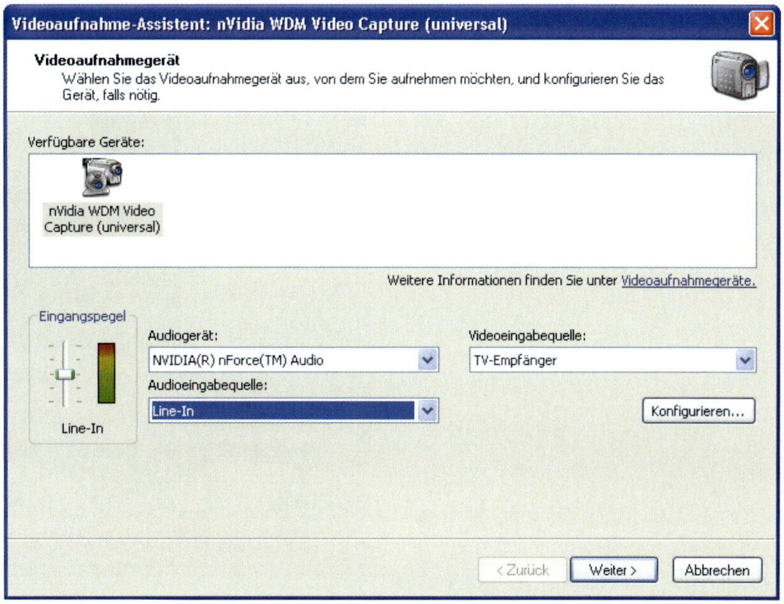

Hinweis

Egal, welche Capturingsoftware Sie verwenden: Videoquellen lassen sich nur dann zum Capturen verwenden, wenn sie von XP mittels WDM-Treiber erkannt werden, sie angesteckt und angeschaltet sind und wenn sie nicht schon von einer anderen Anwendung benutzt werden. Digitale Camcorder werden nur erkannt, wenn sie auf Abspielen (und nicht Aufnahme) eingestellt sind.

- Bei Ulead VideoStudio wechseln Sie nach dem Programmstart zum Reiter AUFZEICHNEN. Wählen Sie die Capturing-Quelle und das Aufzeichnungsformat. Ein Klick auf VIDEOAUFNAHME, und das Capturing startet.

- DVD Builder, Bestandteil von Easy CD&DVD Creator 6, ist ebenfalls ein sehr leicht bedienbares Programm zum Capturen von WDM-kompatiblen Videoquellen. Sie müssen nur auf das Kamera-Icon klicken, um in den Capture-Bereich zu gelangen. Dort wählen Sie Ihre Quelle und legen die Einstellungen fest. Dann können Sie capturen.

Videoschnitt mit Windows Movie Maker

Der Videoschnitt ist eine wichtige Etappe bei der Filmproduktion. Ein Film erhält erst beim Schnitt seine endgültige Fassung, seine Effekte, seinen Ton. Es gibt große Unterschiede bei der Qualität von Videoschnittprogrammen. Windows Movie Maker ist ein recht einfaches Programm, misst man es an richtigen Schnittprogrammen wie Ulead VideoStudio oder Pinnacle Studio.

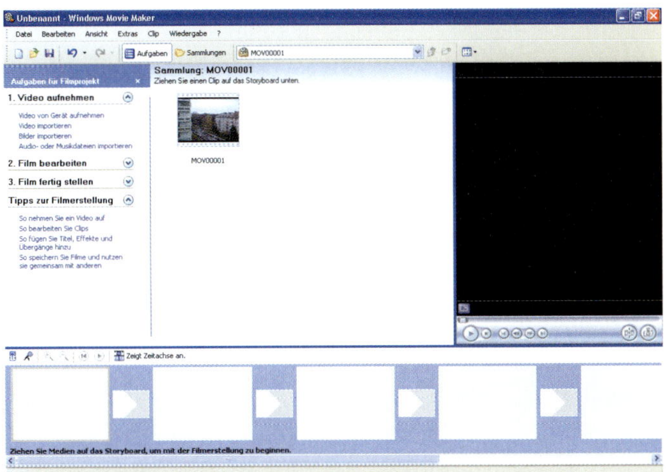

1 Die Bedienoberfläche von Windows Movie Maker (zu dem Sie über START, PROGRAMME, ZUBEHÖR kommen) stellt sich so dar.

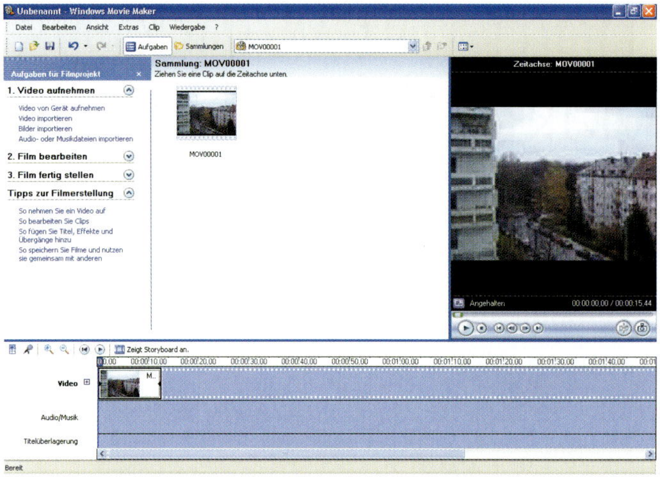

2 Das Programm funktioniert prinzipiell so: Zuerst laden Sie vorhandene Videodateien, oder Sie capturen sie. Dann hängen Sie sie in der gewünschten Reihenfolge zusammen. Sie ziehen sie dazu aus der Sammlung in das Storyboard (der Bereich ganz unten). Die Clips in der Sammlung können im rechten Fensterbereich abgespielt und evtl. beschnitten werden, indem Sie einen Start- und einen Endpunkt angeben. Bei Movie Maker 2.0 sind viele Fehler der Versionen 1.0 und 1.1 korrigiert.

Achtung

Wenn Sie beim Import von Videodateien (WMV, AVI, MPEG) die Checkbox Clips für Videodateien erstellen anhaken, zerlegt Windows Movie Maker die einzelne Datei automatisch in Clips. Bei Movie Maker 1.0 funktionierte das ganz gut, nicht bei der Version 2.0: Nur bei MPEG1.0 klappt es.

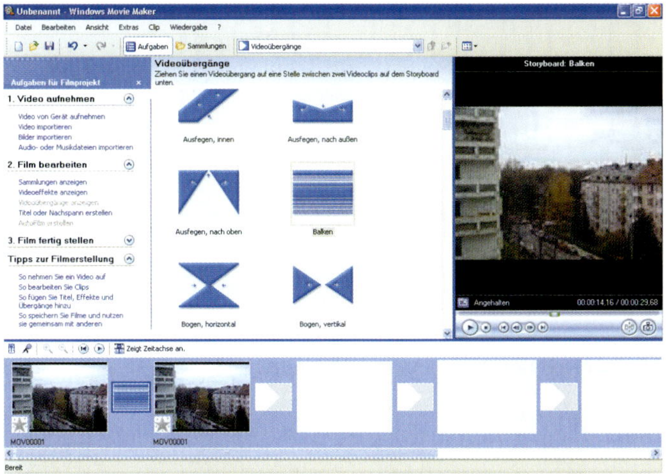

3 Bei Windows Movie Maker 2.0 gibt es endlich Übergangseffekte. Bei den einzelnen Clips in der Zeitachse bzw. dem Storyboard können Sie die Eigenschaften verändern. Übergänge legen Sie fest, indem Sie den Übergangseffekt auf den Kasten zwischen zwei Clips ziehen.

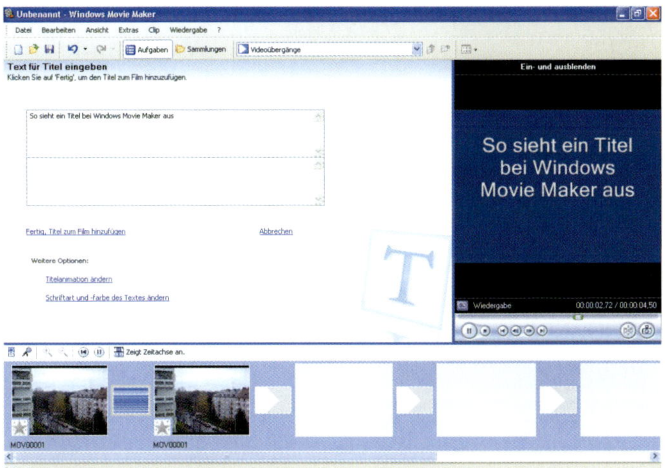

4 Es gibt zwar Titel und Nachspanne (Sie kommen via EXTRAS, TITEL UND NACHSPANNE zu dieser Option), aber in dieser Hinsicht ist Windows Movie Maker noch meilenweit von der Konkurrenz entfernt.

Videoschnitt mit Ulead VideoStudio

Die Stärke von VideoStudio sind die Einfachheit der Bedienung, die zahlreichen Import/Export-Funktionen und das eingebaute Brennmodul für DVD/SVCD/VCD. Ich gehe hier nur auf ein paar Schnittfunktionen ein. Auf die Brennfunktionen kommen wir in einem späteren Abschnitt zu sprechen.

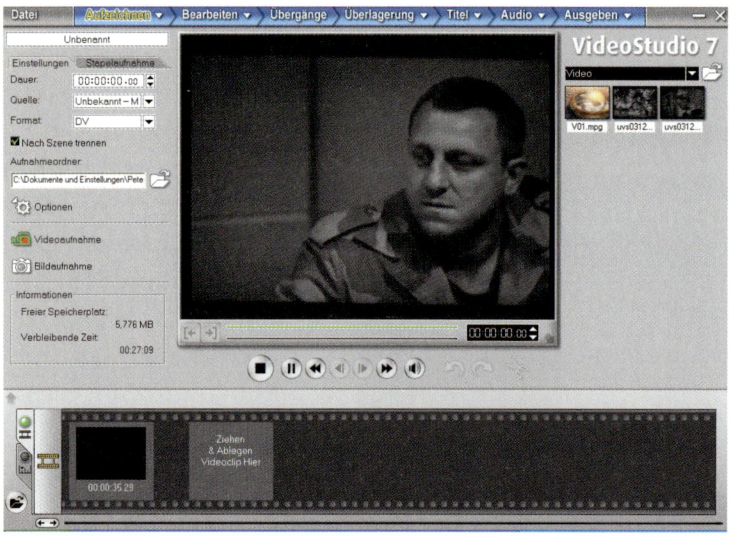

1 Der erste Bereich, der nach dem Programmstart von VideoStudio angezeigt wird, ist das Capturingmodul. Wie es funktioniert, wurde bereits in einem anderen Kapitel erklärt.

Hinweis

Alle Dateiformate, mit denen VideoStudio umgehen kann, können beim Schneiden durcheinander verwendet werden: So können Sie AVI-, MPEG1-. MPEG2- und DivX-Dateien bunt mischen, ohne dabei etwas Spezielles beachten zu müssen.

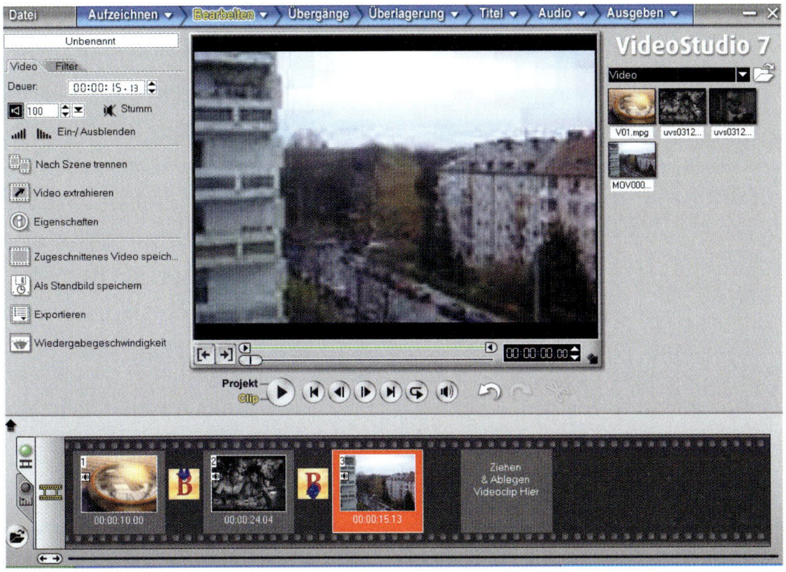

2 Im Storyboard-Bereich (Reiter Bearbeiten) gibt es drei Hauptbereiche:

- Im linken Fensterbereich werden die Werte der Einstellungen angezeigt, die für den Videoclip gelten, den Sie gerade bearbeiten.
- Der Bereich unten dient zur Verwaltung des Storyboards und der verschiedenen Eingriffe, die Sie an den Videos vornehmen.
- Rechts findet sich die Bibliothek Ihrer Videoclips, Ihrer Bilddateien und der vorhandenen Videofilter.

Hinweis

Im Storyboard-Bereich können Sie die einzelnen Clips auch zuschneiden, d. h. an einer bestimmten Stelle beginnen und an einer anderen enden lassen. Verwenden Sie den Regler unter dem Vorschaufenster und die beiden Buttons links vom Regler, um Anfang und Ende der Sequenz zu bestimmen. So können Sie einen langen Film in einzelne Stücke zerlegen, die Sie dann wieder aneinander hängen, denn jede von Ihnen manuell definierte Sequenz kann wieder als Datei gespeichert werden, indem Sie den Button ZUGESCHNITTENES VIDEO SPEICHERN anklicken. Ebenfalls im Bereich Storyboard können Sie Standbilder machen, die dann in die Bibliothek aufgenommen werden.

3 Wenn Sie einfach nur bestimmte Szenen aufeinander folgen lassen wollen, dann reicht es, die Clips aus der Bibliothek ins Storyboard zu ziehen. Falls sich die Dateien nicht in der Bibliothek befinden, können Sie mit dem kleinen Ordner-Icon rechts oben auf sie zugreifen.

4 Wenn Sie Übergangseffekte zwischen die verschiedenen Clips des Storyboards setzen wollen, klicken Sie auf den nächsten Reiter namens ÜBERGÄNGE.

5 Sie finden dort zahllose Übergangseffekte: 3D-Effekte, Gleiten, Rollen usw. usf. Um einen Effekt anzuwenden, klicken Sie ihn in der Bibliothek an. Testen Sie ihn, ziehen Sie ihn zwischen zwei Clips und legen Sie dann seine Dauer mit der Uhr links oben fest. Mit dem Regler unter dem Vorschaufenster können Sie den Effekt direkt testen.

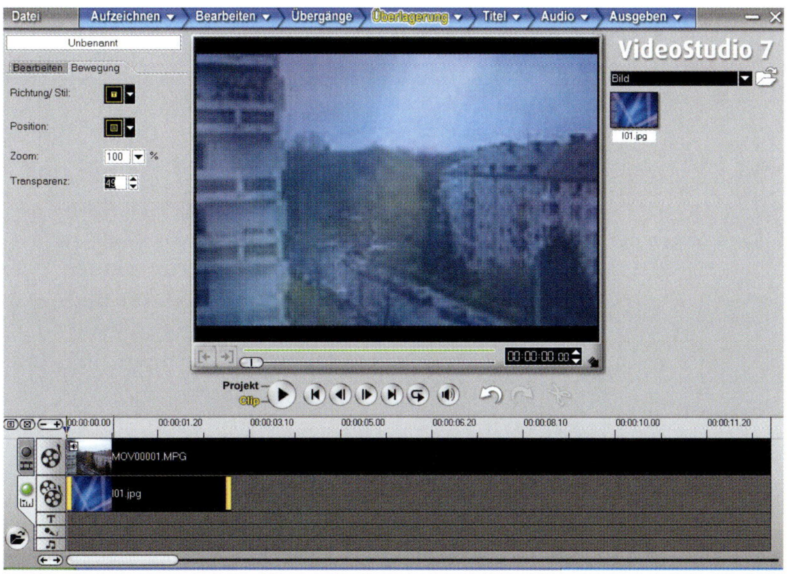

6 Mit dem Reiter Überlagerung können Sie zwei Videospuren überlagern. So könnten Sie z. B. einen Sprecher vor einen Hintergrund stellen. Sie können auch Transparenzen definieren. Ziehen Sie einfach das Überlagerungsvideo in die entsprechende Spur, und legen Sie dann seine Eigenschaften im linken Fensterbereich (vor allem mit dem Reiter Bewegung) fest.

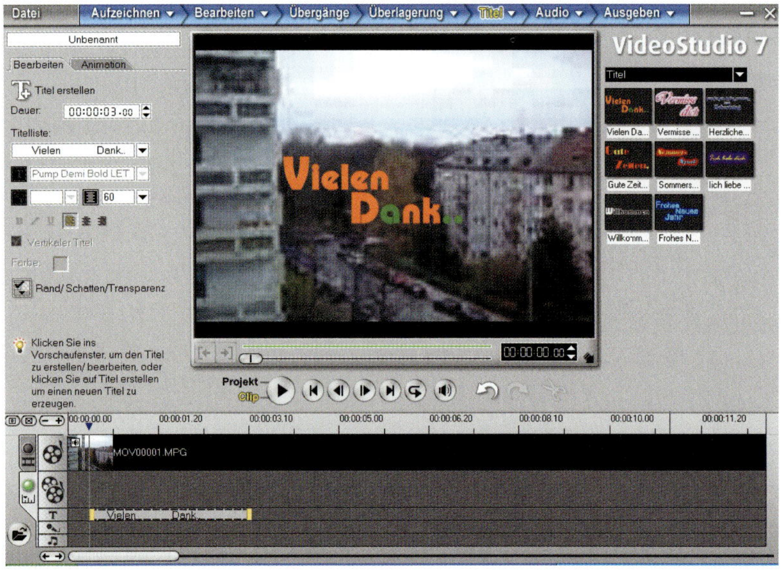

7 Im Reiter TITEL stehen Ihnen zahlreiche Optionen zur Titelgestaltung zur Verfügung. Ziehen Sie einfach den gewünschten Titel in die entsprechende Spur, und passen Sie Inhalt, Bewegung sowie Farben nach Wunsch an. Die Dauer ist einstellbar, ebenso die Positionierung auf der Videospur.

Hinweis

Wenn Sie einen Abspann erstellen wollen, müssen Sie nur den Text eintippen und dann über die Videospur ziehen lassen. Wenn gar keine Videospur darunter liegt, zieht der Abspann über schwarzen Hintergrund – wie bei einem Kinofilm!

Videoschnitt mit Pinnacle Studio

Pinnacle Studio bietet zahllose Effekte und Titeloptionen, sodass das Programm fast schon mit professionellen Lösungen konkurrieren kann. Kein Wunder – Pinnacle ist schließlich auch auf dem Profimarkt vertreten. Ein weiterer Vorteil des Programms ist, dass Sie direkt vom Videoschnitt zum Authoring und Brennen weitergeführt werden.

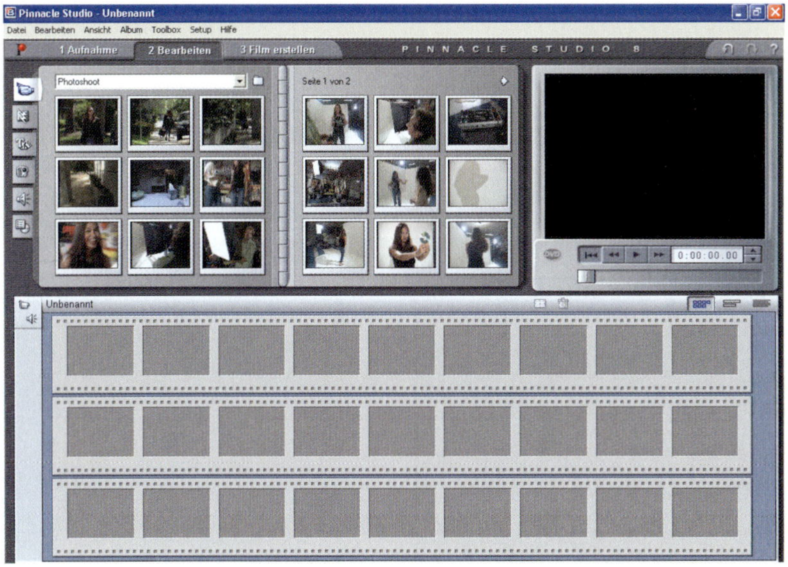

1 Wir beginnen unser Beispiel mit einer automatischen Szenenerkennung. Diese Option (die auch Windows Movie Maker und Ulead VideoStudio bieten) dient dazu, einen Film automatisch in die einzelnen Szenen zu zerlegen. Wir befinden uns im Reiter BEARBEITEN.

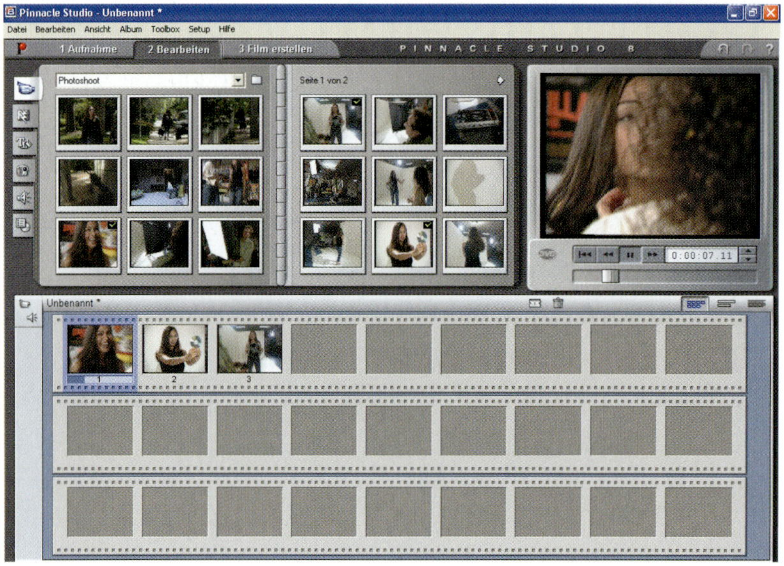

2 Um den Mechanismus zu verstehen, ziehen Sie die erkannten Clips in die Timeline unten am Bildschirm. Die Reihenfolge ist egal, und außerdem können Sie die Clips jederzeit mit Drag&Drop anders anordnen.

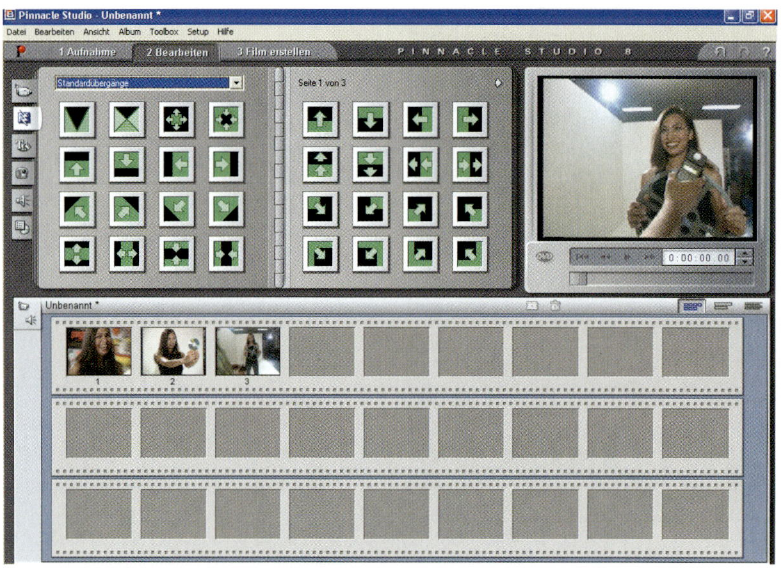

3 Um Übergänge zwischen die Clips des Storyboards zu setzen, wechseln Sie zu den Übergängen. Klicken Sie dazu auf das Blitz-Icon links oben, direkt unter der Kamera.

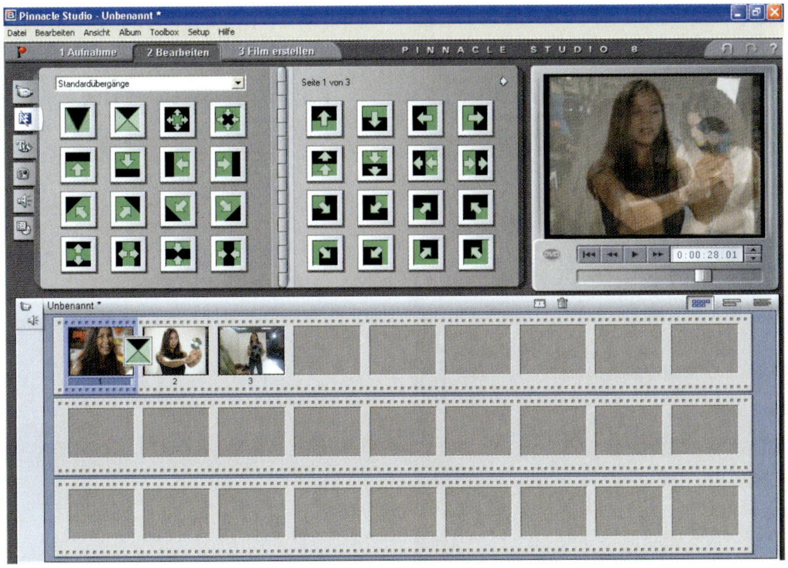

4 Ziehen Sie den Übergang zwischen zwei Clips. Um ihn zu sehen, klicken Sie oben und verwenden den Vorschauregler, der sich direkt unter den Bedienbuttons des Vorschaufensters befindet.

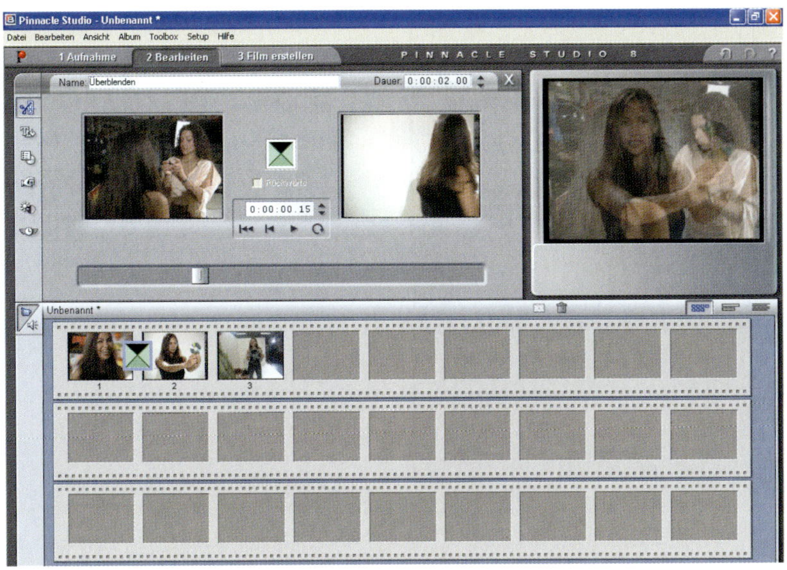

5 Um Einstellungen für Ihren Übergang festzulegen, doppelklicken Sie auf das Icon des Übergangs, woraufhin sich ein Bedienfenster hochschiebt. Sie können Dauer und Richtung des Übergangs festlegen sowie den Clip kontinuierlich abspielen lassen. Diese Option ist vor allem dann sehr nützlich, wenn Sie den Film manuell in Einzelszenen zerlegt haben oder aus einem anderen Grund auf Fehlersuche sind. Dank der Abspielschleife können Sie eventuelle Fehler schnell erkennen.

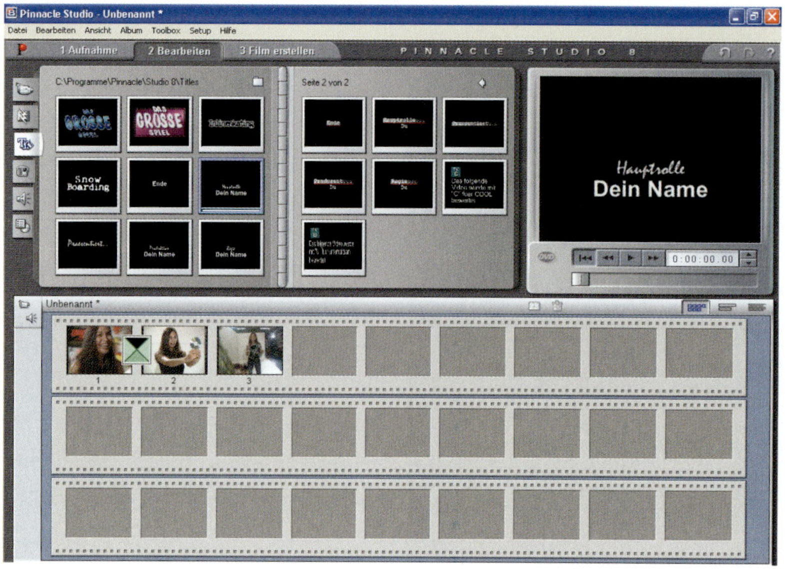

6 Nun kommen wir zur Titelerstellung. Klicken Sie auf das Titel-Icon (das dritte von oben, nach Kamera und Übergängen). Wählen Sie einen Titel aus, und ziehen Sie ihn auf den entsprechenden Clip.

7 Wenn Sie den Effekt anklicken, dazu links das Titel-Icon wählen und auf TITEL BEARBEITEN klicken, können Sie den Text verändern.

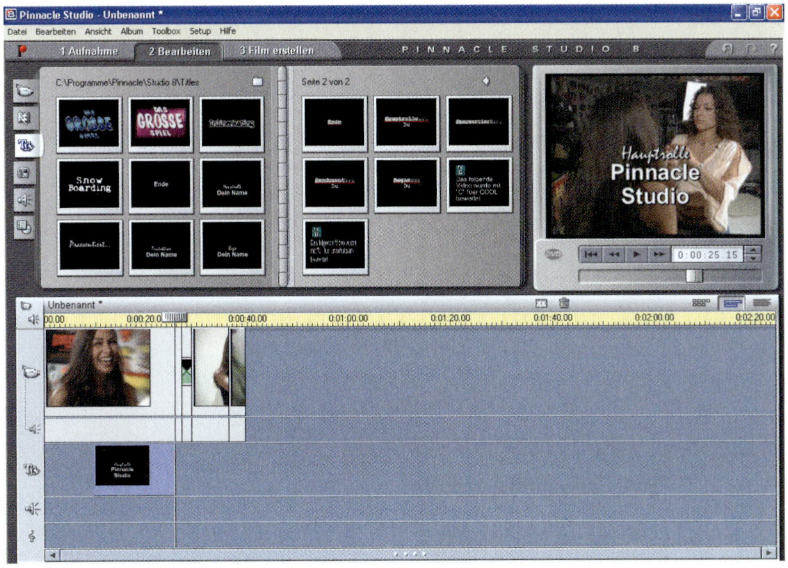

8 Es gibt bei den Titeln zahlreiche Optionen, die geradezu professionelle Titelgestaltung ermöglichen. Sie können die Schrift weichzeichnen, umranden und mit Schlagschatten versehen. Zudem haben Sie die Möglichkeit, hinter die Schrift ein Hintergrundbild zu setzen. Um die exakte Einblendezeit festzulegen, sollten Sie von der Storyboard- in die Timeline-Ansicht umschalten.

Hinweis

Die Übergangseffekte von Pinnacle Studio sind von herausragender Qualität. Wenn Sie gutes DV-Ausgangsmaterial verwenden , können Sie mehr oder weniger professionelle Ergebnisse erreichen. Falls Ihr PC wirklich schnell ist (2 GHz und mehr) können Sie die atemberaubenden Effekte „Hollywood FX 3D" einsetzen. Leider sind viele dieser Effekte kostenpflichtig und müssen separat erworben werden.

9 Um einen Nachspann zu erstellen, können Sie entweder mit wechselnden Titeln arbeiten oder aber einen einzigen langen Text als Titel definieren und ihn dann von oben nach unten oder von unten nach oben über den Bildschirm bewegen.

Authoring von VCDs und DVDs

Ich habe für diesen Abschnitt VideoStudio als Beispiel verwendet, weil dieses Programm einerseits bezahlbar ist, andererseits alle Schritte von Capturing über Videoschnitt bis hin zum Authoring ermöglicht.

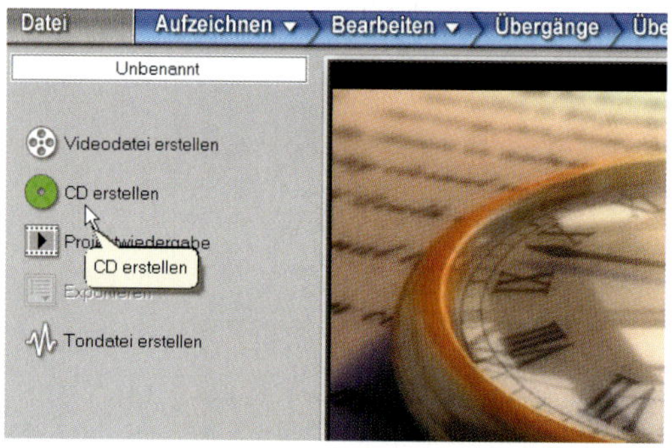

1 Sie können mit Ulead VideoStudio DVDs, SVCDs oder VCDs erstellen, d. h. den Film auf einen DVD- oder CD-Rohling brennen. Schneiden Sie zuerst Ihren Film. Sobald dieser Schritt erledigt ist, klicken Sie auf den Reiter AUSGEBEN und klicken dann auf den Button CD ERSTELLEN. Sie müssen auch dann dorthin klicken wenn Sie eine DVD erstellen wollen.

Hinweis

Auch Pinnacle Studio ist ein hervorragendes Programm, aber es ist auf die Erstellung von DVDs spezialisiert. Wenn Sie auch VCDs erstellen wollen, ist Ulead VideoStudio die bessere Wahl. Mit etwas Glück liegt aber Pinnacle Studio bereits Ihrem DVD-Brenner bei. Ein solches Bundle-Angebot kann Ihnen viel Geld sparen.

2 Sie gelangen damit zu einem ersten Bildschirm, in dem Sie Ihrem Authoringprojekt weitere Szenen hinzufügen können. Wenn Sie wollen, dass man durch Ihre Szenen per Fernbedienung navigieren kann, lassen Sie die Option MENÜS ERSTELLEN angehakt.

3 In derselben Schnittstelle haben Sie auch die Möglichkeit, den ersten Clip als Erstwiedergabe-Video festzulegen. Ein Erstwiedergabe-Video wird angezeigt, ehe man zum Menü gelangt. Die Filmindustrie verwendet diesen Platz oft für Copyrighthinweise. Falls Sie selbst ein Erstwiedergabe-Video festlegen wollen, achten Sie bitte darauf, dass es nicht zu lang ist.

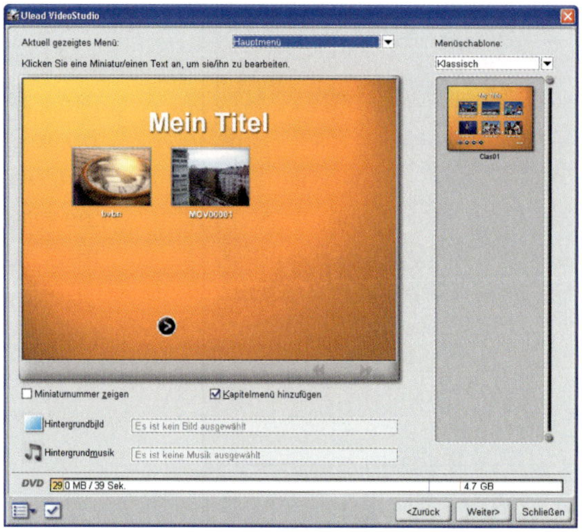

4 Klicken Sie auf WEITER, um zur Menü-Erstellung zu gelangen.

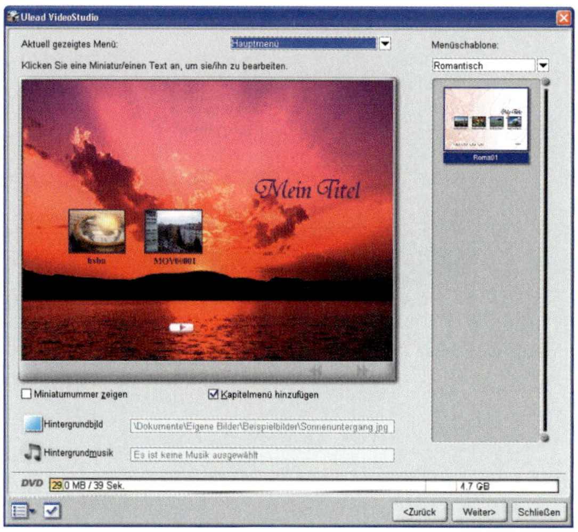

5 Im Menü MENÜSCHABLONE stehen Ihnen verschiedene Menüvorlagen zur Verfügung, die je nach Projekt mehr oder weniger hilfreich sind. Zudem können Sie ein beliebiges Hintergrundbild wählen, auf dem dann die Vorschaubilder dargestellt werden.

Hinweis

Unterhalb der Menüvorschau sehen Sie zwei Checkboxen. Mit der linken, MINIATURNUMMER ZEIGEN, können Sie die Ordnungsziffer des jeweiligen Clips beim Vorschaubild erscheinen lassen. Mit KAPITELMENÜ HINZUFÜGEN erzeugen Sie Untermenüs. Sie können zudem die Namen der Clips, die unter den Vorschaubildern stehen, verschwinden lassen. Klicken Sie einfach auf die Texte und bearbeiten Sie sie.

6 Sobald Sie mit dem Menü zufrieden sind, klicken Sie auf WEITER. Sie gelangen dann zu einem simulierten DVD-Player, wo Sie Ihre Menüeinstellungen live testen können.

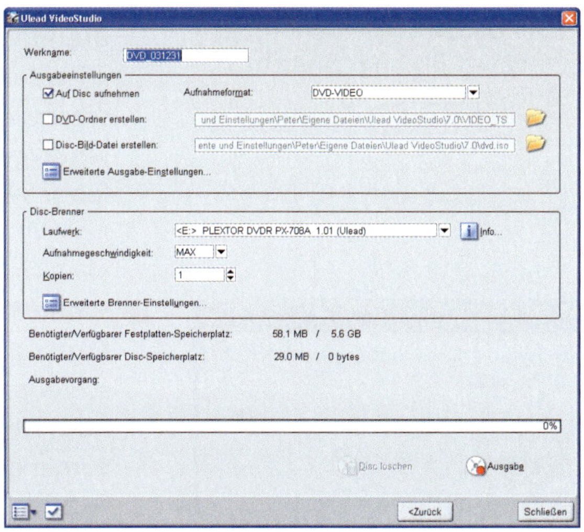

7 Falls Ihnen etwas nicht gefällt, klicken Sie auf ZURÜCK und modifizieren Ihre Einstellungen. Ansonsten klicken Sie auf WEITER, was Sie zum Brennbildschirm führt. Welche Optionen dort zur Verfügung stehen, hängt von Ihrem Brenner ab.

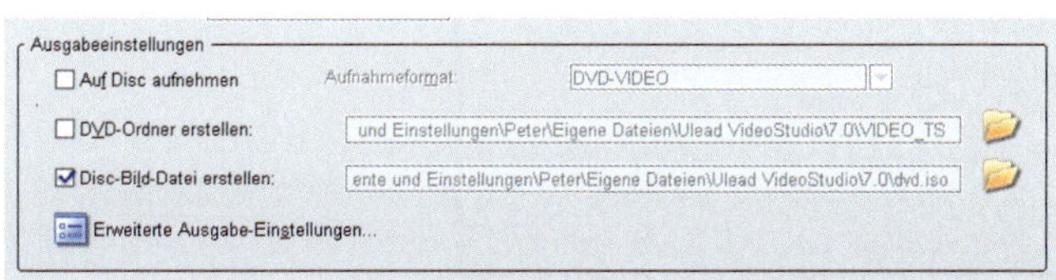

8 Anstatt gleich eine DVD zu brennen, können Sie erst einmal die Daten auf Festplatte schreiben. Dazu stehen Ihnen zwei Optionen zur Verfügung: Mit Disc-Bild-Datei erzeugen Sie ein ISO-Image der fertigen DVD. Das ist die beste Einstellung, wenn Sie mehrere Kopien derselben DVD verfertigen wollen. Schreiben Sie einmal das Image auf Festplatte und brennen Sie es dann, sooft Sie wollen.

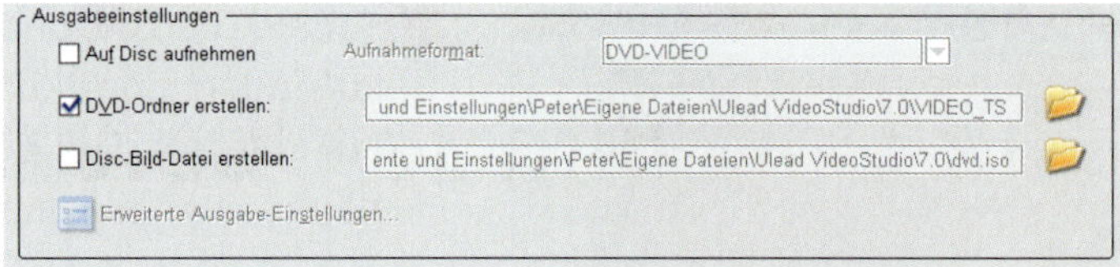

9 Die andere Option ist, die Verzeichnis- und Dateistruktur einer fertigen DVD auf Festplatte zu schreiben (also v. a. einen VIDEO_TS-Ordner mit VOB-Dateien). Sie können auch eine solche Struktur mehrfach brennen, und sie bietet zudem den Vorteil, dass Sie sie mit Ihrem Software-DVD-Player zuvor testen können.

Hinweis

Das Brennen der DVD kann eine ganze Weile dauern, je nach Geschwindigkeit des Brenners. Ein 4x Brenner braucht z. B. ca. eine Viertelstunde für eine randvolle DVD.

10 Wenn Sie sich aber fürs Brennen einer DVD entscheiden, zeigt die Fortschrittsleiste unten, wie viel schon geschafft ist und wie lange es noch dauert.

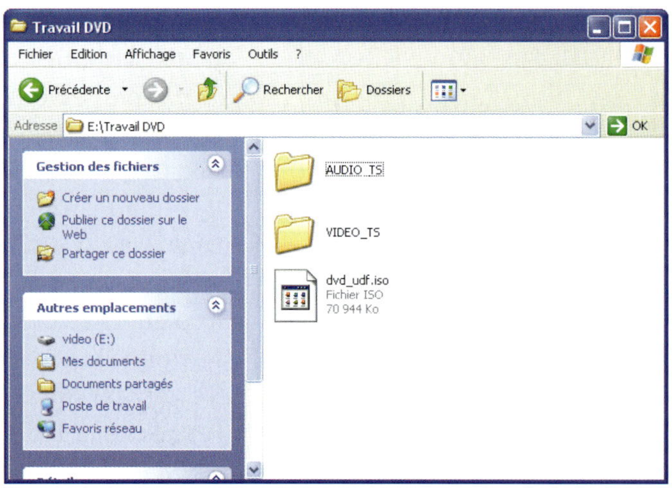

11 Wenn Sie sich für die DVD-Strukur auf Festplatte entschieden haben, finden Sie nach Abschluss des Schreibvorgangs die beiden Ordner AUDIO_TS und VIDEO_TS in dem Verzeichnis, das Sie angegeben hatten.

KAPITEL 23

Digitalfotografie und Bildbearbeitung

Dieses Kapitel kann nicht wirklich eine umfassende Einführung in die digitale Bildbearbeitung bieten. Ich will Ihnen nur einen Startpunkt bieten, von dem aus Sie selbst weitermachen können. Sie erfahren die Grundlagen der Dateiformate, wie man ein Bild dreht, verkleinert und in der Auflösung verändert.

Dateiformate

Es ist ausgesprochen wichtig, sich mit den Dateiformaten für Bilder auszukennen.

- Es gibt zahlreiche Dateiformate. Die beiden wichtigsten für Digitalfotos sind TIFF und JPEG. TIFF ist ein verlustfreies Dateiformat. JPEG komprimiert zwar verlustbehaftet, aber das Ergebnis sind erheblich kleinere Dateien. JPEG komprimiert besser als andere Formate und wird heute von allen Betriebssystemen und Programmen unterstützt.

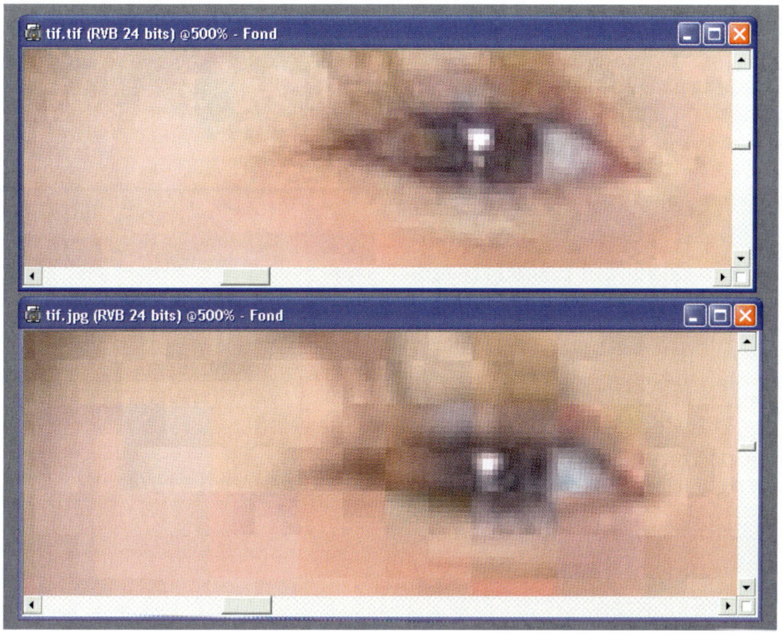

- Man kann TIFF-Bilder mit dem verlustfreien LZW-Algorithmus komprimieren. Im Ergebnis sind die Dateien ca. 4-10x kleiner.

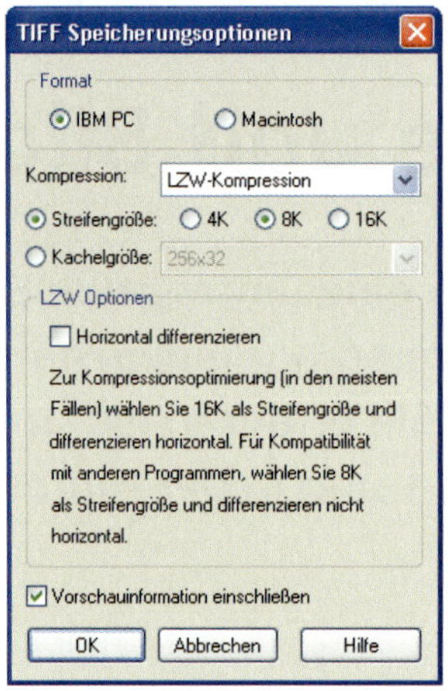

- Beim JPEG-Format gibt es zahlreiche Kompressionseinstellungen. Um Kompatibilitätsprobleme zu vermeiden, sollten Sie nur den Kompressionsregler manipulieren. Klar – je stärker Sie komprimieren, desto eher sieht man Fehler im Bild.

- Das JPEG-Format ist ideal, um Bilder per E-Mail zu verschicken oder um sie auf die Website zu stellen. Privatleute werden kaum je TIFFs benötigen. Falls Sie aber reprofähige Vorlagen erstellen sollen (z. B. als Buchautor), dürfte der Verlag Sie vermutlich um verlustfreie TIFFs bitten.

- Das JPEG-Format wird für Bilder auf Websites sowie für Fotografien mit 16 Millionen Farben verwendet. Für Grafiken mit wenigen Farben (z. B. Logos, Buttons, Illustrationen) ist das beste Format GIF. GIF-Dateien sind 4-6x kleiner als entsprechende JPEGs und noch dazu verlustfrei. Zudem kennen GIFs Transparenz als Farbe. So können Sie Logos auf Webseiten mit beliebiger Hintergrundfarbe setzen und brauchen nicht jeweils die Logografik anzupassen.

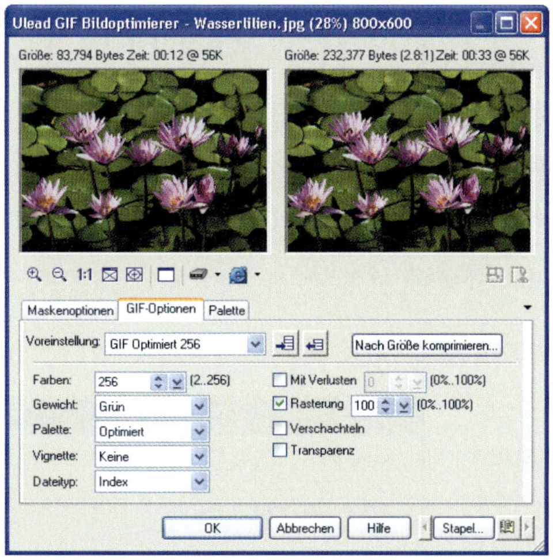

Hinweis

Ein Bild, das gerade bearbeitet wird und bei dem Masken, Ebenen usw. definiert sind, muss in einem ganz eigenen Format gespeichert werden. Jede Bildbearbeitung hat ihr proprietäres Format: Adobe Photoshop PSD, Corel PhotoPaint CPT, Ulead PhotoImpact UFO usw. Der Vorteil dieser Formate ist, dass alle Manipulationen weiterhin verändert werden können. Wenn Sie Ihre Bilder nur als TIFF oder JPEG abspeichern, müssten Sie wieder mit dem Ausgangsmaterial anfangen, wenn Sie etwa eine Ebene um wenige Pixel verschieben möchten. Geben Sie aber nur JPEGs heraus: Erstens sind die Dateien viel kleiner, zweitens sollten Andere normalerweise nicht an Ihren Retuschen herumspielen dürfen.

Größe und Auflösung

Bei Digitalbildern sind Größe und Auflösung wichtige Charakteristika. Man unterscheidet zwischen Druck- und Anzeigeauflösung.

1 Fotos, die mit Digitalkameras gemacht wurden, haben eine Auflösung von 72-96 dpi („dots per inch", Punkte pro Zoll). Bei einer 2,3 Megapixel-Kamera, die Bilder in 1760x1168 mit 72 dpi macht, wäre das Papieräquivalent 62 x 41 cm (ein Zoll oder inch hat 2,54 cm).

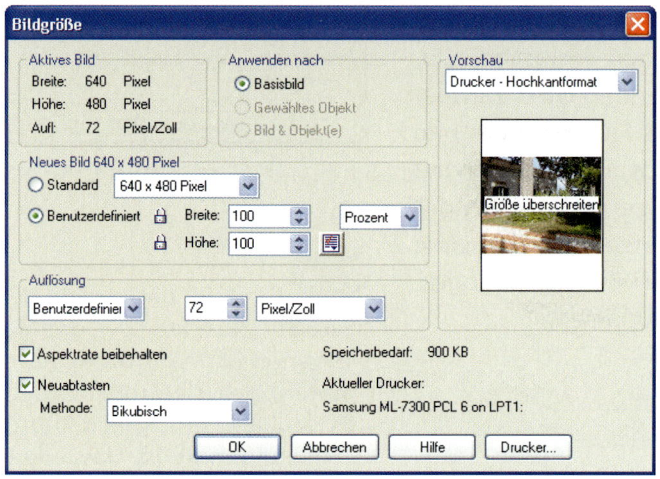

2 Doch für einen Ausdruck in sauberer Qualität sind 300 dpi notwendig, d. h. eine 4,16fach höhere Auflösung. Wenn Sie aber die Auflösung auf 300 dpi erhöhen, dann ist das Bild im Druck nur noch 14,9 x 9,9 cm groß.

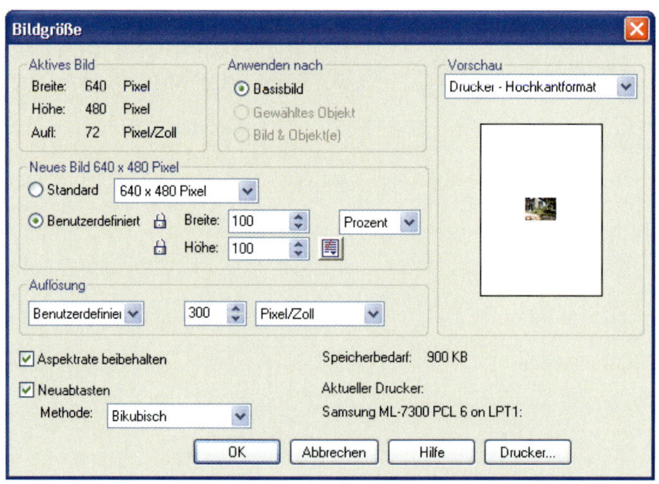

3 Bei allen Bildbearbeitungsprogrammen gibt es eine Option ASPEKTRATE BEIBEHALTEN (oder ähnlich). Sie sorgt dafür, dass das Verhältnis Höhe/Breite fix bleibt. Oder, anders formuliert: sie verhindert, dass Manipulationen an der Größe des Bildes zu Verzerrungen führen.

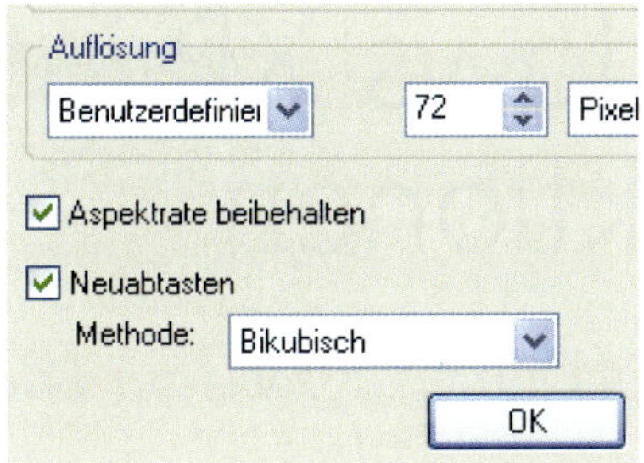

4 Falls Sie das Bild auf eine Webseite stellen wollen, sollte die Auflösung 75 dpi betragen. Achten Sie darauf, dass Sie nicht versehentlich eine Option aktivieren, die „Originalgröße des Bildes beibehalten" o.ä. heißt. In diesem Fall wäre das Ergebnis nämlich gekörnt.

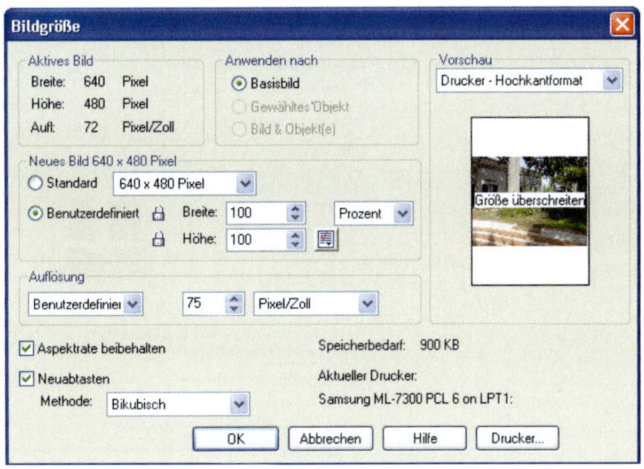

Hinweis

Um die Auflösung eines Bildes zu verändern, brauchen Sie eine echte Bildbearbeitungssoftware.

In Windows XP integrierte Bildfunktionen

Windows XP bietet ein paar Tools zur Bildbearbeitung. Sehen wir Sie uns kurz an!

Hinweis

Falls Sie über zahlreiche Fotos verfügen, sollten Sie sie in thematische Unterverzeichnisse einsortieren. Den Inhalt großer Bildverzeichnisse anzuzeigen, dauert lange und kostet viel Speicherplatz.

1 Die Ordner, in die Sie Ihre Bilder speichern, können so konfiguriert werden, dass sie eine Vorschau auf die Bilder bieten. Dazu klicken Sie die betreffenden Ordner mit der rechten Maustaste an und wählen EIGENSCHAFTEN. Klicken Sie auf den Reiter ANPASSEN, wählen Sie FOTOALBUM und setzen Sie den Haken bei VORLAGE FÜR ALLE UNTERORDNER ÜBERNEHMEN.

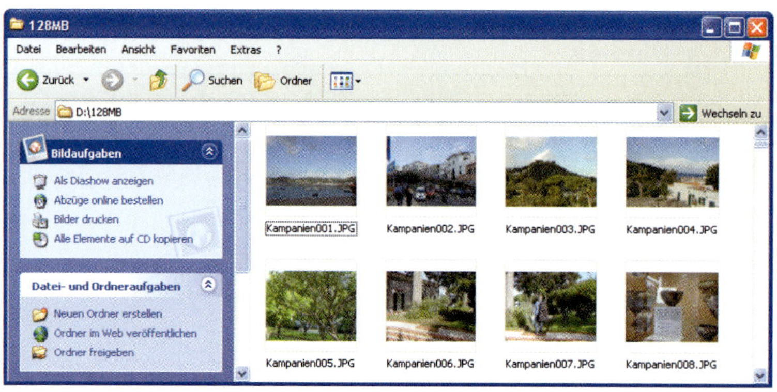

2 Die Bilder im Ordner werden dann in Form von Vorschaubildern („Thumbnails") angezeigt.

3 Im Menü ANSICHT können Sie auf den Modus FILMSTREIFEN umschalten.

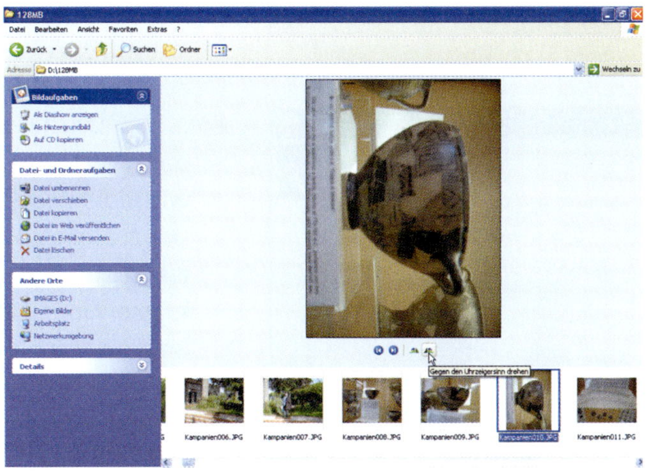

4 In diesem Modus können Sie Bilder rotieren. Sobald ein Bild angezeigt wird, das verdreht ist, brauchen Sie nur auf einen der beiden Pfeile unter der Vorschau klicken. Bild wie Thumbnail werden sofort gedreht.

5 Wenn Sie auf ein Bild doppelklicken, sehen Sie es im Großformat. Mit den beiden Lupensymbolen können Sie hinein- und herauszoomen.

6 Wenn Sie BILDER DRUCKEN bei den BILDAUFGABEN links anklicken, starten Sie den Fotodruck-Assistenten. Er bietet Ihnen zahlreiche Optionen zum Druck: Von der Bildauswahl über die Druckerauswahl bis hin ...

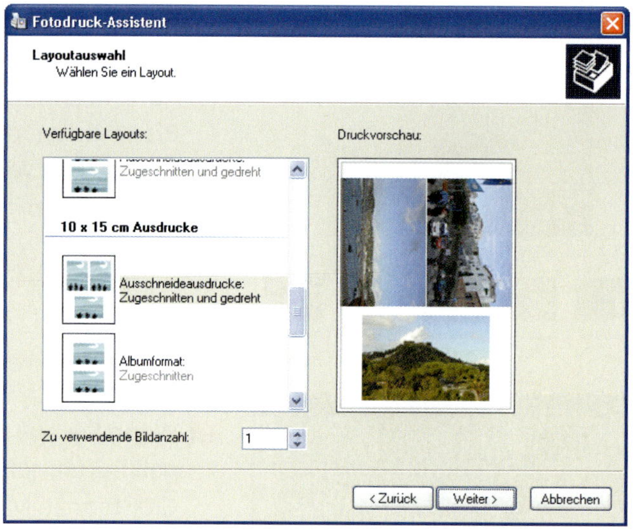

7 ... zum Drucklayout. Die Art der Layouts hängt davon ab, wie viele Bilder Sie für den Druck ausgewählt haben. ZU VERWENDENDE BILDANZAHL ist ein krasser Übersetzungsfehler im deutschen Windows XP. Richtig müsste die Option heißen: *Wie viele Male sollen die einzelnen Bilder ausgedruckt werden?* Das Maximum ist 15.

KAPITEL 24

Spiele, Netzwerkspiele, Netzwerkspiele über Internet

In diesem Kapitel kommen wir auf Einstellungen für Spiele zu sprechen. Es geht dabei um die Benutzerschnittstelle, die Auflösung, spezielle 3D-Parameter und die Konfiguration von Netzwerkspielen. Viel Spaß!

Einstellungen eines Spiels

Bei einem Spiel lassen sich Auflösung, Darstellungsqualität u. a. konfigurieren. Wir sehen uns das anhand von Beispielen an.

1 Sie finden die Optionen eines Spiels normalerweise in einem Menü namens EINSTELLUNGEN, OPTIONEN, KONFIGURATION o. ä.

Hinweis

Es gibt kleine Tools für Grafikkarten, Tweakers genannt, mit denen Sie die Performance der Karte erhöhen können (doch seien Sie vorsichtig, dass der Grafikchip nicht zu heiß wird!). Je nach Grafikchip und Tweaker können Sie dann 3D-Parameter für DirectX und/oder OpenGL festlegen. Wenn Sie die Werte über die Toleranzzone erhöhen, können Sie Ihren Grafikchip overclocken. Dies kann Hardware-Änderungen notwendig machen (stärkerer Lüfter!) und sollte nur mit äußerster Vorsicht getan werden. Wenn Sie ein entsprechendes Tool für Ihre Karte suchen, geben Sie am besten den Begriff „tweaker", gefolgt von der genauen Bezeichnung Ihres Grafikchips, bei Google ein.

2 Bei einem DirectX-kompatiblen Spiel legt man die Auflösung innerhalb des Spiels fest. Welche Desktopauflösung Sie eingestellt haben, spielt dabei keine Rolle. Weitere Hinweise:

- Jede Grafikkarte verfügt über bestimmte Fähigkeiten hinsichtlich DirectX (bzw. OpenGL), je nach Chip und Treiberversion. Achten Sie darauf, stets den aktuellen Treiber installiert zu haben.
- Jedes Spiel erlaubt Ihnen, Auflösung und Komplexität der Effekte zu ändern.
- Verringern Sie die Zahl der Effekte, falls das Spiel ruckelt Wenn es geradezu unspielbar langsam läuft, setzen Sie alle Einstellungen auf das Minimum.
- Erhöhen Sie langsam die Zahl und die Qualität der Effekte, sobald Sie eine Einstellung gefunden haben, in der das Spiel flüssig läuft.
- Die Darstellung der Schatten gehört zu den rechenintensivsten Effekten. Auch die Texturendarstellung kostet Rechenpower, sollte aber bei einer Auflösung von 800x600 Pixel keinen sichtbaren negativen Einfluss haben. Wenn doch, prüfen Sie Konfiguration und Treiber. Notfalls müssen Sie sich eine neue Grafikkarte kaufen ...

3 Das Standardgerät zur Steuerung von Spielen ist die Tastatur. Um stattdessen ein Steuerrad, einen Joystick, ein Gamepad o.ä. zu verwenden, muss dieses Gerät zunächst einmal angeschlossen und von Windows erkannt werden. Um dies zu überprüfen, wählen Sie START, SYSTEMSTEUERUNG, und doppelklicken dort GAMECONTROLLER. Wenn Sie auf EIGENSCHAFTEN klicken und dann den Reiter EINSTELLUNGEN wählen, können Sie den Controller konfigurieren.

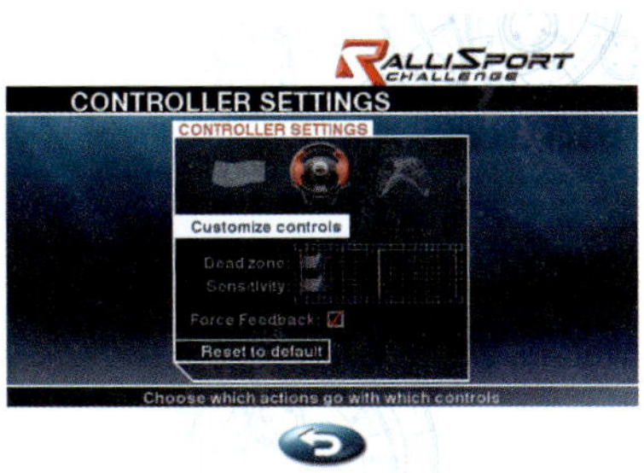

4 Sie müssen auch im Spiel den gewünschten Controller einstellen. Aber benutzen können Sie den Controller wirklich nur dann, wenn Sie den letzten Schritt erledigt haben.

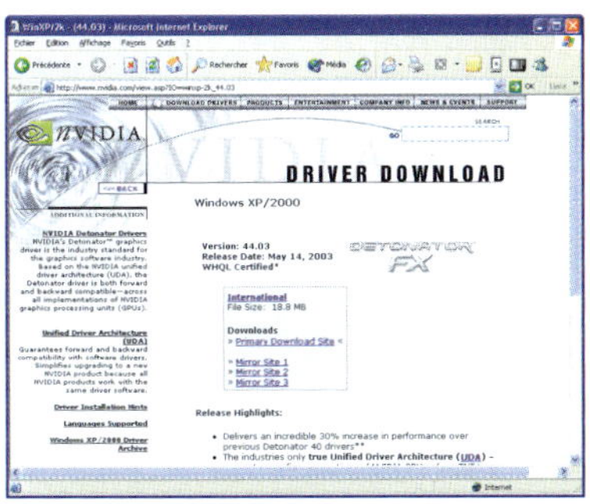

5 Prüfen Sie in jedem Fall auf der Website des Herstellers der Grafikkarte, ob es nicht eine neuere Treiberversion für Windows XP gibt. Ungefähr alle vier Monate gibt ein Treiberupdate, dazu in unregelmäßiger Folge Patches für bestimmte Spiele, die Spielehersteller für bestimmte Grafikkarten bereitstellen.

Netzwerkkonfiguration

Im Allgemeinen gibt es bei netzwerkfähigen Spielen zwei Konfigurationsarten: für LAN (LAN-Partys, zu Hause ...) und für das Internet.

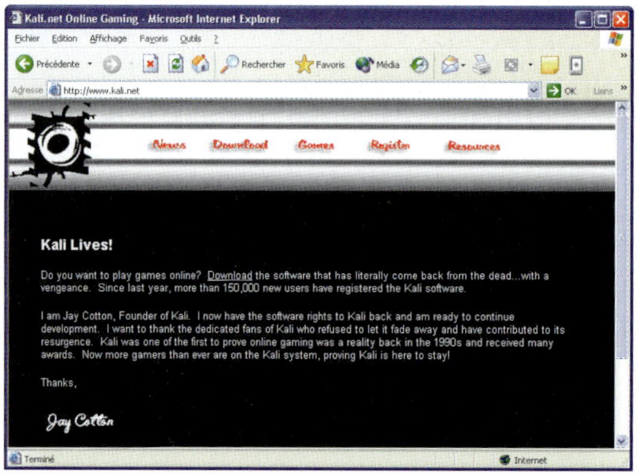

1 Kali gehört zu den größten Online-Gamer-Communities. Dort erwarten Sie ca. 150.000 andere Spieler, die auf Gegner warten. Mehr als 350 Spiele stehen zur Wahl, die im Multispielermodus via Kali gespielt werden können. Sie müssen sich das Programm Kali unter www.kali.net herunterladen. Die einmalige Teilnahmegebühr beträgt 10 Dollar, dafür sind alle Spiele kostenlos.

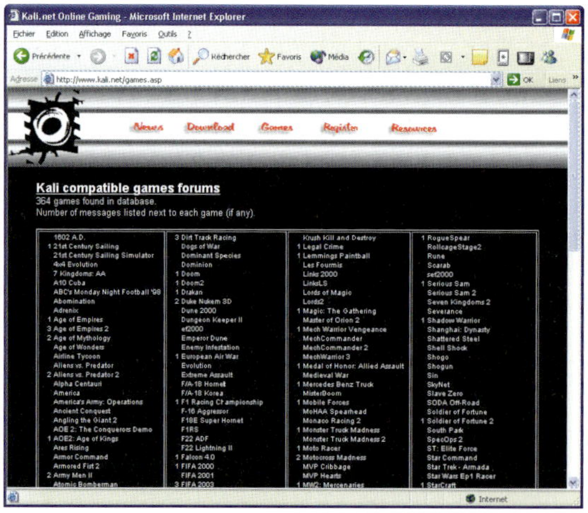

2 Klicken Sie auf GAMES, um die Spiele zu sehen, die Sie über Kali spielen können.

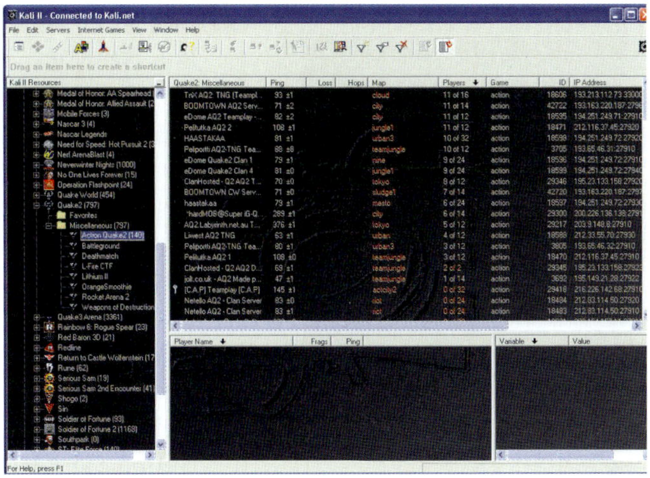

3 Nachdem Sie das Programm heruntergeladen und installiert haben, starten Sie es. Wählen Sie dann REGISTER NOW und TRIAL. Sie erhalten dann eine E-Mail. Klicken Sie auf den Link in der E-Mail. Sie erhalten dann die Seriennummer, den Tkey und den Skey. Geben Sie diese Werte ein, und starten Sie Kali. Das Programm bietet Ihnen dann an, die auf Ihrem PC installierten Spiele zu finden. Akzeptieren Sie. Nach der Erkennung müssen Sie mit OK bestätigen. Sie sehen dann die anderen Spieler, die nach Gegnern suchen.

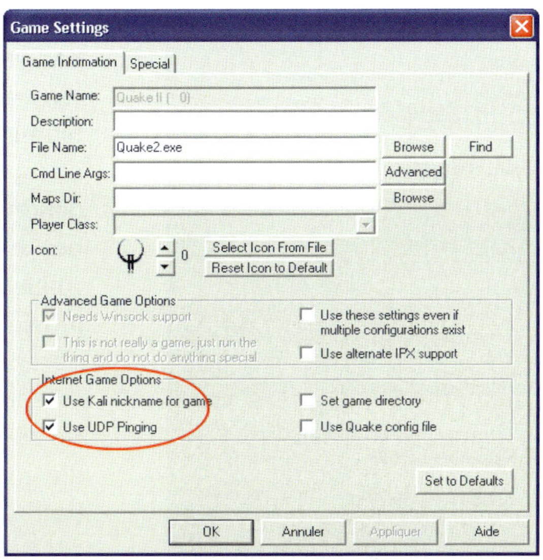

4 Sobald Sie einen Raum gefunden haben, der Sie interessiert, doppelklicken Sie ihn. Kali fragt dann, ob Sie die Konfiguration Ihres Spiels akzeptieren. Bestätigen Sie. Kali startet ein Plug-in, das für das Spiel verwendet wird. Sie müssen dann nur noch das Spiel starten, das dann die Verbindungseinstellungen für den Kali-Server übernimmt.

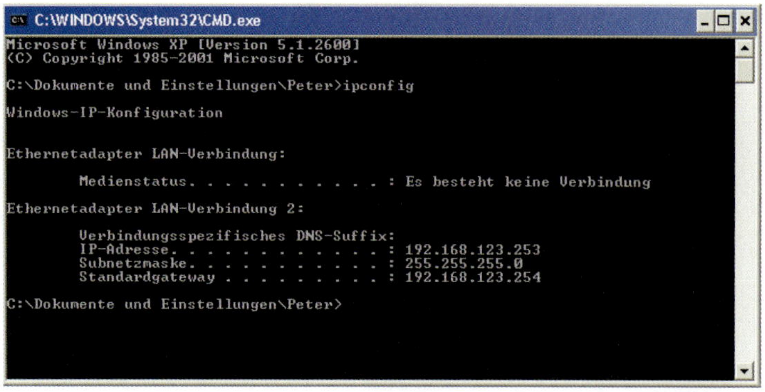

5 Falls Sie im LAN spielen wollen, brauchen Sie das Spiel mindestens zweimal. Einer der PCs muss als Host (Server) konfiguriert werden. Der oder die anderen Spieler verbinden sich mit dem Host mithilfe dessen Namen oder IP-Adresse. Um die IP-Adresse eines Windows XP-Rechners herauszufinden, wählen Sie START, AUSFÜHREN. Geben Sie *CMD* (Eingabetaste) ein. Geben Sie dann *ipconfig* (Eingabetaste) ein. Dort finden Sie die IP-Adresse und die Subnetzmaske.

6 Typischerweise finden Sie bei netzwerkfähigen Spielen ein Konfigurationsmenü, in dem Sie festlegen, ob Ihr Rechner Host („Gastgeber") sein soll oder ob Sie bei einem anderen mitspielen. Falls Sie hosten, müssen Sie nichts konfigurieren. Falls Sie woanders mitspielen wollen, müssen Sie die IP-Adresse eintragen, die man Ihnen mitgeteilt hat.

7 Wenn Sie wollen, können Sie auch Freunde übers Internet mitspielen lassen. Dafür müssen Sie natürlich das Spiel entsprechend konfiguriert haben, und Ihre Spielpartner müssen Ihre externe IP kennen. Diese externe IP kriegen Sie heraus, wenn Sie auf das Icon mit den beiden Monitoren, das Ihre Verbindung symbolisiert, doppelklicken. Klicken Sie dann auf den Reiter DETAILS. Was unter CLIENT-IP-ADRESSE steht, ist die IP, die Sie Ihren Spielpartnern nennen müssen.

KAPITEL 25

Videotelefonie über das Internet

Dank des Internet ist es heute möglich, kostenlos in akzeptabler Qualität zu telefonieren. MSN Messenger von Microsoft bietet zahlreiche Optionen für Kommunikation und Datenaustausch. Sie können MSN Messenger sowohl im heimischen Netzwerk als auch über eine Internetverbindung nutzen.

Download der aktuellen Version

Der MSN Messenger wird regelmäßig weiterentwickelt. Verwenden Sie stets die aktuelle Version, um über wirklich alle Optionen zu verfügen. Version 6.0 war z. B. ein großer Sprung gegenüber der Vorgängerversion. Allerdings gibt es auch bestimmte Beschränkungen.

Hinweis

Das Messengerprogramm, das bei Windows XP mitgeliefert wird, ist der Windows Messenger. Was Sie aber brauchen, ist der MSN Messenger. Damit es nicht zu Konflikten kommt, deinstallieren Sie am besten den Windows Messenger. Wählen Sie START, SYSTEMSTEUERUNG, SOFTWARE. Klicken Sie auf WINDOWS-KOMPONENTEN HINZUFÜGEN/ENTFERNEN, scrollen Sie ans Ende der Liste, und haken Sie dort WINDOWS MESSENGER ab.

1 Besuchen Sie die Webseite **http://messenger.msn. com**, und suchen Sie den Downloadlink. Erst ab der Version 6.0 ist Videotelefonie in guter Qualität möglich.

Hinweis

Während Windows Messenger wirklich nur für Windows XP existiert, gibt es von MSN Messenger Versionen für Windows 98, Me, 2000, XP, Pocket PC und sogar Mac. Sie können damit also mit all Ihren Freunden in Kontakt bleiben.

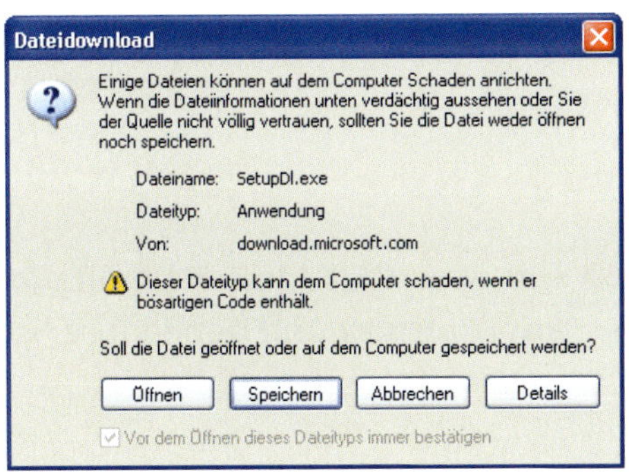

2 Klicken Sie auf JETZT DOWNLOADEN. Im erscheinenden Fenster klicken Sie dann auf SPEICHERN, nicht auf ÖFFNEN.

3 Starten Sie die Installation und akzeptieren Sie die Lizenzvereinbarungen. Klicken Sie danach auf ANMELDEN. Wenn Sie noch kein (kostenloses) Passport-Konto haben, erhalten Sie dann die Möglichkeit, ein solches Benutzerkonto zu erstellen.

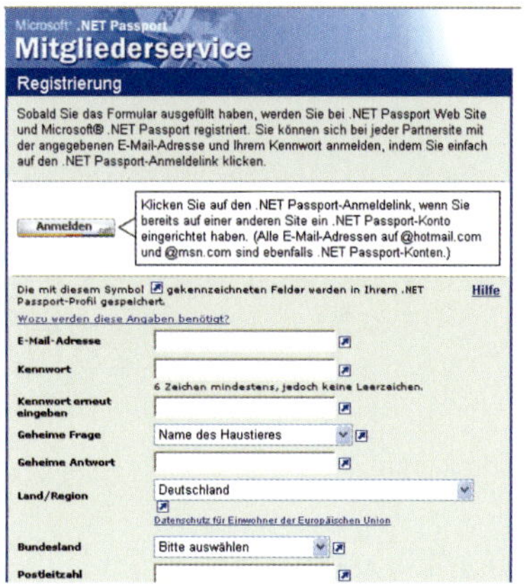

4 Sie werden gefragt, ob Sie eine E-Mail-Adresse besitzen. Antworten Sie mit JA. Antworten Sie auf die nächste Frage mit NEIN, um für Passport Ihre normale Adresse zu verwenden. So vermeiden Sie die lästige Anmeldung bei MSN/Hotmail. Sie müssen aber unbedingt auf den Link klicken, der Ihnen zugemailt wird. Erst nach dieser Bestätigung wird das Konto freigeschaltet.

Hinweis

Bei einer bidirektionalen Satellitenverbindung kann es sein (je nach Provider), dass der Messengerdienst nicht funktioniert. Erkundigen Sie sich diesbezüglich bei Ihrem Provider.

5 Um eine MSN Messenger-Sitzung zu beginnen, klicken Sie auf ANMELDEN und geben Ihre Verbindungsdaten ein.

Videotelefonie

Die Videotelefonie gehört zu den besonderen Stärken des MSN Messenger. Seit Version 6.0 ist die Bildqualität endlich so gut wie bei Netmeeting.

Hinweis

Damit das Videotelefonat klappt, muss Ihr Partner dieselbe Version des MSN Messenger benutzen wie Sie. Die Kommunikation klappt übrigens auch dann, wenn nicht jeder Mikrofon bzw. Webcam besitzt. Wer eine Webcam hat, kann sich dem anderen zeigen, während der einfach nur sein Mikrofon benutzt oder sogar nur tippt.

1 Bevor Sie eine Unterhaltung einleiten können, müssen Sie erst Ihrer Liste Kontakte hinzufügen. Dazu wählen Sie Kontakte, Kontakt hinzufügen und geben die E-Mail-Adresse des Partners ein. Natürlich muss Ihr Gesprächspartner erst ein Passportkonto für diese Adresse erstellt haben. Sobald der Kontakt erstellt ist, klicken Sie ihn doppelt an, um die Kommunikation zu beginnen.

2 Damit öffnen Sie das Kommunikationsfenster. An dem kleinen Webcam-Icon, rechts von Name und E-Mail-Adresse des Gesprächspartners, erkennen Sie, dass der Partner eine Webcam besitzt. Um mit der Videotelefonie zu beginnen, klicken Sie auf das große Webcam-Icon in der Werkzeugleiste.

3 Damit wird zunächst eine Anfrage abgeschickt, die der Gesprächspartner akzeptieren muss. Sobald dies geschehen ist, kann die Unterhaltung beginnen.

Hinweis

Seit Version 6.0 können Sie beim MSN Messenger Audio-, Video- und kombinierte Audio/Video-Unterhaltungen führen. Dies ist eine wichtige Neuerung, denn gerade bei einer langsamen Verbindung (Modem, ISDN) ist es kaum möglich, eine flüssige Audio/Video-Verbindung zu erhalten. So kann man z. B. eine reine Videounterhaltung führen, aber per Tastatur kommunizieren – sehr gut für Familienangehörige, die weit entfernt leben. Um eine Audio-Unterhaltung zu beginnen, klicken Sie aufs Audio-Icon. Bei Video klicken Sie auf das Video-Icon. Zum Beenden von Audio oder Video klicken Sie noch einmal auf das entsprechende Icon.

4 Sie können die Größe des Videofensters verändern. Je kleiner dieses Fenster ist, desto besser ist die Audioqualität. Klicken Sie dazu auf den kleinen Pfeil rechts unten bei den Anzeigen und wählen Sie im Menü dann den Punkt GRÖßE. Wenn Sie Videotelefonie im Heimnetzwerk betreiben, können Sie beide Fenster auf Maximalgröße bringen, denn der Datendurchsatz im Netzwerk ist so groß, dass die Videos keine spürbare Last darstellen.

Hinweis

Seit ca. 1996 ist Netmeeting Bestandteil von Windows. Netmeeting wird seit vier Jahren nicht mehr weiterentwickelt (letzte Version 3.01), aber bis MSN Messenger Version 5 war die Bildqualität von Netmeeting viel besser. Allerdings war es bei Netmeeting schwieriger, die Kommunikation mit dem Gesprächspartner einzuleiten – ganz besonders dann, wenn man in einem LAN war.

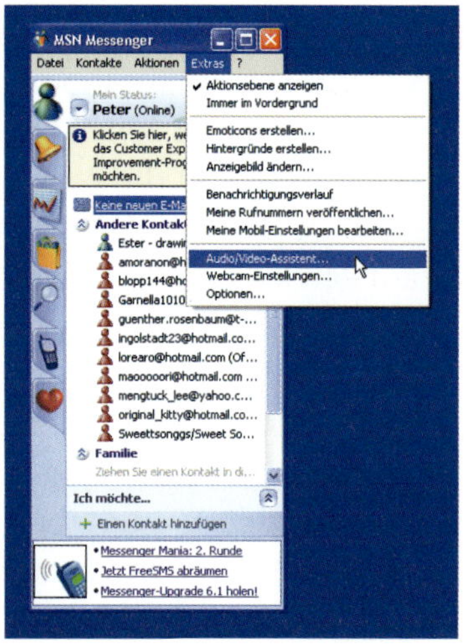

5 Zum Regeln der Lautstärke verwenden Sie den kleinen Lautstärkeregler am rechten Fensterrand bzw. am Rand der Videobilder. Kompliziertere Einstellungen treffen Sie mit EXTRAS, AUDIO/VIDEO-ASSISTENT. Dort können Sie andere Audio/Video-Quellen wählen (und damit z. B. Ihrem Gesprächspartner einen Videofilm zeigen) .

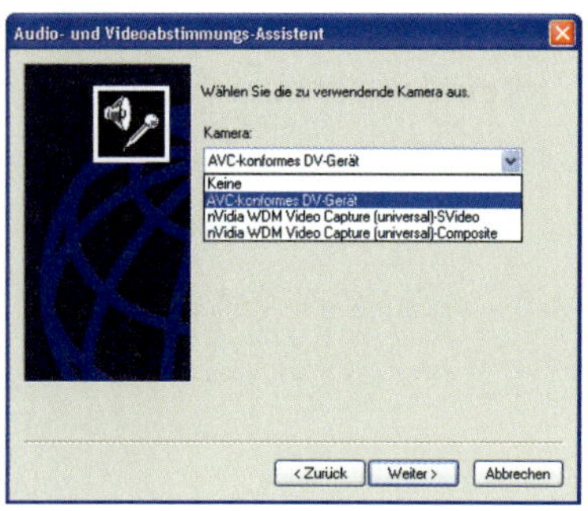

6 Nach dem Start des Assistenten wählen Sie die Videoquelle aus. Das kann eine Webcam sein oder eine analog angeschlossene Videokamera. Microsoft will auch digital (d. h. per Firewire) angeschlossene Camcorder unterstützen.

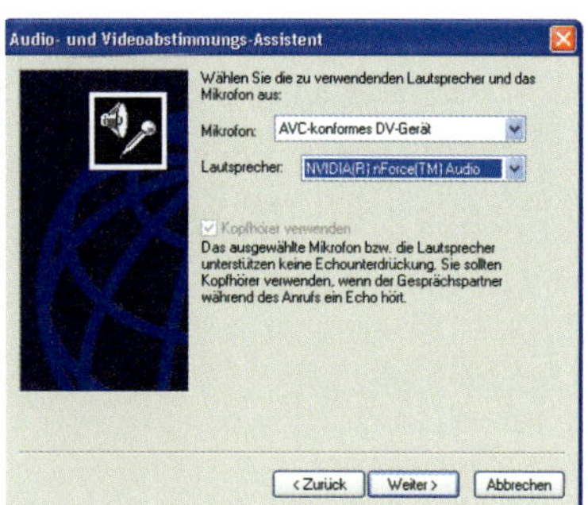

7 Im nächsten Bildschirm bestimmen Sie Mikrofon und Lautsprecher. Idealerweise wäre das ein Headset. MSN Messenger akzeptiert als Mikrofon auch DV-Camcorder, was aber in der Praxis noch nicht klappt.

KAPITEL 26

Musik, MP3 und Audio-CDs

In diesem Kapitel erkläre ich die Grundlagen der Erstellung von MP3-Kompilationen und des Kopierens von Audio-CDs.

WMA enkodieren mit Windows Media Player

Dank MP3 wird Ihre Festplatte zur Jukebox. Sie können die Musik mit dem Rechner abspielen oder aber auf externe Player, einen PDA, einen anderen Computer usw. usf. transferieren. Windows Media Player kann zwar keine MP3s erzeugen, bietet aber mit seinen WMA-Dateien eine vergleichbare Komprimierung. Diese Dateien lassen sich mit vielen tragbaren MP3-Playern wiedergeben (jedoch selten mit DVD-Playern).

1 Laden Sie sich zunächst die aktuelle Version von Windows Media Player per Windows Update herunter. Starten Sie dann das Programm.

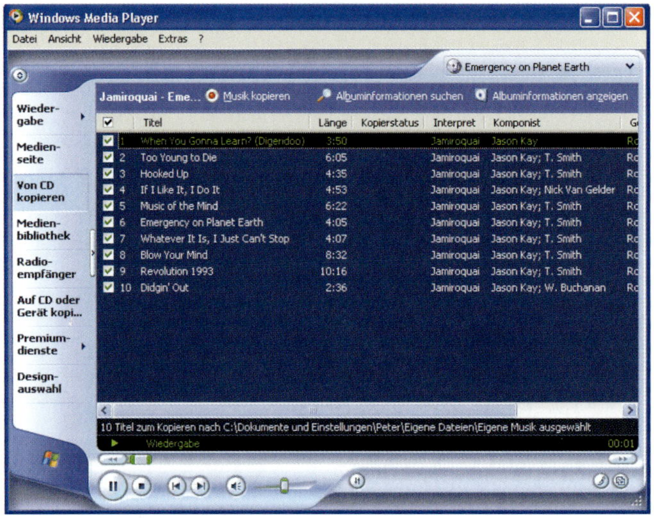

2 Legen Sie die Audio-CD, aus der Sie Ihre WMAs erstellen wollen, ein, und klicken Sie auf VON CD KOPIEREN. Wenn Sie mit dem Internet verbunden sind, werden die Namen aller Tracks angezeigt. (Es gibt Internetdatenbanken mit den Trackinformationen fast aller gepressten Audio-CDs.)

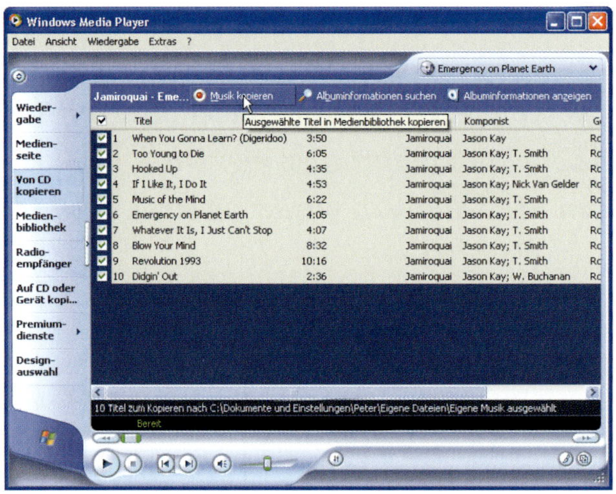

3 Wählen Sie die Stücke aus, die Sie zu WMA konvertieren wollen, und klicken Sie auf MUSIK KOPIEREN. Standardmäßig speichert das Programm die Musikdateien im Verzeichnis EIGENE MUSIK, und zwar mit einer Bitrate von 128 kbit/s. Diese Datenrate ist mit den meisten portablen Geräten sehr gut verträglich (höhere Bitraten können Probleme verursachen).

Hinweis

Windows Media Player erstellt WMAs, nicht MP3s. Prinzipiell ist das das Gleiche: Starke, verlustbehaftete Musikkomprimierung ohne hörbaren Unterschied. Faktisch ist der Unterschied groß: MP3s werden von zahllosen Geräten unterstützt, WMAs dagegen weit weniger. Falls Sie vorhaben, Ihre ganze gigantische CD-Sammlung zu digitalisieren, sollten Sie WMA meiden und gleich MP3s erstellen.

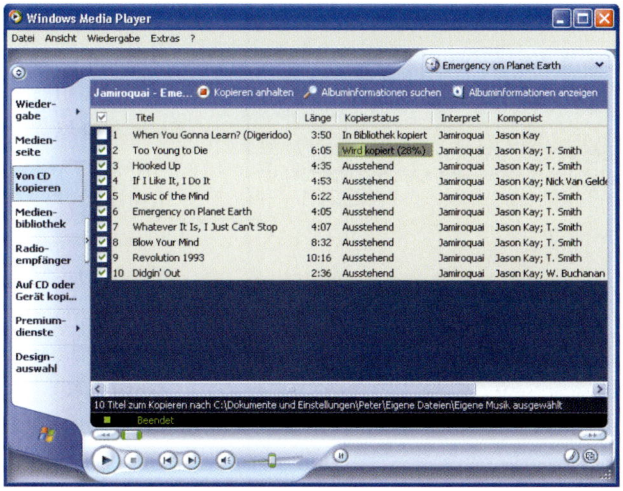

4 Die Musik wird auf Festplatte kopiert.

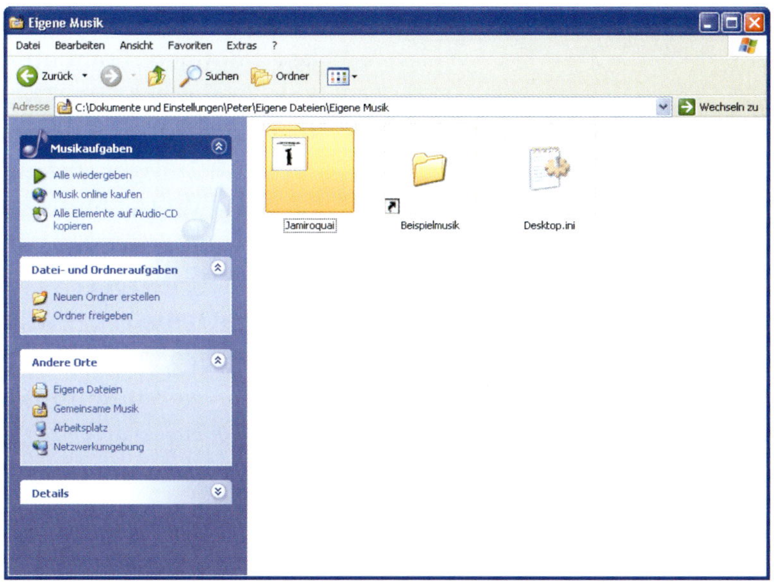

5 Das Album wird in einem Unterverzeichnis von EIGENE MUSIK gespeichert, der Pfad lautet Eigene Musik\Interpret\Album.

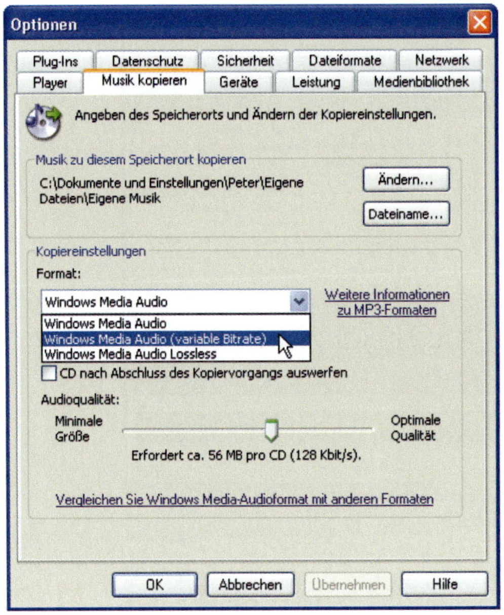

6 Sie können diverse Einstellungen beim CD kopieren verändern. Wählen Sie dazu das Menü EXTRAS, OPTION, und klicken Sie auf den Reiter MUSIK KOPIEREN. Sie könnten z. B. als Format WINDOWS MEDIA AUDIO (VARIABLE BITRATE) einstellen. Das Ergebnis sind kleinere Dateien mit besserer Audioqualität. Warum das nicht die Voreinstellung ist? Erstens ist die Erstellung mit variabler Bitrate rechenintensiver, doch das sollte bei heutigen Computern kein Argument sein. Zweitens gibt es aber etliche portable MP3-Player, die nur normale WMAs (mit konstanter Bitrate) abspielen können. Testen Sie also, ob Ihr Gerät mitmacht, ehe Sie Ihre ganze Musiksammlung mit variabler Bitrate enkodieren!

Erstellung von MP3s

Man kann auch mit dem Windows Media Player MP3s erstellen, aber nur dann, wenn man ein Zusatz-Plug-in kauft (ein Plug-in ist ein kleines Programm-Modul, das ein größeres Programm um bestimmte Funktionalitäten erweitert). Doch man kann auch mit anderen Programmen MP3s erstellen, und manche dieser Programme sind kostenlos.

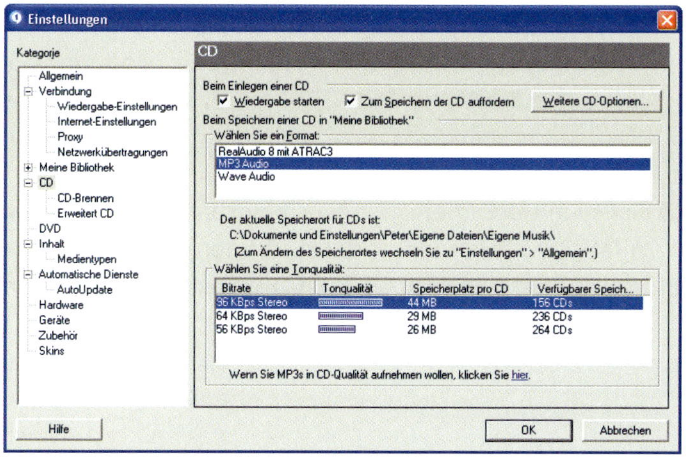

1 Der kostenlose Player Real-One von Real (**www.real.com**) kann CD-Audio zu MP3 mit 96 kbits/s enkodieren. Die Kaufversion kann MP3s mit hohen Bitraten erstellen und bietet eine Reihe weiterer Optionen.

2 MusicMatch Jukebox (**www.musicmatch.com/download**) kann auch in der kostenlosen „Basic"-Version MP3s mit bis zu 320 kbits/s enkodieren.

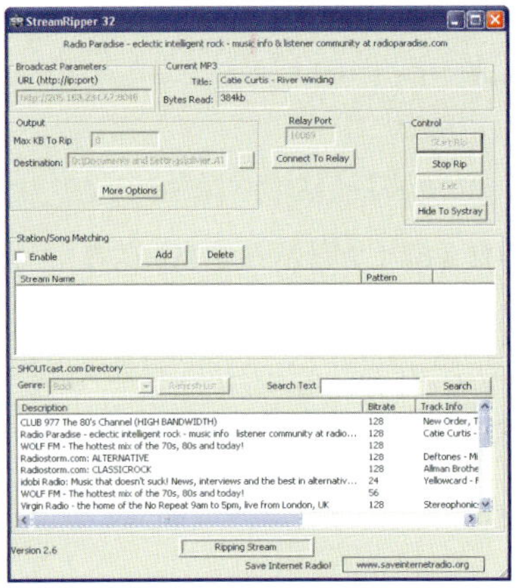

3 StreamRipper32 (**www.saveinternetradio.org**) ist ein kostenloses Tool, das Audiostreams von Internetradios zu MP3 enkodieren kann. Das Programm kann noch mehr als enkodieren: Es enthält eine thematische Suchmaschine für Radios und kann direkt die Verbindung zu den Suchtreffern herstellen. Wenn Radios den Namen von Interpret und Track senden, zerlegt das Programm den Stream automatisch in einzelne benannte Dateien und legt diese Dateien in entsprechend benannte Ordner ab. So richtig Spaß macht das Programm allerdings nur mit DSL: wenn es nämlich zu einem Netzwerkstau kommt, fehlt eben ein Stück in Ihrer Aufnahme. Falls Sie nur Modem oder ISDN haben, dürfen Sie auf keinen Fall während der Aufnahme andere Internetzugriffe starten. Wählen Sie die Bitrate (in der Radioliste angegeben), die Ihrer Verbindung entspricht: 24 kbit/s für ein Modem, 56 kbit/s für ISDN, 128 kbit/s für DSL.

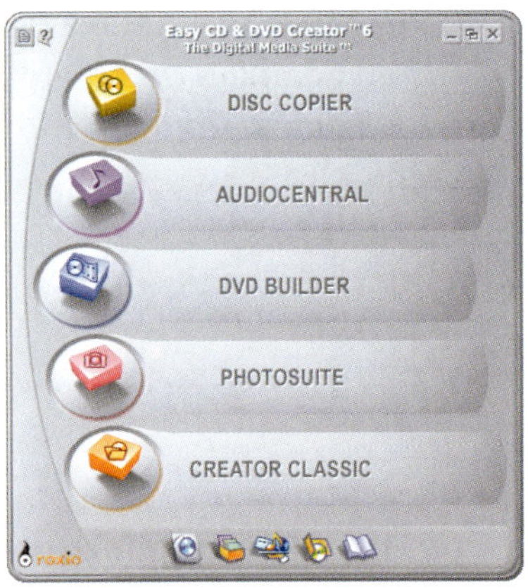

4 Falls Sie noch mehr mit Musik vorhaben – z. B. Musik-Kompilationen brennen –, dann können Sie sich auch ein Softwarepaket wie Easy CD & DVD Creator anschaffen, das auch eine Enkodierfunktion beinhaltet.

Archivierung von CD-Musik

Wer seine CD-Musik sauber archivieren will, hat dazu verschiedene Möglichkeiten. Man kann 1:1-Kopien auf CD erstellen, sie auf die Festplatte kopieren (und zwar unkomprimiert oder aber als MP3), oder man kann eine eigene CD-Kompilation zusammenstellen. Alle diese Wege werden kurz anhand von Easy CD & DVD Creator demonstriert.

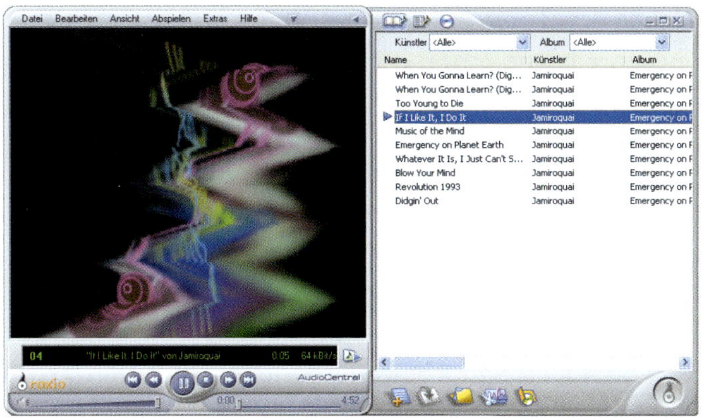

1 Easy CD & DVD Creator beinhaltet einen Musik-Programmteil namens **AudioCentral**. Damit können Sie alle Projekte realisieren, die mit CD-Audio und MP3 zusammenhängen. Beim ersten Start fragt AudioCentral, ob eine Liste all Ihrer Musikstücke im Verzeichnis Eigene Musik generiert werden soll. Akzeptieren Sie ruhig, denn AudioCentral ist auch ein Musikplayer für viele Formate.

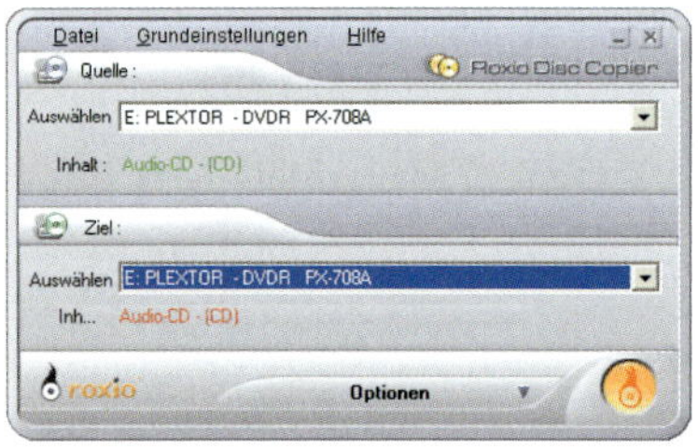

2 Um eine Audio-CD zu kopieren, starten Sie die Option DISC KOPIEREN im Menü EXTRAS. Daraufhin wird die entsprechende Schnittstelle angezeigt. Falls Sie nur einen Brenner (also kein separates Leselaufwerk haben), geben Sie diesen als Leselaufwerk an. Ansonsten wählen Sie Leselaufwerk als Quelle und Brenner als Ziel.

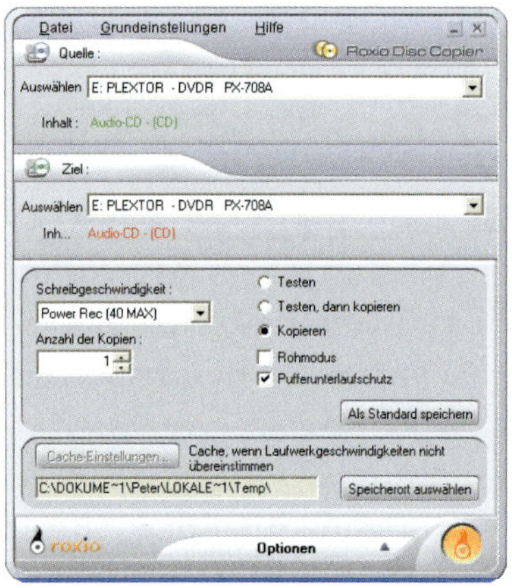

3 Wenn Sie auf OPTIONEN klicken, können Sie die Brenngeschwindigkeit einstellen. Die Lesegeschwindigkeit hängt von den CD-DA-Fähigkeiten des Leselaufwerks ab. Falls Sie mehrere Kopien derselben CD erstellen wollen, brauchen Sie die CD nicht neu auszulesen: Die Musik bleibt zwischen zwei Schreibvorgängen auf Festplatte gespeichert.

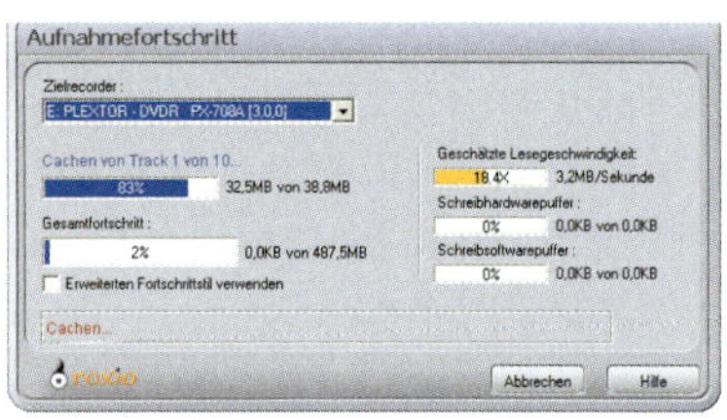

4 Sobald Sie den Kopiervorgang starten, werden die stattfindenden Operationen am Bildschirm angezeigt.

5 Sie können auch eigene Audio-CDs brennen, die in jeder normalen Stereoanlage funktionieren. Das Ausgangsmaterial können beliebige Musikstücke auf Ihrer Festplatte sein, ganz unabhängig davon, ob sie im WAV-Format (unkomprimiert) oder im MP3-Format (verlustbehaftet komprimiert) gespeichert sind. Bei den MP3s ist es völlig egal, ob diese mit Easy CD & DVD Creator oder einem anderen Programm erstellt wurden. Wenn Sie selbst WAV-Dateien aus Musik-CDs extrahieren wollen, wählen Sie Extras, Optionen, Reiter Encoder. Wählen Wav File, lassen Sie PCM als Encoder und nehmen Sie 16 Bit, Stereo und 44,1 KHz als Einstellungen (das entspricht den Werten einer CD).

6 Um eine CD in CD-Qualität auf Festplatte zu kopieren, stecken Sie zunächst einmal die CD ins Laufwerk. Wählen Sie das Leselaufwerk im rechten Fensterbereich aus, und sobald die Trackliste angezeigt wird, suchen Sie die Stücke aus, die Sie kopieren möchten. Wählen Sie dann Datei, CD-Tracks in Bibliothek kopieren. Die Dateien werden standardmäßig in Eigene Musik abgelegt, und zwar in Unterverzeichnissen gemäß Interpret und Album.

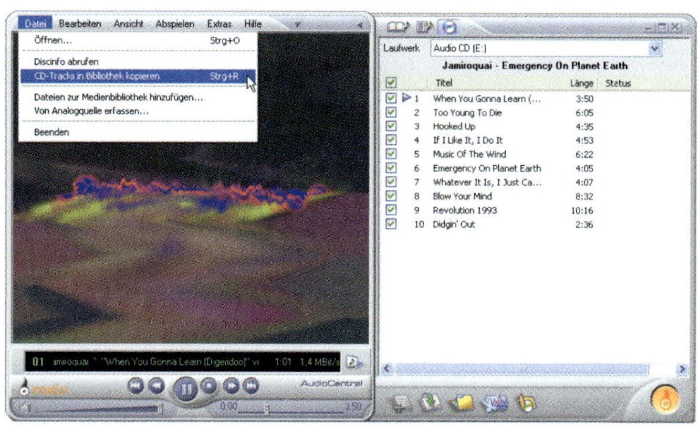

7 Um eine eigene Kompilations-CD aus WAV- und MP3-Dateien zu erzeugen, erstellen Sie zunächst eine Playlist aus diesen Dateien. Dann wählen Sie einfach DATEI, TRACKLISTE BRENNEN. Ehe Sie den Brennvorgang starten, können Sie Übergangseffekte zwischen die Tracks legen, die Lautstärke vereinheitlichen (damit Sie nicht später an der Stereoanlage nachregeln müssen) usw.

8 Das Brennmenü erscheint und gibt Ihnen verschiedene Wahlmöglichkeiten. Sie können entweder eine Audio-CD erstellen oder eine MP3-CD (das geht auch dann, wenn WAV-Dateien in Ihrer Zusammenstellung waren). Eine solche MP3-CD lässt sich nur in speziellen Playern abspielen (viele DVD-Player, wenige Audiogeräte). Wir wollen aber eine Audio-CD erstellen und belassen daher die Voreinstellung. Das Programm gibt an, wie viel Platz auf der Audio-CD noch frei bleibt. Nutzen Sie ihn, und fügen Sie der Musik-CD weitere Stücke hinzu.

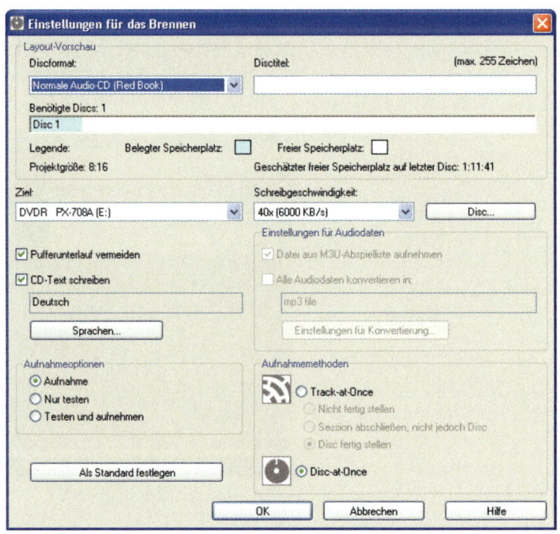

Glossar

AGP. Erweiterungssteckplatz für Grafikkarten, stets über den PCI-Steckplätzen und aus braunem Plastik. Es gibt AGP 1x, 2x, 4x und bald 8x. Eine 4x Karte gehört in einen 4x Steckplatz. Es kann für Grafikkarte wie Motherboard gefährlich sein, wenn man Geschwindigkeiten mischt. Achten Sie darauf beim Einkauf.

AMD. Zweitgrößter Prozessorhersteller nach Intel. AMD bietet die Prozessormarken Athlon (High-End) und Duron (günstiges Preis-Leistungs-Verhältnis) an.

ATX. Aktuelle Norm für Gehäuse, Netzteile und Motherboards. Es gibt auch Micro-ATX für kleinere Gehäuse und Netzteile. Ein normales ATX-Board passt nicht in ein Micro-ATX-Gehäuse.

BIOS. (Basic Input/Output System). Programm im Flashspeicher des PCs, das ihm beim Einschalten ermöglicht, seine Peripherie zu testen und andere Checks durchzuführen. Das BIOS startet nach dem Selbsttest den Bootvorgang. Über das BIOS-Setup können Parameter eingestellt werden.

Bundle. Angebot aus mehreren Produkten, häufig zu einem günstigen Preis. Beispiele wären DVD-Brenner und Videoschnittsoftware.

CD-ROM. Computerversion einer Musik-CD, die alle Arten von Daten speichern kann. Ein CD-ROM-Laufwerk sieht so ähnlich wie ein CD-Player aus. Wie Audio-CDs können auch CD-ROMs nicht gelöscht werden. Es gibt allerdings beschreibbare CDs: CD-R (einfach beschreibbar) und CD-RW (wiederbeschreibbar, können gelöscht und erneut beschrieben werden). Zum Beschreiben brauchen Sie einen CD-Brenner.

Chipsatz. Eine Reihe von Chips, die grundlegende Funktionen zur Verfügung stellen. Die Northbridge kümmert sich um die Kommunikation mit RAM und AGP-Port, die Southbridge kommuniziert mit PCI- und IDE-Controllern. Zahlreiche Funktionen (USB, WLAN...) können in den Chipsatz integriert werden. Die wichtigsten Chipsatz-Hersteller sind Intel, VIA, SiS, ALi und nVidia.

Dateiformat. Jedem Dateiformat entspricht eine Erweiterung (d. h. ein Punkt mit drei Buchstaben dahinter). Die Erweiterung sagt dem PC, mit welchem Programm er dieses Dateiformat öffnen kann (also z. B. Word für .doc, Acrobat Reader für .pdf). Manchmal gibt es vom Verwendungszweck her äquivalente Dateiformate, die nur deswegen verschieden sind, weil sie zu bestimmten Programmen gehören (z. B. .psd für Photoshop oder .ufo für PhotoImpact). Manchmal haben aber verschiedene Dateiformate für dieselbe Dateiart bestimmte Vor- und Nachteile (so sind ein Bild in TIFF oder ein Musikstück in WAV groß, dafür in optimaler Qualität; ein Bild in JPEG oder ein Musikstück in MP3 ist deutlich kleiner, dafür mit kaum wahrnehmbarem, aber unwiederbringlichem Qualitätsverlust).

Desktop. Arbeitsoberfläche, die für den Benutzer sichtbar ist. Die Größe wird in Pixeln angegeben. 800x600 ist üblich für 15-Zoll-Bildschirme, 1024x768 für 17 Zoll, 1280x1024 für 19-21 Zoll sowie 1600x1200 für 21-22 Zoll.

Diskette. Disketten haben sich seit langen Jahren nicht verändert. Im Inneren des Plastikgehäuses befindet sich eine Scheibe aus weichem Kunststoff, die wie das Band einer Audiokassette magnetisch beschrieben wird. Die Speicherkapazität von Disketten von 1,44 MB ist, verglichen mit CDs und vor allem DVDs sowie Festplatten, lächerlich niedrig. Allerdings bleiben sie für Notfälle (Startdisketten, Flashen, RAID/SCSI-Treiber bei Windowsinstallation) oft unentbehrlich.

DNS. (Domain Name System). Sorgt für die Auflösung eines Servernamens wie **www.opavie.com** in eine IP-Adresse wie 193.252.19.3. Bei der Herstellung der Internetverbindung teilt Ihr Provider Ihrem Computer normalerweise die Adressen der DNS-Server mit.

DOS. Einfaches, kommandozeilenorientiertes Betriebssystem. Unterstützt nativ kein NTFS und ist deswegen fast obsolet, sieht man von Flashing ab.

Download. Laden von Daten aus dem Internet.

DSL. (Digital Subscriber Line). Technik, um über normale Kupfertelefonleitungen breitbandige Datenverbindungen zu ermöglichen. Dank eines Splitters können ein normaler Telefonanschluss und ein DSL-Anschluss über dieselbe Leitung betrieben werden. DSL verwendet Hochfrequenzen, die bei Standardtelefonie und ISDN ungenutzt bleiben.

DVD. Nachfolger der CD, sieht optisch praktisch genauso aus. Kann den Inhalt von bis zu 12 CDs pro Seite speichern, d. h. 8,5 GB. Um eine DVD zu lesen, benötigt man ein DVD-Laufwerk, das auch CD-ROMs lesen kann.

Ethernet. Am weitesten verbreitete Netzwerknorm. Es gibt Ethnernet in drei Geschwindigkeiten: 10 Mbit/s, 100 Mbit/s, 1000 Mbit/s. Verkabelt wird mit einem RJ45-Stecker.

Festplatte. Festplatten sind kleine Kästen von 10 x 15 x 4 cm. Darin befinden sich mehrere Scheiben („Platters“) mit Leseköpfen. Je mehr die technologische Entwicklung fortschreitet, desto dichter wird die Platterfläche beschrieben. Heutige Festplatten speichern bis zu 200 GB.

Firewire. Siehe IEEE1394.

Firmware. Kleines Steuerprogramm im Flashspeicher eines Geräts. Jedes Gerät hat eine Firmware – selbst flashen (d. h. verändern) ist vor allem bei optischen Laufwerken üblich.

HTTP. (Hypertext Transfer Protocol). Das am weitesten im Internet verbreitete Protokoll, das zur Übermittlung von WWW-Content dient. Andere Internetprotokolle sind etwa FTP, SMTP, POP3 u.a.

IEEE1394. Norm zum Anschluss von Hochgeschwindigkeitsperipherie. Andere Namen für IEEE1394 sind iLink (Sony) und vor allem Firewire (eigentlich Apple). Firewire wird zum Anschluss von externen Festplatten, Brennern und vor allem DV-Camcordern verwendet.

Internet Explorer. Der Browser von Microsoft. Wurde zum unangefochtenen Marktführer, verliert aber zunehmend Marktanteil, weil die Version 6 seit langer Zeit nicht fortentwickelt wurde und Microsoft mit dem Patchen von erheblichen Sicherheitslücken, die oft die Installation beliebiger Software allein beim Besuch einer Website erlauben, oft wochenlang hinterherhinkt.

IP-Adresse. IP-Adressen sehen ungefähr so aus: 94.23.56.77. Jeder Computer im Internet hat eine eigene IP-Adresse. Dynamische IP-Adressen werden vom Provider im Augenblick der Einwahl vergeben. Sie haben also bei jeder Einwahl normalerweise eine neue IP-Adresse. Statische IP-Adressen sind dagegen komplett fix. Sie werden fast nur von Firmen verwendet.

Login. Die Daten zur Anmeldung an einem Netzwerk bestehen stets aus Login und Passwort. Beides müssen Sie kennen, um sich anzumelden („einzuloggen"). Login heißt im Microsoft-Deutsch „Benutzername" oder „Benutzerkennung", Passwort „Kennwort".

Modem. Kasten oder Erweiterungskarte, der bzw. die dem Computer ermöglicht, über eine normale Telefonleitung Daten zu verschicken. Moderne Modems kommunizieren mit max. 56 kbit/s. Praktisch alle anderen Internetzugangsarten bieten mehr Bandbreite und eine schnellere Einwahl.

Motherboard. Hauptplatine des Rechners. Plattform für die Kommunikation zwischen Prozessor und allen anderen Ressourcen. Das Motherboard muss zum Prozessor passen, denn es gibt Unterschiede hinsichtlich Sockel, Spannung und unterstützten Multiplikatoren. Das wichtigste Charakteristikum eines Motherboards ist der verwendete Chipsatz. Motherboards verschiedener Hersteller können unterschiedlich performant sein sowie Zusatzchips aufweisen (Sound, RAID, Firewire...).

Parallelport. Einer der Anschlüsse des Computers. Früher für ganz unterschiedliche Peripherie verwendet, werden dort heute praktisch nur noch Drucker angeschlossen. Doch immer mehr Drucker verfügen über einen USB-Anschluss, sodass der Parallelport in ein paar Jahren ganz obsolet sein wird.

PCI. Standard für Erweiterungskarten. Praktisch alle Karten außer Grafikkarten (die allermeistens AGP benutzen) verwenden heute PCI.

Pixel. Grundelement der Anzeige. Ein Farbpunkt, der mit den drei Grundfarben Rot, Grün, Blau (daher die Abkürzung RGB) definiert wird.

Serieller Port. Die meisten Motherboards verfügen über zwei serielle Ports. Serielle Ports sind sehr langsam (max. 0,1 Mbit/s), werden aber immer noch für bestimmte Anwendungen verwendet (Anschluss von seriellen Modems, PDAs, Handys...). Sie sollten stets USB verwenden, sofern möglich, denn die Bandbreite dieses Ports ist unvergleichlich höher.

SPDIF. Standard für Musikübertragung in digitalem Format von Sony (S) und Philips (P). Bei externen Anschlüssen gibt es SPDIF coaxial (Cinch) oder optisch (auch Toslink genannt). Interne PC-Verbindungen per SPDIF ähneln den analogen Kabeln, die man zum Anschluss von CD-Laufwerken an die Festplatte verwendet.

Speicher. Es gibt verschiedene Arten von Speicher. Am wichtigsten ist der Arbeitsspeicher, auch RAM genannt. Je mehr RAM, desto besser. Ein Computer muss heute mindestens 128 MB haben. Das RAM wird komplett gelöscht, sobald der Computer nicht mehr unter Spannung steht. Genau deswegen besitzen Computer auch Festplatten. Es gibt aber auch nichtflüchtigen Speicher (Flashspeicher). Flashspeicher ist derzeit noch zu teuer, um Festplatten zu ersetzen, kann aber als USB-Stick eine Ergänzung bieten.

SSID. (Service Set ID). Name einer schnurlosen Arbeitsgruppe. SSIDs müssen komplizierte Namen haben. Der Access Point muss so konfiguriert sein, dass er die SSID des Netzes nicht sendet (SSID Broadcast abschalten).

S-Video (auch Y/C-Anschluss, Hosidenbuchse oder S-VHS-Anschluss genannt). Analoger Videoanschluss, bei dem im Gegensatz zum Composite-Ausgang (Cinch) Helligkeits- und Farbsignal getrennt übertragen werden. Die Qualität ist erheblich besser als bei Composite, allerdings muss der Fernseher bzw. Videorekorder ebenfalls einen solchen Anschluss aufweisen.

Tastatur. Moderne Tastaturen haben oft Zusatzknöpfe für Soundsteuerung, E-Mail u.v.a. In den meisten Programmen kann man mit F1 die Hilfsfunktion aufrufen.

TCP/IP. Netzwerkprotokoll des Internets. Wird auch sehr häufig in LANs und WANs eingesetzt.

URL. (Uniform Resource Locator). Falls es um HTTP-Ressourcen geht, ist URL komplett synonym zu Webadresse.

USB. (Universal Serial Bus). Standard zum Anschluss externer Peripheriegeräte. Ziel von USB war, die verschiedenen unterschiedlichen Ports (seriell groß/klein, parallel, PS/2, Gameport, sogar Audioanschlüsse) durch ein einheitliches Modell zu ersetzen. Zwei wesentliche Features von USB sind die Fähigkeit, dass man Geräte im laufenden Betrieb an- und abstecken kann („Hotplugging") und dass die Geräte automatisch erkannt und installiert werden („Plug-and-Play"). USB 1.1 erreicht maximal 10 Mbit/s, das neuere USB 2.0 dagegen dramatische 480 Mbit/s.

Virus. Programm, das sich selbst reproduziert. Die meisten Viren beinhalten keine Schadensroutine. Schadensroutinen können die Festplatte teilweise oder sogar ganz löschen. Viren, die Hardwareschäden anrichten, sind extrem selten (z. B. Magistr). Heutzutage gibt es kaum mehr neue Viren – aktuelle Schädlinge sind praktisch stets Würmer. Würmer sind Programme, die sich nicht an andere Programme anhängen (wie Viren), sondern sich über Netzwerke verbreiten.

WWW (World Wide Web). Im Gegensatz zur landläufigen Meinung ist Internet und WWW nicht das Gleiche. Internet ist der Überbegriff: Wenn Sie eine E-Mail verschicken, nutzen Sie das Internet, aber nicht das WWW. Das WWW ist die Summe aller Ressourcen (d. h. vor allem Webseiten, aber auch Webseiten-Elemente wie Bilder, Sounds, angebotene Downloads), die über das HTTP-Protokoll zugänglich sind. Oder, anders formuliert: Wenn Sie einen Browser verwenden, nutzen Sie das WWW. (Ganz präzise ist das allerdings nicht, weil Browser als Zusatzservice auch FTP unterstützen, womit Sie nicht auf das WWW zugreifen).

Stichwortverzeichnis

T

U

V

W

X

Y

Z